投入产出经济学

刘　笑　主编

扫码申请更多资源

 南京大学出版社

内容简介

投入产出分析是一般均衡框架下结构数据、结构理论和结构分析方法的集合体,被广泛用于研究经济结构问题。本教材力图通过"从理论到模型,再从模型到应用"的讲解脉络,帮助读者更为深入细致地理解投入产出分析的独到经济分析视角及其框架特点。在理论方面,本教材突出从经济学角度认识和理解投入产出分析,而不是仅看到其结构化的统计数字和线性代数方程的一面。在应用方面,本教材强调投入产出分析作为一个数量分析工具,对于经济学各领域研究所具有的独到的视角意义和应用价值。

图书在版编目(CIP)数据

投入产出经济学 / 刘笑主编. — 南京 ：南京大学
出版社,2024.4
ISBN 978 - 7 - 305 - 28018 - 4

Ⅰ. ①投… Ⅱ. ①刘… Ⅲ. ①投入产出经济学 Ⅳ.
①F223

中国国家版本馆 CIP 数据核字(2024)第 047019 号

出版发行　南京大学出版社
社　　址　南京市汉口路 22 号　　　　邮　　编　210093
书　　名　投入产出经济学
　　　　　TOURU CHANCHU JINGJIXUE
主　　编　刘　笑
责任编辑　武　坦　　　　　　　编辑热线　025 - 83592315
照　　排　南京开卷文化传媒有限公司
印　　刷　南京京新印刷有限公司
开　　本　787 mm×1092 mm　1/16　印张 16.25　字数 375 千
版　　次　2024 年 4 月第 1 版　2024 年 4 月第 1 次印刷
ISBN 978 - 7 - 305 - 28018 - 4
定　　价　48.00 元

网　　址:http://www.njupco.com
官方微博:http://weibo.com/njupco
微信服务号:njuyuexue
销售咨询热线:(025)83594756

前　言

本教材旨在探讨如何根据本科生的知识储备，让学生更好地理解投入产出内容体系。在正式开始学习前，首先要思考两个基本问题：什么是投入产出分析？为什么要学习这门课程？看似简单的两个问题实则并不易答，关键点在于如何理解投入产出分析方法这门学科的特点。

投入产出分析中的投入，是指产品生产所需原材料、辅助材料、燃料、动力，以及劳动力和固定资产的投入。所谓产出，是指产品生产总量及其分配使用的方向和数量。在市场经济条件下，经济系统各个部门之间互相投入和产出的相互依存关系表现为商品交换关系：投入就是购买活动，产出就是售卖活动。可以想象，一个经济系统的各个部分之间存在错综复杂的相互依存关系，由这些关系将经济系统的各个部分连成一个不可分割的整体。通过对这些相互依存关系的描述和分析，就可以揭示经济系统中包含的各种数量关系，从而使人们更深入地了解与把握经济系统。

具体来说，当某种产品的生产规模发生变动时，由生产技术所规定的生产该产品所直接投入的其他部门产品（包括劳动力）的生产规模也要随之发生变动。但由此产生的影响远未结束，当该产品所直接消耗的各种产品的生产规模发生变动时，第二轮波及效应又开始了，由此又会引起相应的投入品部门的生产规模发生变动。从第二轮波及效应开始的影响称之为间接影响。接着，这种间接的波及效应将引起第三轮波及效应。部门之间的联系越密切，这种波及效应将影响越多的部门，并将继续引起下一轮波及效应。随着现代产业结构的发展，部门之间的联系越来越紧密，在某一个部门所产生的微小变动，最终几乎要波及整个经济，使最初的微小变动累积起来变成整个经济的很大变动。例如，生产布只需直接投入很少几种产品，如棉花、染料、电力、纺织机械等。然而，生产棉花需要投入化肥、农药及农用机械等，生产染料、电力和纺织机械需要投入煤、石油、钢铁、电力等；如此下去，还需要生产化肥、农药、石油等产品，又需要投入其他物品，这将一直影响下去。因此，这就要求我们有一种能够从各部门出发来区分包括直接和间接波及效应在内的全部影响的分析工具。

投入产出表是当前国民经济核算体系的重要组成部分，也是研究经济理论问题的分析框架，更是一般均衡条件下分析经济结构问题的重要方法。20 世纪 30 年代后期列昂惕夫（Wassily Leontief）教授建立了一个分析框架，这一分析框架被命名为投入产出分析,为表彰其贡献,1973 年他被授予诺贝尔经济学奖。人们也常将投入产出模型称为列昂惕夫模型。如今,列昂惕夫所提出的基本概念已成为各种经济分析的关键组成部分,实际上,投入产出分析是经济学中应用最广泛的方法之一。投入产出表为核算体系提供详细的数据基础,并成为对其他子体系的数据补充。

从表现形式看,投入产出分析以棋盘式平衡表的形式反映国民经济中各部门产品生产和消耗之间的相互联系,并且通过直接消耗系数建立起生产与消耗之间的函数关系,从而使得研究产业部门关联等问题成为可能。从分析范式看,投入产出分析从以部门为生产单位的生产技术联系角度出发,通过整体技术和数量结构揭示经济体系循环结构,它是对宏观经济结构性分析方法的一种探索。基于投入产出表反映的供求关系和宏观需求关系,将投入产出模型与宏观计量模型结合在一起,可以更深入地探讨宏观需求结构的演变逻辑。从运用范围看,投入产出分析的作用是多样化的,如通过结合定价和动态,可将投入产出方法用于预测和规划,此外还可用于全球价值链分析、区域间分析、环境和能源分析等。综合投入产出分析的发展历程来看,学术界根据不同的研究问题给投入产出分析赋予了不同的角色。但投入产出分析不仅仅是一种分析工具、一类模型或一组数据,投入产出分析也不局限于研究一类问题。

从生产技术的角度出发,投入产出分析是揭示一个经济系统各部门(产品)相互联系、相互依存的数量关系的理论体系,包括与编制投入产出表有关的统计研究,以及以上述工作为基础;从部门之间生产技术的相互依存的关系出发,说明、预测和规划国民经济运行的有关数量分析技术的理论研究。因此,投入产出分析是综合了经济学、统计学和数学的应用经济学的一个分支。也就是说,投入产出分析是研究"经济系统"中各个"部分"之间在投入与产出方面相互依存的经济数量分析方法。这里的"经济系统",可以是整个国民经济,可以是地区、部门和企业,也可以是多个地区、多个部门、多个国家。所谓"部分",是指所研究的经济系统的组成部分。一般地,这个组成部分或者是指组成经济系统的各个部门,或者是指组成经济系统的各种产品和服务。近年来,从参与研究人员数量、研究范围、研究成果数量和社会影响力等方面看,投入产出研究又迎来了新一轮的繁荣。该理论分析方法已得到广泛应用,根据中国知网数据,以"投入产出"为关键词的发文量从 1999 年的 499 篇,增加到 2022 年的 2 345 篇。联合国提议将投入产出分析作为发展中国家实际操作中的计划工具,并发起建立一套标准的经济账户体系用于编制投入产出表。

与此同时,随着全球范围内经济结构的变动和调整,用于分析经济结构问题的投入产出方法也在不断更新,其概念也在不断丰富。因此,有必要对投入产出分析体系有一个全面的认识。只有正确理解投入产出分析体系的基本概念,明确投入产出分析体系的研究边界,才能在实际的经济分析中区分它与其他数量分析方法的不同,从而更好地发挥投入产出分析的作用。

本教材力图让读者更为细致地理解投入产出分析的经济学含义,并在此基础上开阔视野,从中领会投入产出分析在各经济学研究领域中的应用价值,以及更为便利地着手操作各自的实际应用。鉴于内容安排有上述侧重,本教材对投入产出分析的知识体系并未全面详述,读者可根据需要通过列示的参考文献补充学习。另外,本教材对投入产出分析应用方面的介绍重在启发方向性,部分细节及在各方面更为深入前沿的应用有赖读者基于文献原文并以其为知识追踪线索去深入了解。本教材共由四个部分12个章节组成,其中第一部分(第1~3章),为投入产出分析的理论基础部分;第二部分(第4~6章)为投入产出分析的模型应用;第三部分(第7~10章)为投入产出理论的相关拓展;第四部分(第11~12章)为投入产出理论及应用发展现状的总结及对未来趋势的展望。

本教材是笔者根据淮阴师范学院商学院讲授“投入产出经济学”课程的讲义修改而成。特别的,本教材主要参考和引用了胡秋阳编著的《投入产出分析理论、应用和操作》、袁建文编著的《投入产出分析实验教程》、罗纳德·E.米勒和彼得·D.布莱尔著的《投入产出分析基础与扩展》以及夏明和张红霞编著的《投入产出分析理论、方法与数据》相关内容。本教材还得到了江苏省“青蓝工程”优秀青年骨干教师项目的支持。在此一并致谢。

编　者

2023 年 8 月

目　录

第一部分　投入产出分析的基础

第二部分　投入产出分析的应用

第四部分　投入产出分析的展望

第一部分

投入产出分析的基础

第1章 投入产出分析概述

1.1 投入产出分析的发展演变

投入产出分析主要是对国民经济各部门活动水平的决定及其变动情况进行数量分析的理论体系。自投入产出分析创始以来,世界已有多个国家编制和使用投入产出表,其应用范围已扩展到许多方面。根据不同的应用目的,投入产出分析的应用可归纳为以下几种类型:

(1) 分析经济结构。

投入产出分析通过对投入产出流量表和资本形成与占用表的深入研究,从产业结构的各个层面阐明国民经济的各种特征,包括各部门所采用的生产技术、支撑这些生产技术的资本设备结构、各部门产出在整个经济中所占的比重、各部门产品中各类用途之间的比例、各部门劳动者工资的情况、各部门对国外出口市场的依赖程度及进口情况等。

特定的投入产出表所反映的产业结构是构成产业的各企业在一定的市场条件下,根据各自的目标而采用最优生产方式并确定其生产数量的结果,它随市场条件的变化而变化。通过对不同年份的投入产出表的分析,可以看出随着经济的发展,产业结构发生了哪些变化以及发生这些变化的原因等。这类应用是投入产出分析的解释功能,解释功能是所有模型的一个非常重要的功能。

(2) 预测经济发展。

投入产出分析通过多部门乘数效应,根据可以预见的某些经济变量的可能变动,来预测对其他经济变量的影响。最早的应用是在第二次世界大战结束前夕,当时战争快要结束的前景已经较为明朗,经济学家们开始思考战后经济重建问题。当时很多人认为由于战争的结束,军需品的生产必然要大幅度下降,因此钢的需求量将会减少。但列昂惕夫应用投入产出分析,得出钢的需求量不但不会减少反而将会持续增加的结论,后来的事实证明列昂惕夫的预测是对的。

可以预见我国未来的经济结构和进出口结构将会发生明显的变动,那么,这个变动对我国的经济总量、就业状况和各部门的生产将产生什么样的影响呢? 投入产出分析就是对这一问题的有效的分析工具之一。

(3) 模拟政策效应。

不管是资本主义国家还是社会主义国家,都用投入产出分析方法来研究各种政策效应,并收到了很好的效果。属于这一类的典型分析有:各国经济计划中采用的各种经济政策在各产业以及整个经济中所起效应的分析;某一种计划目标在目前的经济和产业结构下是否可行等的效果分析和可行性分析;对公用设施的提价、间接税率的提高以及工资提高等对商品价格的上升(成本推动的上升)所起的影响分析等。自 2019 年新型冠状病毒感染暴发以来,全球市场出现明显疲软,有效需求不足,以中国为代表的政府提出拉动内需的政策。为拉动内需,我们可以利用投入产出理论,具体分析增加投资需求和消费需求对整个国民经济的不同影响。再如,我们在实施产业政策时,限制或扶持某种产业,就要利用投入产出分析这个工具,综合考虑这个部门的变动对其他部门的影响。

当然,在应用投入产出分析时,也要注意它的局限性。任何定量分析都是建立在正确的定性分析的基础上,同时也是建立在一定的假定基础上的。应用投入产出分析时,要有条件地使用于特定的领域和场合,要与经济定性分析相结合。

投入产出分析在诞生以来的半个多世纪中得到了很大的发展。早期的投入产出分析理论体系不完备,投入产出表及其模型比较单一,都是静态投入产出模型;受计算能力的约束,投入产出模型的部门划分也很少。近年来,经过许多国家经济学家、统计学家和实际工作者的研究和应用,投入产出分析的理论和方法日趋成熟,其应用的深度和广度均有很大的发展。这些发展主要有以下几个方面:

(1) 投入产出分析动态化发展。

静态投入产出分析,从理论上说,是以具有剩余生产能力的状态为前提的短期经济理论,这类似于凯恩斯的宏观收入分析,是对有效需求的短期分析,即总需求一旦确定,就可确定满足该需求的供给量的生产状态;从方法上说,它将投资、消费、净出口等都作为外生变量处理。

投入产出分析从静态向动态的发展,不论是在理论方面还是在实证分析方面,以研究供给能力的增长为主要目的的动态投入产出分析具有非常重要的意义。以投资为例,投资行为不仅会增加需求,还会通过资本设备存量的增加而扩大生产能力。动态投入产出模型反映了投资与生产之间相互联系、相互制约的循环往复的发展过程,将投资由静态的外生变为动态的内生。对投入产出的动态化问题的研究,很早就与短期分析的研究同时进行。戴维·哈京斯于 1948 年提出了以微分方程组形式表达的动态投入产出分析模型;列昂惕夫分别于 1953 年和 1970 年先后研究和提出了著名的"动态求逆"模型,以差分方程组形式表达动态的投入产出模型,为动态模型的实证分析奠定了基础。动态投入产出分析从理论上说,不仅是凯恩斯宏观动态体系的多部门化,而且在与冯·诺伊曼的经济增长理论之间的联系,以及在长期优化模型——高速增长理论的实证分析等方面取得了新的发展。这与新古典派增长理论的发展几乎是同时的。

投入产出分析动态化的实证研究,首先需要编制对应于投入产出流量表的各部门在某一时点的资本存量结构表,即必须编制将各部门为了当前的生产而使用的各种资本设备按产品归属部门进行分列的资本存量结构表。从资本存量结构表里可以取得有关资本形成(投资)的技术情况。但与投入产出流量表相比,编制资本存量结构表在统计上要困难得多。一般统计公布的资本结构表,其部门无法与投入产出表相对应。现实中,不仅很难得到反映各部门所拥有的按产品分列的资本构成表,连资本设备总额表也很难得到。正是这个原因,动态投入产出分析的实证研究远远少于理论分析。所以,投入产出分析在动态化方面的发展目前主要是在理论上,期待动态投入产出分析在实证领域取得更为迅速的发展。

(2)投入产出分析市场化发展。

最初创立的投入产出分析是排斥市场的,它完全抽掉了价格在调节供求关系时的作用;后来在投入产出分析的基础上,国外进一步研究出可计算全部均衡模型(CGE)。该模型一方面利用投入产出线性方程组引入价格变量和线性规划方法,建立供给模型模块——在基本生产要素的约束下和满足各部门投入产出关系的条件下,使得国民收入总量最大。另一方面,CGE模型以柯布—道格拉斯效用函数为基础,利用数学方法推导出一个线性的最终产品需求模型模块,称为线性支出系统。供给模块所得到的最终产品生产与需求模块得到的最终产品需求一般是不相等的,通过调整价格,逐步试值迭代,最终得到最优价格和对应的最优生产规模。CGE模型可以模拟市场运行机制,也可以通过改变供给和需求的输入值来模拟宏观经济调节。

应该说,CGE模型在一定程度上弥补了投入产出分析的最大不足——抽象掉了市场对产品供求关系的调节作用;考虑了基本生产要素的约束,投入产出分析仅在理论上考虑基本生产要素的约束,在模型中将它外生,或者暗含生产能力剩余的假定;将最终需求内生化,大大提高了投入产出分析的实用性。可以说,CGE模型是对全部均衡论在可计算方面的发展,也是对投入产出分析理论和实证的拓展。

(3)投入产出分析方法论发展。

列昂惕夫创立的投入产出分析最初主要用于分析一国的国民经济,半个多世纪中,投入产出分析不仅在理论和实证的深度方面有发展,而且在应用范围方面也扩展很快。投入产出分析可以用于研究地区经济和地区间经济的发展。此外,投入产出分析作为一种分析方法,可以广泛地适用于只要有投入和产出的经济和非经济活动分析,如在环境保护、信息、人口、教育、分配等领域。特别值得一提的是,资金流量的投入产出分析对分析一个国家的金融问题,尤其是资金循环问题具有很大的帮助。但资金流量表和投入产出表有很大的差别:部门分类的内涵不同,记录的对象不同,分析的工具也有差异。所以,资金流量分析只是在多部门分析这个意义上与投入产出分析的应用有一定的联系(或者是投入产出分析应用领域的扩展),但它不是投入产出分析的直接应用,更不是连接实物流量与金融流量的应用分析。

(4)投入产出分析在中国的应用和发展。

国际上对投入产出分析的研究和推广应用从20世纪40年代开始兴起于美国和欧洲,50年代以后在日本、苏联和东欧等国以及一些发展中国家得到发展,投入产出分析现已成为国际上公认的经济分析方法和常规的核算手段。

我国引入投入产出分析大体上始于20世纪50年代末和60年代初,投入产出方法是最早被介绍到中国的一种经济数量分析方法。1959年孙冶方访问苏联,回国后即开始倡导使用投入产出方法。1962 年,国家计委、国家统计局为投入产出法在我国的应用问题召开座谈会。1974—1976 年间第一次试编了 1973 年全国 61 种产品的实物型投入产出表。党的十一届三中全会以后,"改革开放"为投入产出分析在我国的研究和应用创造了良好的条件。在政府计划统计部门的重视和支持下,经过广大实际工作者和理论工作者的努力,我国投入产出分析的研究和应用已经取得丰硕的成果。

就投入产出表的编制而言,我国已编制过全国、地区、部门和企业等各个层次和各种类型的投入产出表。就全国投入产出表而言,已编制了 1973 年、1979 年、1981 年、1985 年等年度的投入产出表,从 1987 年开始,我国投入产出表的编制已形成制度,逢二、七年份进行调查和编表工作,逢零、五年份进行调整系数和编制延长表工作。1992 年,在制定新国民经济核算体系时,将投入产出核算作为其中一部分。就地区而言,全国除个别地区外,绝大多数省、市、自治区都已编制投入产出表,还有一些中小城市和县编制过投入产出表。就部门而言,农业、化工、机电、冶金、船舶、兵器、纺织等部门编制过投入产出表。此外,我国还有一批企业也编制过投入产出表。

就投入产出分析的理论和实证而言,我国在这方面也取得了一些成果。在理论和方法方面,对静态模型、动态模型和扩展模型以及编表方法等都有一些创新和发展;在实证分析方面,经过广大理论工作者和实际工作者的共同努力,在促进宏观管理和决策科学化,为制定政策、预测和计划提供科学分析手段和依据,以及提高基层企业管理水平和建立国民经济核算体系等方面,应用投入产出分析都取得了明显的效果。

1.2　投入产出分析方法的作用

投入产出分析包括理论、方法与数据三个方面的内容,也预示了通过学习投入产出方法能够获得的收获。一是通过数理分析的学习,掌握多部门线性模型的分析技能,进而对于理论经济学的相关领域有更深入的理解;二是通过对投入产出核算与编表方法的学习,加深对数据的理解,以更好地使用数据;三是通过对方法的学习,在方法的应用上,通过与其他方法结合,对我国经济发展中的众多问题开展定量研究。

从实践的意义上来说,中国改革开放以来 40 多年的发展,取得了举世瞩目的成就。伴随经济的快速发展,经济结构也发生了重大变革,而且这种变革远没有停止。在今后相当长的时期内,尤其是后疫情时代,我国经济将处在结构调整的关键阶段。投入产出方法作为一个结构方法,对中国经济研究将发挥其独特的作用。当前阶段我国经济结构调整中面临一些突出问题,通过利用投入产出技术,结合统计数据进行分析测算,得出对经济政策具有参考意义的结论。例如,对宏观经济政策结构效应的模拟,对我国经济结构变化过程的分析并寻求结构调整的突破口,基础产品价格与工资成本的不断上涨对我国结构调整带来的挑战,节能降耗途径的分析和政策模拟,产业区域间梯度转移问题的研究,等等。

从理论的意义上来说,投入产出方法同其他任何方法一样,存在优点与长处的同时必然也存在很多局限性。例如,投入产出方法作为一种结构方法,比较善于揭示一定时期内系统的内在联系,但是在反映动态问题上就不如总量方法那样灵活。投入产出的动态理论还远没有达到静态框架那样完善的程度。但是,从总量分析到结构分析代表了认识上的一种深化,这对于处于结构转变中的中国经济而言尤为重要。除了具体的分析技术之外,投入产出的分析框架也为我们提供了对经济结构调整系统的理解和研究思路。

在西方经济理论发展史上,在凯恩斯国家干预兴起、自由主义相对衰落的思想背景下,二战后一批政治上新独立的国家寻求主权独立和经济发展,形成了这些国家的结构主义经济政策——通过确定并重点发展主导产业的政策,寻求迅速发展经济。与之伴随的是在这一时期兴起了如罗森斯坦-罗丹的"大推动"、赫希曼的"不平衡增长",以及克拉克三次产业演进等结构主义理论。但是,这些理论往往停留在观念和经验认识层次,使得对于结构转变方面的问题我们可以很好地从经验视角进行描述,却很难从理论上解释清楚。这种理论深度上的不足导致了政策上的经验主义取向。结构理论和国家干预政策的种种不足,恰恰成为培养新古典自由主义思想的温和土壤。随着世界范围内计划经济实践中矛盾和问题的逐步显现,新古典理论再次复兴。

新古典理论认为,结构调整是在市场机制的作用下自发实现的,从而更多关注总量问题。对我国而言,虽然市场化改革极大地推动了市场对资源配置起到的基础性作用,但同时也把对经济结构调整与转变的认识从一个极端推向了另一个极端——认为应该放弃国家的干预,结构调整过程会顺利实现。但是在古典理论看来,技术选择取决于生产过程及其背后的制度。在这一技术选择的框架中,强调了收入分配关系对技术选择的影响,而较少考虑需求结构变化的影响。正如马克·布劳格在介绍马克思"劳动过程"时指出的:对资本家而言,技术不是给定的,技术选择恰恰是工人和资本家争夺的核心。古典理论表面上看好像没有谈结构转变问题,但实际上结构转变仍是其非常关心的问题。例如,亚当·斯密注意到在就业结构的变动中,"生产性"劳动份额相对于"非生产性"劳动上升,并以此解释经济能够持续增长的原因;李嘉图认为土地和自然资源的有限带来了收益递减,收入分配关系下经济增长在很长一段时期内将趋于停滞;马克思认为固定资本相对于总资本的比例上升,资本有机构成提高,并得出了与古典理论一致的关于资本主义经济增长停滞的结论;等等。所有这些都表明,古典理论将结构转变作为一个特定的历史过程加以研究,收入分配关系、技术选择和相对价格的决定以及它们之间的关系都是在资本积累过程中以一种相互联系而系统的方式得以确定,并经历着结构转变。相比新古典理论把要素收入看作是要素生产力的一种回报,古典工资理论是一种生存工资理论,而马克思则更进一步认为收入分配不取决于自然禀赋条件的差异,而内生于资本积累过程,从而与特定社会历史过程紧密相关。这一分析路径对于今天我们探讨结构转变战略和增长方式转变问题提供了一种更为系统的理解。

在投入产出系统看来,结构转变的核心问题是技术转变,但是结构转变又不能在技术自身范围内得到解决,技术对经济的其他方面产生影响,但反过来其本身也是被选择的结果。投入产出从方法本身来说是中性的,其性质只是取决于外在所赋予的研究目的及相应的方法设计。投入产出方法可以与新古典理论各种方法结合,扩展为多部门线性模型与可计算一般均衡模型。只是我们需要注意的是,对于处在结构转变中的中国经济而言,古典理论传统具有重要价值。当下我国经济长期增长,同时资源与环境的压力不断增大,收入分配差距扩大,从而需要寻求一种可持续发展道路,更多以古典理论为基础将有助于对经济结构调整和增长方式的转变获得更为全面、更为深入的认识。

投入产出方法的运用不在于模型是否新颖与复杂,而在于是否恰当。刚开始学习投入产出方法的学生,对于投入产出的兴趣,主要是他们认为投入产出很有用,能够解决他们手头的那些具体问题。但是,在学习中遇到数理经济学,遇到编表方法,就觉得离他们要解决的问题太遥远了。实际上,没有对理论与方法性质的深刻掌握,只能解答某个具体问题,而不能解答不断变化的所有问题,而那种解答也往往停留在对方法与数据的简单套用阶段。在投入产出的学习中,忽视经验分析的理论分析固然不可取,但没有理论的经验应用也是毫无价值。在中国很多重大问题的分析中,有时会发现越是抽象的理论,越是接近现实的本质。相反,那种对模型的精致和所谓的精确的追求,却可能在一个错误的方向上离现实越来越远。

第 2 章 投入产出分析基本框架

2.1 投入产出表

  基本的投入产出模型通常利用所观测的特定地理区域(国家、省、市、县等)的经济数据来建模。它所关注的是一组产业的活动,这些产业在生产每个产业自身产出的过程中,既生产货物(产出),又消耗来自其他产业的货物(投入)。在实际中,所涉及的产业数目可能从几个,到百个甚至上千个。例如,一个可以被冠以"制造业产品"的产业部门,同样也可能被分解为众多不同的特定产品。

  投入产出模型所赖以建立的这些基本信息包含在一张产业间交易表中,表中的行描述的是生产者的产出在整体经济中的分配,表中的列描述的是某一特定产业在生产其产出时所需的各种投入的构成。这些物品的产业间交易构成了表2-1中所示的表格的阴影部分。附加的那些列,标记为最终需求,记录的是各个部门向其为之生产的最终市场的销售,如个人消费购买以及向联邦政府的销售。例如,电力既向其他部门的企业销售,用于生产中的投入(产业间交易),也向常住消费者销售(最终需求销售)。附加的那些行,标记为增加值,记录生产中的其他(非产业的)投入,如劳动、资本消耗、企业间接税和进口。

  为了较好地把握投入产出的基本模型框架,我们需要注意三个环节:

  一是将产出区分为中间产品与最终产品,投入区分为中间投入与初始投入,进而在这一对概念的基础上掌握投入产出表的基本结构与平衡关系;

  二是直接消耗系数的引入,以及从直接消耗系数到完全消耗系数;

  三是基于直接消耗系数与完全消耗系数的建模。

  我们正是以这样一个思路对投入产出表的基本结构、投入产出分析中的基本概念与模型做简要的介绍。对投入产出表的基本结构的了解,可以从投入与产出这一对概念开始。生产过程就是以一定的投入,采用某种技术转换为产出的过程。在投入产出表中,列向表示生产过程中的投入及其构成,而行向则表示产品产出及其分配使用去向。投入产出对整个国民经济以不同产品的生产进行部门分类,进而在产业联系之中反映国民经济的全貌。

  投入产出中进一步把投入分为中间投入和初始投入,产出分为中间产品与最终产品。首先,中间产品和最终产品是如何区分的呢?区分的标准很简单,就是看在所考察的期间是否再回到生产过程中去。如果在本期内不再进入生产过程,那么就称这类产品为最终产品。中间产品则是本期生产出来,再次进入生产过程。

表 2 - 1 投入产出交易表

		作为消耗者的生产者								最终需求			
		农业	采掘业	建筑业	制造业	贸易	运输	服务业	其他产业	个人消费支出	私人国内总投资	货物与服务政府购买	货物与服务净出口
生产者	农业												
	采掘业												
	建筑业												
	制造业												
	贸易												
	运输												
	服务业												
	其他产业												
增加值	雇员	雇员报酬											
	企业主与资本	利润类收入和资本消耗补偿								国内生产总值			
	政府	企业间接税											

2.1.1 投入产出表的基本框架

1. 观察并归纳生产中的投入

我们不难从实际的生产活动中观察到,各产业部门在产出其产品及服务时需要使用各种原材料和消耗能源动力,还需要使用各种工具设备以及需要劳动力付出劳动。例如,在图 2 - 1 所示的种植业的生产活动中,需要播撒种子,施以化肥,以及接受技术服务,等等。同时,也需要使用各类农机具,当然还需要农民付出劳动以从事生产。这里,我们把产业部门在其产出产品及服务的生产活动中对原材料、工具设备以及劳动力等的使用统称为投入。

$$
\left.\begin{array}{l}
\text{第 1 产业产品的投入} \\
\quad (\text{如种子}) \qquad d_{11} \\
\text{第 2 产业产品的投入} \\
\quad (\text{如化肥}) \qquad d_{21} \\
\text{第 3 产业产品的投入} \\
\quad (\text{如技术服务}) \quad d_{31}
\end{array}\right\} \text{中间投入:生产过程中投入的中间品}
$$

劳动、农机具的投入 $v_1 \rightarrow$ 初始投入:生产过程中投入的初始要素

图 2 - 1 第一产业(种植业)产出中的各种投入及其结构

我们可以通过考察这些投入的差异并加以理论归纳,将其区分为中间投入和初始投入两大类。

(1) 中间品和中间投入(中间消耗)。

首先,我们可以区分出有一类投入是来自各产业部门所提供的产品及服务,如图 2-1 所示种植业中使用的种子、化肥和技术服务以及农机具等。

进一步考察又可以发现,这类投入还可以区分成两类:一类如图 2-1 种植业中的种子、化肥和技术服务等。此类投入在形成产出的同时被完整地消耗掉,其功能也就在于在产出时被完整地消耗掉,因而其价值便也在形成产出时全部地进入该部门的产出价值之中。我们把这类投入从产品角度称为中间品,进而将此类投入称作中间投入,也称中间消耗。

(2) 初始要素和初始投入(增加值)。

另有一类投入与上述中间投入不同,如图 2-1 所示的种植业中对农机具的使用等。虽然这类投入同样来自各产业部门所提供的产品及服务,但与中间投入不同的是,此类投入在形成产出时只是被部分地消耗,并且其功能也不在于在生产中消耗掉自身,因而其价值在形成产出时只是部分地、以折旧等方式进入产出价值之中。我们把此类投入从产品的角度称为资本品,进而将此类投入称为资本投入。

显然,从价值层面来说,产出价值中的资本投入的价值不等于资本品自身的价值。另外,我们把劳动力为生产所付出的劳动称为劳动投入,虽然就付出的劳动而言在形成产出时即被完整地消耗,其价值全部地进入产出价值之中,但就提供了这些劳动的劳动力而言,其功能与资本品一样也显然不在于在生产中消耗掉自身,进而,如同产出价值中的资本投入的价值不等同于资本品自身的价值一样,产出价值中的劳动投入的价值也不等同于劳动力自身的价值。

我们把劳动力和资本品称为初始要素,把资本投入和劳动投入称为初始投入,也称初始消耗。从其价值层面来说初始投入对应着经济学中的增加值,因此也直接称为增加值投入。

我们对以上的观察和理论归纳进行一个一般性的整理。首先,我们用 i 和 j 来表示产业部门;用 d_{ij} 来表示中间投入,即 j 产业产出中投入的 i 产业中间品;用 v_j 来表示 j 产业产出中投入的初始投入,即增加值。

接下来,如表 2-2 所示,我们将其适用于全部产业。于是,我们便得到了一个归纳各产业部门各项投入的一个一般性的矩阵式框架。

表 2-2　归纳各产业产出中的各种投入的一般框架

	第 1 产业	第 2 产业	…	第 j 产业
第 1 产业	d_{11}	d_{12}	…	d_{1j}
第 2 产业	d_{21}	d_{22}	…	d_{2j}
…	…	…	…	…
第 i 产业	d_{i1}	d_{i1}	…	d_{ij}
初始产业	v_1	v_2	…	v_j

我们将该框架中各产业的中间投入称为中间投入矩阵或中间消耗矩阵,将各产业的初始投入称为初始投入矩阵或增加值矩阵。显然,d_{ij} 是一个理论界定,并不意味着现实中一定对应有数值。例如,第 3 产业的生产活动中一般不会有来自农产品的中间投入,则 $d_{13}=0$。

2. 观察并归纳产出的使用去向

在对关于各产业部门生产活动中的各种投入进行观察的基础上,来考察各部门产出的使用去向,显然可以基于其是否进入各产业部门形成当期产出的生产过程之中而区分并归纳出如下两大使用去向。

(1) 中间使用(中间需求)。

一个使用去向是作为中间品进入该经济体中各产业形成当期产出的生产过程之中成为对方的中间投入,我们称为中间使用领域,或者从使用方的角度称为中间需求领域。例如,图 2-2 所示的种植业的产出(如玉米)的一部分被作为饲料原料而进入第 2 产业中的饲料加工业的生产过程中成为其中间投入等。

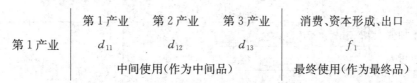

图 2-2　第 1 产业(种植业)产出的使用去向及其结构

(2) 最终使用(最终需求)。

另一个使用去向是作为最终品而进入消费、资本形成以及出口等领域,我们称为最终使用领域,或者从使用方的角度称为最终需求领域。此类使用去向的共同点在于,其进入的不是该经济体中各产业形成当期产出的生产过程之中,或者是生产活动以外的领域,如消费;或者是关系到后期产出的领域,如广义的资本形成;又或者是其他经济体,如出口。

我们对以上的观察和归纳进行一个一般性的整理。首先,同样用 i 和 j 来表示部门;用 d_{ij} 来表示中间需求,即 j 产业对 i 产业产出的中间需求;用 f_i 来表示对 i 产业产出的最终需求。接下来,如表 2-3 所示,我们将其适用于全部产业。于是,我们便得到了一个归纳各产业产出的各类使用去向的一个一般性的矩阵式框架。

表 2-3　归纳各产业产出的各使用去向的一般框架

	第 1 产业	第 2 产业	⋯	第 j 产业	最终需求
第 1 产业	d_{11}	d_{12}	⋯	d_{1j}	f_1
第 2 产业	d_{21}	d_{22}	⋯	d_{2j}	f_2
⋯	⋯	⋯	⋯	⋯	⋯
第 i 产业	d_{i1}	d_{i1}	⋯	d_{ij}	f_i

我们将该框架中各产业的中间使用称为中间使用矩阵或中间需求矩阵,将各产业

的最终使用称为最终使用矩阵或最终需求矩阵。

3. 框架整合与投入产出表

实际上，中间投入和中间需求归纳出来的是同一个由 d_{ij} 组成的正方矩阵。我们称其为中间投入—中间需求矩阵。中间投入—中间需求的正方矩阵特点为构建一个整合了各产业的总投入和总使用的核算框架提供了着眼点。如表 2-4 所示，在中间投入—中间需求正方矩阵的下方衔接各产业的初始投入矩阵，在其右侧衔接各产业的最终需求矩阵，就形成了一个由这三个矩阵整合而成的核算表框架。这就是投入产出表的基本核算框架。

表 2-4 投入产出表的基本框架结构

中间需求

	项　目	第1产业	第2产业	第3产业	最终需求	总需求
中间投入	第1产业	d_{11}	d_{12}	d_{13}	f_1	x_1
	第2产业	d_{21}	d_{22}	d_{23}	f_2	x_2
	第3产业	d_{31}	d_{32}	d_{33}	f_3	x_3
	增加值	v_1	v_2	v_3		
	总投入	x_1	x_2	x_3		

可以看出，投入产出表通过其矩阵布局，巧妙地在同一个核算表框架里完整地整合了各产业产出中的各种投入以及各项使用去向这两个方面的内容。

4. 实物型投入产出表与价值型投入产出表

实物型投入产出表与价值型投入产出表在框架上并没有大的不同。区别在于：价值型投入产出表记录的是以货币为单位的价值流量，如元、万元等；实物型投入产出表记录的则是以实物为单位的实物流量，如吨、个等。或者不妨说，价值型投入产出表是关于"产值"的表，实物型投入产出表是关于"产品"的表。显然，实物型投入产出表从"物"的层面反映投入产出关系；价值型投入产出表则从"价值"或者至少是"货币值"的层面反映投入产出关系。后者基于其上述特点而在经济学分析中更为常用。

5. 进口竞争型投入产出表与非进口竞争型投入产出表

上面介绍的投入产出表基本核算框架是封闭情形下的，没有考虑开放条件下的进口情况。如果在投入产出表中考虑进口，则应区分中间投入—中间需求矩阵中的国产品 d_{ij}^g 和进口品 d_{ij}^m，以及区分最终需求矩阵中的国产品 f_i^g 和进口品 f_i^m。对此有两种统计及核算方式，分别称为进口竞争型投入产出表和非进口竞争型投入产出表。

（1）进口竞争型投入产出表。

表 2-5 表示了进口竞争型投入产出表的核算特点。首先，进口竞争型投入产出表中不识别中间投入—中间需求矩阵以及最终需求矩阵中的国产品和进口品。也就是说，表中两矩阵中的统计量是进口量和国产量合计在一起的。其次，表中统计进口总量，并通过将其从横向上整体加以扣除以保持总需求与国内总产出的平衡关系。

表 2-5 进口竞争型投入产出表

项 目	第1产业	第2产业	第3产业	最终需求	进 口	总需求
第1产业	d_{11}	...	...	f_1	$-m_1$	x_1
第2产业	...	...	...	...		x_2
第3产业	...	...	...	...		x_3
增加值	v_1	v_2	v_3			
总投入	x_1	x_2	x_3			

其中，$d_{11}=d_{11}^{g}+d_{11}^{m}$，$f_1=f_i^{g}+f_i^{m}$，$m_1=\sum_j d_{1j}^{m}+f_1^{m}$。

（2）非进口竞争型投入产出表。

表 2-6 表示非进口竞争型投入产出表的基本核算框架。其特点是对国产品的中间需求和最终需求以及对进口品的中间需求和最终需求分列出来并独自核算。显然，该表在对国产品和进口品的使用情况方面提供了更多周到的信息。

表 2-6 非进口竞争型投入产出表

项 目	第1产业	第2产业	第3产业	最终需求	进 口	总需求
第1产业	d_{11}^{g}	d_{12}^{g}	d_{13}^{g}	f_1^{g}	0	x_1
第2产业	d_{21}^{g}	d_{22}^{g}	d_{23}^{g}	f_2^{g}	0	x_2
第3产业	d_{31}^{g}	d_{32}^{g}	d_{33}^{g}	f_3^{g}	0	x_3
第1产业	d_{11}^{m}	d_{12}^{m}	d_{13}^{m}	f_1^{m}	$-m_1$	
第2产业	d_{21}^{m}	d_{22}^{m}	d_{23}^{m}	f_2^{m}	$-m_2$	
第3产业	d_{31}^{m}	d_{32}^{m}	d_{33}^{m}	f_3^{m}	$-m_3$	
增加值	v_1	v_2	v_3			
总投入	x_1	x_2	x_3			

2.1.2 价值型投入产出表中的国民经济核算关系

首先，在价值型投入产出表的各产业列中，存在如下产业总投入与其总产出之间的价值等量关系，同时也是价值型投入产出表中的一个核算关系，即：

产业总投入（中间投入＋初始投入）价值＝产业总产出价值

$$\sum_i d_{ij}+v_j=x_j$$

其次，在价值型投入产出表的各产业行中，存在如下产业产出与其使用去向之间的价值等量关系，同时也是投入产出表中的另一个核算关系，即：

产业总产出价值＝产业总需求（中间使用＋最终使用）价值

$$x_i=\sum_j d_{ij}+f_i$$

综合上述两个等量关系,在投入产出表中各产业的价值流量数据之间存在如下"三边等价"的价值等量关系,即:

产业总投入价值＝产业总产出价值＝产业总需求价值

$$\sum_i d_{ij} + v_j = x_{j=i} = \sum_j d_{ij} + f_i$$

显然,由于上述等量关系对各个产业均成立,因此在将各产业加总的全社会层面上自然有如下等量关系,即:

全社会总投入价值＝全社会总产出价值＝全社会总需求价值

$$\sum_j (\sum_i d_{ij} + v_j) = \sum x_{j=i} = \sum_i (\sum_j d_{ij} + f_i)$$

2.2　投入产出表的应用

2.2.1　不同视角下的投入产出表

1. 国民经济核算

通过上一节的介绍,不难看出投入产出表所提供的国民经济核算经济数据具有以下基本特征:第一,以生产部门的产业为局部单位,并由其组成国民经济总体;第二,涵盖包括中间投入和初始投入在内的、各产业以及全社会总产出中的全部投入,以及包括中间使用和最终使用在内的、各产业以及全社会总产出的全部使用去向。

为此,投入产出表数据不仅为考察产业特征,更为考察产业维度上的国民经济各方面的内部结构,以及从后述的产业分工体系的角度审视国民经济的系统性运行提供了独到的数据。

2. 产品、价值及成本收益

如前所述,投入产出表通过其矩阵式布局,巧妙地在同一个核算框架里完整地整合了各产业产出中的各种投入以及各种使用去向两方面内容。从实物层面来看,这更为全面地呈现了各产业产品的生产技术和各种用途;从价值层面来看,这更为全面地呈现了各产业产出的价值构成和价值实现;从成本收益层面来看,这更为全面地呈现了各产业在生产领域的各种支出项目和在使用领域的各种收入来源。

关键还在于,由于两方面的内容被整合于一个统一的国民经济核算框架之中,有明确的数量上的核算关系,因此能够全面且系统地考察产业产品从生产到使用的实物循环、产出价值从构成到实现的价值循环、产业资金从生产领域支出到使用领域收入的资金循环。

3. 产业分工

（1）产业分类。

对于审视产业分工来说，首先可以看出，投入产出表的最终需求矩阵反映了产业的水平分工，也就是不同产业生产各自的最终品以满足不同的最终需求；其次可以看出，中间投入—中间需求矩阵反映了产业的垂直分工，也就是不同产业生产各自的中间品以满足生产过程中不同的中间需求；最后可以看出，增加值矩阵反映了国民收入意义上的产业分工的成果。

关键还在于，由于各方面内容被整合于一个统一的国民经济核算框架之中，因此，投入产出表所呈现出的是一个水平分工和垂直分工相互结合在一起的产业分工体系。同时，这也令投入产出表所呈现出的国民经济表现为一个运行于产业分工体系之中的经济系统的特征。

（2）垂直分工及生产加工和迂回生产。

具体到产业的垂直分工，投入产出表所独有的中间投入—中间需求矩阵尤为有价值，因为这一具有横纵两个维度的矩阵式核算框架真正系统且全面地呈现了垂直分工体系下的生产加工情况和迂回生产情况，进而呈现了各产业在垂直分工体系中的双重定位。

所谓生产加工，就是指从最终品的角度来看，其产出是一个对中间品的生产加工过程。所谓迂回生产，就是指从中间品的角度来看，其成为最终品是一个经过加工的迂回生产过程。显然，生产加工和迂回生产是垂直分工的两个方面或者说是两个角度。

首先，中间投入—中间需求矩阵的纵向各列，呈现了宾栏中的各产业作为最终品的产出部门对主栏中作为中间品供应部门的各产业所提供的中间品进行生产加工的情况。其次，中间投入—中间需求矩阵的横向各行，呈现了主栏中的各产业作为中间品供应部门，其中间品经过宾栏中作为最终品产出部门的各产业的加工而成为其最终品的迂回生产情况。

2.2.2　投入产出核算与国民生产总值核算

在关于国民生产总值（GNP）的核算中，也有一个三边等价关系，即收入法 GNP 合计＝支出法 GNP 合计＝生产法 GNP 合计。下面我们来看看投入产出表对此如何体现。

首先，在投入产出表中，中间投入流量和中间使用流量构成了中间投入—中间使用正方矩阵。因此，全社会的中间投入价值合计和全社会的中间使用价值合计是对同一个正方矩阵的要素进行加总求和，双方自然是同一数值：

$$d = \sum_j \sum_i d_{ij}$$

换句话说，围绕中间投入—中间使用流量而发生的价值流量（收入流量—支出流量），就其全社会总量而言，是限定于生产领域内部的各产业之间而不涉及以外领域的。于是，我们可以得到表 2－7。

表 2 - 7　收入法、支出法及生产法 GNP 关系

全社会总投入价值－ 全社会中间投入价值合计	全社会总产出价值－ 全社会中间投入价值合计	全社会总需求价值－ 全社会中间使用价值合计
$\displaystyle\sum_j(\sum_i d_{ij}+v_j)-d$ =	$\displaystyle\sum x_{j=i}-d$ =	$\displaystyle\sum_i(\sum_j d_{ij}+f_i)-d$

也就是：

$$\begin{array}{ccc} \text{全社会初始投入价值总和} & \text{全社会产业增加值总和} & \text{全社会最终使用价值总和} \\ (\text{收入法 GNP 合计}) & = \quad (\text{生产法 GNP 合计}) & = \quad (\text{支出法 GNP 合计}) \end{array}$$

$$\sum_j v_j = \sum x_{j=i} - \sum_j\sum_i d_{ij} = \sum_i f_i$$

通过从投入产出表核算中的产业活动三边等价关系中导出 GNP 核算中的三边等价关系，可以令我们更清晰地认识 GNP 核算中的内容。

首先可以看出，与收入法 GNP 和支出法 GNP 不同，生产法 GNP 也就是各产业增加值合计是在总产出统计和中间投入统计基础上获得的，而非真正的统计数据。

其次可以看出，上述 GNP 的等量关系是在全社会总体也就是产业加总层面上的。不过，就其中的各个产业而言，则仅有各产业收入法 $\text{GNP}_i =$ 各产业生产法 GNP_i，但原则上 $\neq$ 各产业支出法 GNP_i。因为某产业产出中的中间投入价值合计原则上并不等于对该产业产出的中间使用价值合计，$\displaystyle\sum_i d_{ij} \neq \sum_j d_{ij}$。例如，第 1 产业的中间投入价值合计原则上并不等于对第 1 产业的中间使用价值合计。于是，第 1 产业的初始投入价值原则上也就并不等于对第 1 产业的最终需求价值。

第3章 投入产出分析基础

投入产出表是投入产出数学模型的基础,阐明投入产出表后,就可以进行投入产出数学模型的制作。实物型投入产出表虽然能非常直观地反映国民经济各部门之间的工艺技术关系,但在实际应用中,实物计量的可加性存在致命的不足。首先是数据的收集和整理困难。编制投入产出表需要收集企业生产的各种产品的交易过程,这些数据大部分都是价值量数据。其次是部门划分太多太细的问题。同类产品但不同品种的产品无法相加,如同电器产品的电视机和电冰箱、电风扇就不能相加;即使是同种产品不同规格也不能有效相加,如不同尺寸的电视机,就不能简单相加。由于我们要求一个部门只能对应一种产品,实物计量就会使我们要非常细化产品部门,以至于产品部门个数多到我们在实际中难以处理。另外,服务产品一般不能单纯地用实物单位来计量。

价值计量正好可以弥补实物计量的这些不足。因此,在实际的数据处理中,基本都是用价值单位。事实上,世界各国编的投入产出表一般都是价值计量单位。表3-1是一张最简单的价值型投入产出表形式。

表3-1 投入产出表的基本框架结构

中间需求

项 目	第1产业	…	第 j 产业	…	第 n 产业	最终需求	总产出
第1产业	d_{11}	…	d_{12}	…	d_{1n}	f_1	x_1
⋮	⋮		⋮		⋮	⋮	⋮
i	d_{i1}	…	d_{i2}	…	d_{in}	f_i	x_i
⋮	⋮		⋮		⋮	⋮	⋮
第 n 产业	d_{n1}	…	d_{n2}	…	d_{nn}	f_n	x_n
增加值	v_1	…	v_j	…	v_n		
总投入	x_1	…	x_j	…	x_n		

(表格左侧纵向标注:中间投入)

3.1 投入系数

价值型投入产出表的基本平衡关系式如下:

(1) 行向平衡关系＝中间使用＋最终使用＝总产出。数学公式为:

$$\sum_{j=1}^{n} x_{ij} + f_i = x_i, \quad i=1,2,\cdots,n$$

行向平衡关系反映的是各产品部门的供求平衡关系。

（2）列向平衡关系＝中间投入＋最终投入＝总投入。数学公式为：

$$\sum_{i=1}^{n} x_{ij} + v_j = x_j, \quad j=1,2,\cdots,n$$

列向平衡关系反映的是各产品部门的收支平衡关系。

上述 $\sum_{j=1}^{n} x_{ij} + f_i = x_i, \quad i=1,2,\cdots,n$，是用方程式来描述表 3-1 中各产品部门产出量的供需平衡关系。如果我们根据表 3-1 所示的特定时点的投入产出关系，利用模型式 $\sum_{j=1}^{n} x_{ij} + f_i = x_i, \quad i=1,2,\cdots,n$ 来确定任意时点上产品部门间数量依存关系时，我们必须在模型内部确定各产品部门的产出量 x_i 和产品部门之间的流量——中间产品需求量 d_{ij}，在模型外部给出分产品部门的最终需求，即最终需求向量 $(f_1,f_2,\cdots,f_n)$。

一旦确定最终需求向量 F，就决定了各产品部门的产出量：不仅要满足最终需求 f_i，还要满足各产品部门生产所产生的派生需求 $\sum_j d_{ij}$。就是说，各产品部门生产能够满足整个经济总需求的产出量 x_i，使任何产品部门的产出量都不会过剩也不会不足。

这就是式 $\sum_{j=1}^{n} x_{ij} + f_i = x_i, \quad i=1,2,\cdots,n$ 的意义。

在投入产出表 3-1 中，中间产品流量 d_{ij} 是 j 产品部门生产 x_j 单位时所投入的 i 产品部门的产品量，这只是反映一个具体的生产技术结构，我们无法在表中直接找到，当 j 产品部门的生产量改变后所需要投入的各产品部门的产品量。现在我们大胆假定 d_{ij} 和 x_j 之间存在齐次线性关系，因此定义了中间产品的投入系数（也称直接消耗系数）。

$$a_{ij} = \frac{d_{ij}}{x_j}, \quad i,j=1,2,\cdots,n$$

式中，a_{ij} 表示 j 产品部门生产单位总产品所投入的（消耗）i 产品部门产品量。类似地，我们可以定义生产要素（初始投入）的投入系数：

$$v'_j = \frac{v_j}{x_j}, \quad j=1,2,\cdots,n$$

式中，v'_j 表示产品部门生产单位总产品所投入的生产要素量（用价值量间接地反映）。进一步，我们可以得到价值表的投入系数有下面的关系成立：

$$\sum_{i=1}^{n} a_{ij} + v'_j = 1, \quad 0 \leqslant a_{ij} < 1, 0 \leqslant v'_j < 1$$

从投入系数的定义可以清楚地看到上述关系的经济意义,因为任何一个产品部门,在生产过程中每一种投入品的价值均不能超过其产出的价值,因此所有中间投入品的价值都不能超过或等于其产出的价值。

实物表也可以同样计算投入系数,但不完全具备上述关系。一般来说,实物表的投入系数非负,不一定小于1,因为各产品的计量单位不同,投入系数大于1是经常有的,但主对角元素——本部门产品的投入系数却一定小于1,因为在生产中对本部门产品的消耗一定不能大于或等于其产出。

由此我们可以得到投入系数表(见表3-2),它体现了投入产出模型中生产结构的基本特征,是广义的投入产出表(投入产出表、投入系数表和后面将要说明的投入产出逆系数表)的三个组成部分之一。

表 3-2　投入系数表

投入	产出					
	1	2	⋯	j	⋯	n
1	a_{11}	a_{12}	⋯	a_{1j}	⋯	a_{1n}
2	a_{21}	a_{22}	⋯	a_{2j}	⋯	a_{2n}
⋮	⋮	⋮	⋯	⋮	⋯	⋮
i	a_{i1}	a_{i2}	⋯	a_{ij}		a_{in}
⋮	⋮	⋮	⋯	⋮	⋯	⋮
n	a_{n1}	a_{n2}	⋯	a_{nj}	⋯	a_{nn}
初始投入	v'_1	v'_2	⋯	v'_j	⋯	v'_n

3.2　投入产出基本模型

3.2.1　分配方程组和按行建立的模型

1. 分配方程组

我们对投入系数假定,可以将 $a_{ij} = \dfrac{d_{ij}}{x_j}$,　$i,j=1,2,\cdots,n$ 转换为:

$$d_{ij} = a_{ij}x_j,\quad i,j=1,2,\cdots,n$$

则,$\displaystyle\sum_{j=1}^{n} x_{ij} + f_i = x_i$,　$i,j=1,2,\cdots,n$ 可以变为:

$$\sum_j a_{ij}x_j + f_i = x_i,\quad i,j=1,2,\cdots,n$$

不管是价值型还是实物型,都存在这样的平衡关系。这就是分配方程组,它反映每个部门的总产出是如何分配与使用的。写成矩阵有:

$$AX + F = X$$

整理得:

$$(I - A)X = F$$

这里,

$$A = (a_{ij})_{nn} = \begin{bmatrix} a_{11} & a_{12} & \cdots & a_{1j} & \cdots & a_{1n} \\ a_{21} & a_{22} & \cdots & a_{2j} & \cdots & a_{2n} \\ \vdots & \vdots & \vdots & \vdots & & \vdots \\ a_{n1} & a_{n2} & \cdots & a_{nj} & \cdots & a_{nn} \end{bmatrix}$$

$$F = (f_i)_n = \begin{bmatrix} f_1 \\ f_2 \\ \vdots \\ f_n \end{bmatrix}, X = (X_i)_n = \begin{bmatrix} X_1 \\ X_2 \\ \vdots \\ X_n \end{bmatrix}$$

I 为 n 阶单位阵,则,A、F、X 分别为直接消耗系数矩阵、最终使用量矩阵和总产出量矩阵。

2. 按行建立的经济数学模型

因为最终使用是外生决定,经求解得:

$$X = (I - A)^{-1}F$$

这就是按行建立的投入产出基本经济数学模型。

$(I - A)X = F$ 和 $X = (I - A)^{-1}F$ 建立起总产出和最终使用之间的数量联系,是静态投入产出模型的基本方程式。

特别地,式 $X = (I - A)^{-1}F$ 使我们在生产技术不发生变化的期间内,对于给定的最终使用量 F,可以得到能同时满足中间使用和最终使用的各产品部门的产出量 X,这个 X 称之为均衡产出量。$(I - A)^{-1}$ 称为列昂惕夫逆矩阵。

该模型揭示了最终使用量和总产出量之间的关系。换句话说,如果知道最终使用量,通过模型就可以求出既满足最终使用的需求,又保证经济系统各部分之间综合平衡的总产出量。这里的最终使用量就是支出法计算的国内生产总值。

该模型虽然简单,但具有很大的应用价值。因为在投入产出分析出现以前,还没有什么方法能够揭示最终使用量和总产出量之间的关系。而这个关系对于经济预测、经济计划、结构分析等无疑是不可缺少的。

3.2.2 生产方程组和按列建立的模型

1. 生产方程组

价值型投入产出表的每一列,都存在如下平衡方程:

$$\sum_i d_{ij} + v_j = x_j, \quad j = 1, 2, \cdots, n$$

可以写成：

$$\sum_i a_{ij} X_j + v_j = x_j, \quad j = 1, 2, \cdots, n$$

这就是生产方程组，它反映每个部门的总产出是如何形成的。矩阵表示该方程组，有 $A_c X + V = X$，其中，

$$A_c = \begin{bmatrix} \sum_i a_{i1} & & & \\ & \sum_i a_{i2} & & \\ & & \ddots & \\ & & & \sum_i a_{in} \end{bmatrix}$$

$$V = \begin{bmatrix} v_1 \\ v_2 \\ \vdots \\ v_n \end{bmatrix}$$

2. 按列建立的经济数学模型

由式 $A_c X + V = X$，容易得到：

$$X = (I - A_c)^{-1} V$$

这就是按列建立的投入产出基本经济数学模型。该模型揭示了最初投入量和总产出量（总投入量）之间的关系。换句话说，如果知道最初投入量，通过模型就可以求出在该最初投入量下只能得到的总产出量。更多地，可以利用该模型，在已经知道总产出量的情况下求最初投入量。这里的最初投入量即各部门的增加值，其和就是国内生产总值。

该模型虽然简单，但同样具有很大的应用价值。对于实物型投入产出表，如果将第三象限加以补充，同样可以建立这类模型，而且它在经济分析中具有很大的实际价值，如可以用以分析各种产品价格变化的互相影响。

投入产出模型的基本假定、列昂惕夫逆矩阵及求解条件投入产出模型的基本假定任何经济数学模型都是实际经济活动的抽象，都是在若干基本假设下建立的，或者只有在若干基本假设下才能成立。关键在于所舍弃的是事物的本质方面还是非本质方面。投入产出模型的基本假定有三个：

（1）非结合性假定，即假定每个产品部门只生产一种产品。

这个假定在大多数情况下可以被基本满足，当有些部门生产一种以上产品时（结合生产），投入产出分析要求通过适当的分解来满足非结合性假定。

（2）无替代性假定，即假定每个产品部门只有一种生产活动。

也就是说，投入产品之间在技术上无替代性。这个假定无疑是非常严格的，在现实中，由于价格的变动和产出水平的不同，生产同一种产品都可能有多种投入组合，经济学中生产理论研究了生产中的最优投入组合即最优活动问题，而在投入产出分析中，却是只有一种活动的假定。

上述两个假定可归纳为同质性假定，它要求各个产品部门用单一的投入结构来生产单一的产品，并要求不同部门的产品之间没有替代的现象。

（3）投入系数不变的假定，即假定在各部门的生产技术没有发生变化的情况下，投入系数与产出水平无关，是一个常数。

投入系数的产生，是用某个时期的投入产出表，通过公式 $a_{ij} = \dfrac{d_{ij}}{x_j}$ 所定义的。投入系数与产出量无关，是一个常数，各产品部门的产出量与投入量之间的比例可用一定的数值表示，而不包含任何变量，这也使得各投入量按固定比例组合起来。例如，第 j 产品部门生产 1 个单位的产出，就必须投入各产品部门的产品和劳动分别为 $a_{1j}, a_{2j}, \cdots, a_{nj}$。显然，无论产出量怎样变化，单位产出量所需的投入量保持不变，这个假定是简单而大胆的，它使得投入产出分析在线性系统中进行，避开了不易计量分析的难题。事实上，在生产技术没有发生变化的情况下，大多数产品的生产对原材料的消耗都基本满足这个假定。

应当注意，投入系数不变的假定本身并未否定无替代性假定，即并未否定投入要素之间的可替代性。无替代性假定强调投入产品之间技术上的不可替代性，也就是说每个产品部门只存在一种活动。而投入系数不变的假定强调的是在某种活动中，投入系数是一个常数。因此，即使投入系数保持不变，如果各产品部门存在两种以上的活动，就会出现活动之间技术替代的可能性。投入系数不变假定也可称为比例性假定。

3.3　列昂惕夫逆矩阵的经济含义

投入产出分析最基本的问题是，通过公式 $X = (I-A)^{-1}F$，在假定生产技术不发生变化的时期内，根据给出的与基期不同的最终需求，得到各部门的均衡产出量。所谓均衡产出量，就是既能满足最终需求，又能满足中间需求的各产品部门产出量，既无剩余，也不足。

我们把公式中的 $(I-A)^{-1}$ 矩阵称为列昂惕夫逆矩阵，列成表格称列昂惕夫逆系数表，是广义投入产出表的第三个表（见表 3-3）。

表 3 - 3　列昂惕夫逆系数表

投入	产出					
	1	2	⋯	j	⋯	n
1	b_{11}	b_{12}	⋯	b_{1j}	⋯	b_{1n}
2	b_{21}	b_{22}	⋯	b_{2j}	⋯	b_{2n}
⋮	⋮	⋮	⋯	⋮	⋯	⋮
i	b_{i1}	b_{i2}	⋯	b_{ij}	⋯	b_{in}
⋮	⋮	⋮	⋯	⋮	⋯	⋮
n	b_{n1}	b_{n2}	⋯	b_{nj}	⋯	b_{nn}

为方便说明列昂惕夫逆系数的经济含义,我们假定只有两个产品部门,第 1 产品部门的最终需求为 1 个单位,第 2 产品部门的最终需求为 0,根据公式 $X=(I-A)^{-1}F$,有:

$$\begin{pmatrix} x_1 \\ x_2 \end{pmatrix}=\begin{pmatrix} b_{11} & b_{12} \\ b_{21} & b_{22} \end{pmatrix}\begin{pmatrix} 1 \\ 0 \end{pmatrix}=\begin{pmatrix} b_{11} \\ b_{21} \end{pmatrix}$$

该计算说明,列昂惕夫逆矩阵第 1 列第 1 个元素 b_{11} 表示为得到 1 个单位第 1 产品部门的最终产品所需的第 1 产品部门的产出量,第 1 列第 2 个元素 b_{21} 表示为同一目的所需的第 2 产品部门的产出量。因此,列昂惕夫逆矩阵第 1 列各元素表示为得到第 1 产品部门 1 个单位的最终产品而需要各产品部门提供的产出量,其中第 1 个元素,即第 1 产品部门提供的产出量,除了满足本部门直接生产过程的消耗需求及派生出来的消耗需求外,还要满足 1 个单位的最终产品需求(因此推论 b_{11} 一定大于或等于 1);第 2 产品部门虽不需要提供最终产品,但为满足第 1 产品部门直接生产过程的消耗需求及派生出来的消耗需求,就必须生产 b_{21} 单位的总产出量。

上述结论很容易推广到一般,列昂惕夫逆矩阵第 j 列元素表示,当 j 产品的最终需求增加 1 个单位时,对各产品部门所产生的直接和间接的影响:第 j 产品部门的产出量(列昂惕夫逆矩阵主对角线上的元素)除满足由此带来的全部生产过程的直接和间接的消耗需求外,还要满足 1 个单位的最终产品需求量,因而大于或等于 1;其他部门的产出量 $b_{ij}(i\neq j)$ 都是用来满足由此带来的全部生产过程中的直接和间接的消耗需求。

3.3.1　最终需求的生产波及效果

我们按照均衡产出函数来逐步展开均衡产出解的产生过程,以此来理解最终需求的生产波及效果与列昂惕夫逆矩阵的含义。当给出最终需求量向量 F 时,由均衡产出函数 $X=AX+F$ 可知,这将最直接地要求有等量的产出量 X_1 与之适应,即 $X_1=F$,或:

$$\begin{bmatrix} x_1 \\ x_2 \\ \vdots \\ x_n \end{bmatrix}_1=\begin{bmatrix} f_1 \\ f_2 \\ \vdots \\ f_n \end{bmatrix}$$

接下来,基于均衡产出函数中内生于总产出 X 的中间需求函数 AX 可知,X_1 的产出量将形成 $AX_1 = AF$ 的中间需求量,并将要求相应的产出量与之适应,即 $X_2 = AX_1 = AF$,或:

$$
\begin{bmatrix} x_1 \\ x_2 \\ \vdots \\ x_n \end{bmatrix}_2 = \begin{bmatrix} a_{11} & a_{12} & \cdots & a_{1n} \\ a_{21} & a_{22} & \cdots & a_{2n} \\ \vdots & \vdots & & \vdots \\ a_{n1} & a_{n2} & \cdots & a_{nn} \end{bmatrix} \times \begin{bmatrix} x_1 \\ x_2 \\ \vdots \\ x_n \end{bmatrix}_1 = \begin{bmatrix} a_{11} & a_{12} & \cdots & a_{1n} \\ a_{21} & a_{22} & \cdots & a_{2n} \\ \vdots & \vdots & & \vdots \\ a_{n1} & a_{n2} & \cdots & a_{nn} \end{bmatrix} \times \begin{bmatrix} f_1 \\ f_2 \\ \vdots \\ f_n \end{bmatrix}
$$

而 X_2 的产出量将进一步地形成 $AX_2 = AAX_1 = AAF = A^2F$ 的中间需求变量,以及要求相应的产出量 $X_3 = AX_2 = AAX_1 = AAF = A^2F$,即:

$$
\begin{bmatrix} x_1 \\ x_2 \\ \vdots \\ x_n \end{bmatrix}_3 = \begin{bmatrix} a_{11} & a_{12} & \cdots & a_{1n} \\ a_{21} & a_{22} & \cdots & a_{2n} \\ \vdots & \vdots & & \vdots \\ a_{n1} & a_{n2} & \cdots & a_{nn} \end{bmatrix} \times \begin{bmatrix} x_1 \\ x_2 \\ \vdots \\ x_n \end{bmatrix}_2
$$

$$
= \begin{bmatrix} a_{11} & a_{12} & \cdots & a_{1n} \\ a_{21} & a_{22} & \cdots & a_{2n} \\ \vdots & \vdots & & \vdots \\ a_{n1} & a_{n2} & \cdots & a_{nn} \end{bmatrix} \times \begin{bmatrix} a_{11} & a_{12} & \cdots & a_{1n} \\ a_{21} & a_{22} & \cdots & a_{2n} \\ \vdots & \vdots & & \vdots \\ a_{n1} & a_{n2} & \cdots & a_{nn} \end{bmatrix} \times \begin{bmatrix} x_1 \\ x_2 \\ \vdots \\ x_n \end{bmatrix}_1
$$

$$
= \begin{bmatrix} a_{11} & a_{12} & \cdots & a_{1n} \\ a_{21} & a_{22} & \cdots & a_{2n} \\ \vdots & \vdots & & \vdots \\ a_{n1} & a_{n2} & \cdots & a_{nn} \end{bmatrix}^2 \times \begin{bmatrix} f_1 \\ f_2 \\ \vdots \\ f_n \end{bmatrix}
$$

这一过程将重复下去,继续产生 $X_4 = AX_3 = AAAX_1 = AAAF = A^3F$ 的中间需求。于是,与所有这些需求总和相适应的均衡产出量应为:

$$
X = F + AF + A^2F + \cdots + A^kF = (I + A + A^2 + \cdots + A^k)F
$$
$$
= (I - A)^{-1}F = BF, \quad k = \infty
$$

或者表示为:

$$
\begin{bmatrix} x_1 \\ x_2 \\ \vdots \\ x_n \end{bmatrix} = \begin{bmatrix} f_1 \\ f_2 \\ \vdots \\ f_n \end{bmatrix} + \begin{bmatrix} a_{11} & a_{12} & \cdots & a_{1n} \\ a_{21} & a_{22} & \cdots & a_{2n} \\ \vdots & \vdots & & \vdots \\ a_{n1} & a_{n2} & \cdots & a_{nn} \end{bmatrix} \times \begin{bmatrix} f_1 \\ f_2 \\ \vdots \\ f_n \end{bmatrix} + \cdots + \begin{bmatrix} a_{11} & a_{12} & \cdots & a_{1n} \\ a_{21} & a_{22} & \cdots & a_{2n} \\ \vdots & \vdots & & \vdots \\ a_{n1} & a_{n2} & \cdots & a_{nn} \end{bmatrix}^k \times \begin{bmatrix} f_1 \\ f_2 \\ \vdots \\ f_n \end{bmatrix}
$$

$$
= \left(\begin{bmatrix} 1 & 0 & \cdots & 0 \\ 0 & 1 & \cdots & 0 \\ \vdots & \vdots & & \vdots \\ 0 & 0 & \cdots & 1 \end{bmatrix} + \begin{bmatrix} a_{11} & a_{12} & \cdots & a_{1n} \\ a_{21} & a_{22} & \cdots & a_{2n} \\ \vdots & \vdots & & \vdots \\ a_{n1} & a_{n2} & \cdots & a_{nn} \end{bmatrix} + \cdots + \begin{bmatrix} a_{11} & a_{12} & \cdots & a_{1n} \\ a_{21} & a_{22} & \cdots & a_{2n} \\ \vdots & \vdots & & \vdots \\ a_{n1} & a_{n2} & \cdots & a_{nn} \end{bmatrix}^k \right) \times \begin{bmatrix} f_1 \\ f_2 \\ \vdots \\ f_n \end{bmatrix}
$$

$$
= \left(\begin{bmatrix} 1 & 0 & \cdots & 0 \\ 0 & 1 & \cdots & 0 \\ \vdots & \vdots & & \vdots \\ 0 & 0 & \cdots & 1 \end{bmatrix} - \begin{bmatrix} a_{11} & a_{12} & \cdots & a_{1n} \\ a_{21} & a_{22} & \cdots & a_{2n} \\ \vdots & \vdots & & \vdots \\ a_{n1} & a_{n2} & \cdots & a_{nn} \end{bmatrix} \right)^{-1} \times \begin{bmatrix} f_1 \\ f_2 \\ \vdots \\ f_n \end{bmatrix}
$$

$$
= \begin{bmatrix} b_{11} & b_{12} & \cdots & b_{1n} \\ b_{21} & b_{22} & \cdots & b_{2n} \\ \vdots & \vdots & & \vdots \\ b_{n1} & b_{n2} & \cdots & b_{nn} \end{bmatrix} \times \begin{bmatrix} f_1 \\ f_2 \\ \vdots \\ f_n \end{bmatrix}, \quad k = \infty
$$

由此可以看出：

第一，最终需求的生产波及效果。

在均衡产出函数 $X = AX + F$ 之下，通过其中内生于总产出的中间需求函数 AX，最终需求 F 将以最终品的生产活动为发端，沿着 $AF, A^2F, \cdots, A^kF$ 逐级引致派生出一系列的中间品的供求关系，使得满足该最终需求所需的生产活动扩展波及最终品以外的其他产业部门。我们称此为最终需求的生产波及效果。

第二，最终需求的产出乘数效果。

鉴于最终需求及其生产波及效果，除非中间投入全部为 0 的特殊情况，否则，由此决定的均衡产出量将大于最终需求量，即 $(I + A + A^2 + \cdots + A^k)F > F$。我们将这种最终需求量对于均衡产出量的倍数放大效果称为乘数效果。

生产波及效果与乘数效果显然是两位一体的。前者突出强调了最终需求在均衡产出函数下将会对其所要求的均衡产出从最终品产业渐次地扩展波及相关中间品产业；后者则突出强调了最终需求在均衡产出函数下将会基于生产波及效果而要求其自身倍数以上的均衡总产出量。

3.3.2　列昂惕夫逆矩阵的产出乘数含义及其内部层级

如前所述，生产波及效果与产出乘数效果是两位一体的，正是基于最终需求的生产波及效果因而会对产出形成其自身倍数以上的均衡总产出量的产出乘数效果。以下以第 1 产业的 1 单位最终需求为例，归纳了其生产波及效果的各层级及其与产出乘数效果的关系：

$$
X = \underbrace{\begin{bmatrix} 1 & 0 & \cdots & 0 \\ 0 & 1 & \cdots & 0 \\ \vdots & \vdots & & \vdots \\ 0 & 0 & \cdots & 1 \end{bmatrix} \begin{bmatrix} 1 \\ 0 \\ \vdots \\ 0 \end{bmatrix}}_{\text{最终需求}} + \underbrace{\begin{bmatrix} a_{11} & a_{12} & \cdots & a_{1n} \\ a_{21} & a_{22} & \cdots & a_{2n} \\ \vdots & \vdots & & \vdots \\ a_{n1} & a_{n2} & \cdots & a_{nn} \end{bmatrix} \begin{bmatrix} 1 \\ 0 \\ \vdots \\ 0 \end{bmatrix}}_{1\text{次波及}} + \cdots + \underbrace{\begin{bmatrix} a_{11} & a_{12} & \cdots & a_{1n} \\ a_{21} & a_{22} & \cdots & a_{2n} \\ \vdots & \vdots & & \vdots \\ a_{n1} & a_{n2} & \cdots & a_{nn} \end{bmatrix}^k \begin{bmatrix} 1 \\ 0 \\ \vdots \\ 0 \end{bmatrix}}_{k\text{次波及}}
$$

直接引致　　　　　　间接引致

引致需求（中间需求）

全部需求＝产出乘数

$$= \begin{bmatrix} b_{11} & b_{12} & \cdots & b_{1n} \\ b_{21} & b_{22} & \cdots & b_{2n} \\ \vdots & \vdots & & \vdots \\ b_{n1} & b_{n2} & \cdots & b_{nn} \end{bmatrix} \begin{bmatrix} 1 \\ 0 \\ \vdots \\ 0 \end{bmatrix} = \begin{bmatrix} b_{11} \\ b_{21} \\ \vdots \\ b_{n1} \end{bmatrix}$$

在此,我们把最终需求基于生产波及效果而引致的中间需求称为引致需求。进一步地,从引致需求是基于生产波及效果而渐次产生的角度上,我们把其中由最终需求所最直接引致的中间需求 AF 即"直接原材料"称为"直接引致",也称 1 次波及;把由此而进一步引致的中间需求 $AF,\cdots,A^kF$ 即"原材料的原材料"统一称为"间接引致",或依次称为 2 次波及、3 次波及、k 次波及。

从数量层面来看,最终需求在其生产波及效果的各层级即 1 次波及……k 次波及上所形成的引致需求量分别为 $AF,A^2F,\cdots,A^kF$,其全部的引致需求总量则为:

$$(A+A^2+\cdots+A^k)F=[(I-A)^{-1}-I]F=(B-I)F, \quad k=\infty$$

而由最终需求量和引致需求量构成的需求总量及其所要求的均衡总产出量则为:

$$X=F+AF+A^2F+\cdots+A^kF=(A+A^2+\cdots+A^k)F$$
$$=(I-A)^{-1}F=BF, \quad k=\infty$$

首先,可以看出,$A,\cdots,A^n$ 是最终需求量与其各级波及效果上的引致需求量之间的比例系数。为此,我们把 A 称为直接引致系数矩阵或 1 次波及系数矩阵,把 $A^2,\cdots,A^n$ 依次称为 k 次引致系数矩阵或 k 次波及系数矩阵。

其次,可以看出,$B-I$ 是最终需求量与其全部的引致需求量之间的比例系数。为此,我们把 $B-I$ 称为全部引致系数矩阵或完全波及系数矩阵。

再次,可以看出,列昂惕夫逆矩阵 B 是最终需求量与其基于生产波及效果而倍数放大的需求总量进而均衡产出量之间的比例系数。为此,我们把列昂惕夫逆矩阵 B 称为产出乘数矩阵。

最后,从上述示例可以看出,对于具体的 j 产业的单位最终需求而言,其生产波及效果以及与之等义的产出乘数效果体现在上述矩阵中的 j 列向量上。以列昂惕夫逆矩阵为例,其第 j 列向量上的第 i 要素表示 j 产业的单位最终需求对于 i 产业的生产波及效果的合计,同时也是对其产出乘数效果的合计。

1. 产业链上的均衡分工产出函数——产业生产链

如前所述,在涵盖中间投入的列昂惕夫型生产函数中,产品的生产是基于垂直分工的加工生产。下面,我们以第 1 产业生产 1 单位最终产品为例,考察其中的分工生产活动。

首先,根据列昂惕夫生产函数,第 1 产业生产 1 单位最终品需要其垂直分工链条上的上游 i 产业为其提供中间品 x_i^1,即:

$$\begin{bmatrix} x_1^1 \\ \vdots \\ x_n^1 \end{bmatrix}_1 = \begin{bmatrix} a_{11} & \cdots & a_{1n} \\ \vdots & \ddots & \vdots \\ a_{n1} & \cdots & a_{nn} \end{bmatrix} \begin{bmatrix} 1 \\ \vdots \\ 0 \end{bmatrix} = \begin{bmatrix} a_{11} \\ \vdots \\ a_{n1} \end{bmatrix}$$

其次，由于各中间品产业也是基于垂直分工的加工生产，也需要其垂直分工链条上的上游产业为其提供中间品，即：

$$
\begin{bmatrix} x_1^1 \\ \vdots \\ x_n^1 \end{bmatrix}_2 = \begin{bmatrix} a_{11} & \cdots & a_{1n} \\ \vdots & \ddots & \vdots \\ a_{n1} & \cdots & a_{nn} \end{bmatrix} \begin{bmatrix} a_{11} \\ \vdots \\ a_{n1} \end{bmatrix} = \begin{bmatrix} a_{11} & \cdots & a_{1n} \\ \vdots & \ddots & \vdots \\ a_{n1} & \cdots & a_{nn} \end{bmatrix}^2 \begin{bmatrix} 1 \\ \vdots \\ 0 \end{bmatrix}
$$

后面，这一过程将重复下去：

$$
\begin{bmatrix} x_1^1 \\ \vdots \\ x_n^1 \end{bmatrix}_3 = \begin{bmatrix} a_{11} & \cdots & a_{1n} \\ \vdots & \ddots & \vdots \\ a_{n1} & \cdots & a_{nn} \end{bmatrix} \times \begin{bmatrix} a_{11} & \cdots & a_{1n} \\ \vdots & \ddots & \vdots \\ a_{n1} & \cdots & a_{nn} \end{bmatrix} \times \begin{bmatrix} a_{11} \\ \vdots \\ a_{n1} \end{bmatrix} = \begin{bmatrix} a_{11} & \cdots & a_{1n} \\ \vdots & \ddots & \vdots \\ a_{n1} & \cdots & a_{nn} \end{bmatrix}^3 \begin{bmatrix} 1 \\ \vdots \\ 0 \end{bmatrix} \times \cdots
$$

于是，与所有这些基于垂直分工而发生在上游的中间投入总量同时也是其要求的各产业为此提供的中间品总量为：

$$
\begin{bmatrix} x_1^1 \\ \vdots \\ x_n^1 \end{bmatrix}_D = \begin{bmatrix} a_{11} & \cdots & a_{1n} \\ \vdots & \ddots & \vdots \\ a_{n1} & \cdots & a_{nn} \end{bmatrix} \begin{bmatrix} 1 \\ \vdots \\ 0 \end{bmatrix} + \cdots + \begin{bmatrix} a_{11} & \cdots & a_{1n} \\ \vdots & \ddots & \vdots \\ a_{n1} & \cdots & a_{nn} \end{bmatrix}^k \begin{bmatrix} 1 \\ \vdots \\ 0 \end{bmatrix}
$$

最后，包括第 1 产业的单位最终品产出在内，其生产链上各产业的全部产出即为产业链均衡分工产出，函数为：

$$
\begin{bmatrix} x_1^1 \\ x_2^1 \\ \vdots \\ x_n^1 \end{bmatrix} = \begin{bmatrix} 1 & 0 & \cdots & 0 \\ 0 & 1 & \cdots & 0 \\ \vdots & \vdots & & \vdots \\ 0 & 0 & \cdots & 1 \end{bmatrix} \begin{bmatrix} 1 \\ 0 \\ \vdots \\ 0 \end{bmatrix} + \begin{bmatrix} a_{11} & a_{12} & \cdots & a_{1n} \\ a_{21} & a_{22} & \cdots & a_{2n} \\ \vdots & \vdots & & \vdots \\ a_{n1} & a_{n2} & \cdots & a_{nn} \end{bmatrix} \begin{bmatrix} 1 \\ 0 \\ \vdots \\ 0 \end{bmatrix} + \cdots
$$

$$
+ \begin{bmatrix} a_{11} & a_{12} & \cdots & a_{1n} \\ a_{21} & a_{22} & \cdots & a_{2n} \\ \vdots & \vdots & & \vdots \\ a_{n1} & a_{n2} & \cdots & a_{nn} \end{bmatrix}^k \begin{bmatrix} 1 \\ 0 \\ \vdots \\ 0 \end{bmatrix}
$$

$$
= \begin{bmatrix} b_{11} & b_{12} & \cdots & b_{1n} \\ b_{21} & b_{22} & \cdots & b_{2n} \\ \vdots & \vdots & & \vdots \\ b_{n1} & b_{n2} & \cdots & b_{nn} \end{bmatrix} \begin{bmatrix} 1 \\ 0 \\ \vdots \\ 0 \end{bmatrix} = \begin{bmatrix} b_{11} \\ b_{21} \\ \vdots \\ b_{n1} \end{bmatrix}, \quad k = \infty
$$

显然，这一结果正是列昂惕夫逆矩阵的第 1 列，均衡分工产出（产业链）模型：$X^j = BF^{i=j=1} = B^j$

这里，X^j 表示 1 单位 j 最终产品所需各产业的均衡分工产出列向量，$F^{i=j=1}$ 表示第 $i=j$ 要素为 1、其他要素为 0 的列向量，B^j 为列昂惕夫逆矩阵的第 j 列向量。也就是说，从垂直分工的角度来看，列昂惕夫逆矩阵的各列向量反映的是各个产业的垂直分工链条上的均衡分工总产出。

2. 与生产波及效果和乘数效果的关系

首先,可以看出,最终需求的生产波及效果和乘数效果与这里的最终产品的垂直分工(产业链)的分工产出是等义的。最终需求之所以会派生出引致的中间需求,就是因为最终产品的生产是基于垂直分工的生产,需要参与垂直分工的各产业提供中间品,从而产生生产波及效果,同时也产出乘数效果。

其次,可以看出,垂直分工是一个逐级扩展且相互联系的分工体系,而此前对生产波及效果的层级解构同样适用于对垂直分工体系的层级解构。我们据其分工层级 $A, \cdots,$ A^k 将其分为 1 级垂直分工乃至 k 级垂直分工,将 1 级垂直分工中即其直接上游的中间品投入称为直接投入,将此后各级垂直分工即上游的上游的中间品投入称为间接投入。

另外,在数量层面上,我们把 1 级垂直分工的 A 称为直接投入系数矩阵,把 $A^2, \cdots, A^k$ 依次称为 k 级垂直分工下的间接投入系数矩阵,$B-I$ 称为全部投入系数矩阵,也被称为完全消耗系数矩阵;把列昂惕夫逆矩阵 B 称为生产链均衡产出矩阵。

$$
\begin{bmatrix} x_1^1 \\ x_2^1 \\ \vdots \\ x_n^1 \end{bmatrix} = \underbrace{\begin{bmatrix} 1 & 0 & \cdots & 0 \\ 0 & 1 & \cdots & 0 \\ \vdots & \vdots & & \vdots \\ 0 & 0 & \cdots & 1 \end{bmatrix}\begin{bmatrix} 1 \\ 0 \\ \vdots \\ 0 \end{bmatrix}}_{\text{最终品}} + \underbrace{\underbrace{\begin{bmatrix} a_{11} & a_{12} & \cdots & a_{1n} \\ a_{21} & a_{22} & \cdots & a_{2n} \\ \vdots & \vdots & & \vdots \\ a_{n1} & a_{n2} & \cdots & a_{nn} \end{bmatrix}\begin{bmatrix} 1 \\ 0 \\ \vdots \\ 0 \end{bmatrix}}_{\substack{\text{1级垂直分工} \\ \text{直接中间投入}}} + \cdots + \underbrace{\begin{bmatrix} a_{11} & a_{12} & \cdots & a_{1n} \\ a_{21} & a_{22} & \cdots & a_{2n} \\ \vdots & \vdots & & \vdots \\ a_{n1} & a_{n2} & \cdots & a_{nn} \end{bmatrix}^k\begin{bmatrix} 1 \\ 0 \\ \vdots \\ 0 \end{bmatrix}}_{\substack{\text{k级垂直分工} \\ \text{间接中间投入}}}}_{\substack{\text{全部中间投入}}}
$$

(生产链总产出)

$$
= \begin{bmatrix} b_{11} & b_{12} & \cdots & b_{1n} \\ b_{21} & b_{22} & \cdots & b_{2n} \\ \vdots & \vdots & & \vdots \\ b_{n1} & b_{n2} & \cdots & b_{nn} \end{bmatrix}\begin{bmatrix} 1 \\ 0 \\ \vdots \\ 0 \end{bmatrix} = \begin{bmatrix} b_{11} \\ b_{21} \\ \vdots \\ b_{n1} \end{bmatrix}, \quad k = \infty
$$

最后,与生产波及效果和产出乘数效果同样,对于具体的 j 产业最终品而言,其垂直分工链条上的各产业的分工生产活动具体体现在上述各系数矩阵的 j 列向量上。以列昂惕夫逆矩阵为例,其第 j 列向量上的第 i 要素表示 i 产业在 j 产业的单位最终品生产中所承担的直接乃至间接的全部的垂直分工产出量。

3. 列昂惕夫逆矩阵与中间投入系数

通过以上说明不难看出,尽管列昂惕夫逆矩阵 B 由中间投入系数矩阵 A 计算而得,并且都反映垂直分工,但双方的视野范围有本质的区别。从波及效果的角度来说,前者(A)仅为直接引致,后者(B)则是直接引致和间接引致的总和;从垂直分工的角度来说,前者仅为直接投入所涉及的上游中间品的分工生产,后者则是直接投入乃至间接投入所涉及的全部中间品生产的总和。

以图 3-1 所示的汽车生产为例,投入系数的视野范围仅涉及汽车生产中所直接使用到的钢铁部件的投入,而列昂惕夫逆矩阵则进一步涉及为汽车所提供钢铁部件的生产中所使用到的铁矿石的投入。

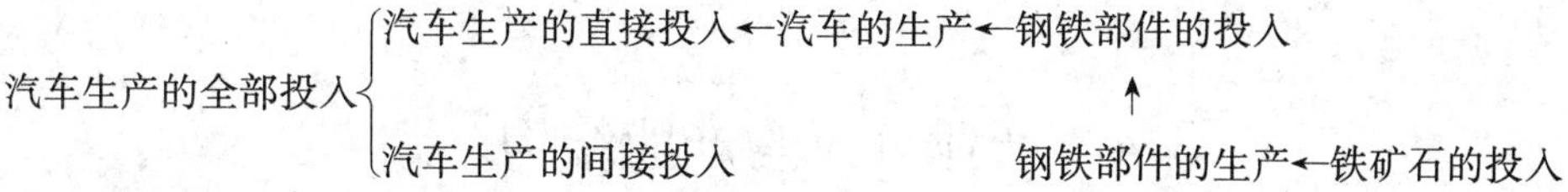

汽车生产的全部投入 { 汽车生产的直接投入←汽车的生产←钢铁部件的投入
↑
钢铁部件的生产←铁矿石的投入

汽车生产的间接投入

图 3－1　汽车生产的直接投入和间接投入

3.3.3　列昂惕夫逆矩阵的解读及其特点

列昂惕夫逆矩阵是一个正方矩阵,可从横向和纵向两个角度解读。如前所述,投入产出表在纵向上表示投入和产出,横向上表示产出和需求。列昂惕夫逆矩阵同样如此,其纵向上表示某产业的 1 单位最终品生产所需的直接乃至间接的全部投入,横向上表示某产业所满足的各产业 1 单位最终品生产所需的全部需求。

按照生产波及效果和乘数效果以及产业链均衡总产出的含义解读该矩阵中各要素数值,利于对其从纵向上按列读取。即择取其中任一列步,则该列向量中的要素含义是:该列所属 j 产业产出 i 单位最终品,此时基于垂直分工而直接乃至间接要求的产业的全部产出量。

表 3－4 是基于中国 2002 年投入产出表计算得到的列昂惕夫逆矩阵。可以看出列昂惕夫逆矩阵在数量层面的若干特征。

表 3－4　基于中国 2002 年投入产出表计算得到的列昂惕夫逆矩阵

项　　目	农　业	矿　业	轻工业	重工业	水电供应、建筑、运输业	商业、服务业
农业	1.220 3	0.030 7	0.292 3	0.048 5	0.092 6	0.064 0
矿业	0.023 4	1.061 1	0.035 1	0.124 1	0.085 8	0.029 0
轻工业	0.113 6	0.049 7	1.407 5	0.081 5	0.086 4	0.143 1
重工业	0.246 1	0.373 4	0.363 9	1.818 5	0.613 7	0.302 1
水电供应、建筑、运输业	0.081 7	0.162 7	0.127 1	0.168 1	1.175 9	0.122 6
商业、服务业	0.135 0	0.177 5	0.239 5	0.234 5	0.247 6	1.275 2

第一,列昂惕夫逆矩阵中的对角要素往往大于 1,按照上述解读方式来讲,对角要素是 j 产业产出 1 单位最终品时对本产业自身所要求的总产出量。由于这一总产出量中除了本产业的 1 单位最终品产出以外,还包括经由生产波及效果而间接要求的本产业中间品的产出,也就是包括生产波及过程中对本产业的反馈,因而本产业的均衡总产出往往大于 1,多出的部分就是反馈波及本产业而形成的中间品产出。

第二,列昂惕夫逆矩阵中纵向各列要素的合计往往大于 1,参照上述解读方式来说,列向要素是其所属 j 产业产出 1 单位最终产品时直接地乃至间接地经由生产波及效果而要求的各个产业 i 的总产出量。或者说包括该最终产品的产出以及纵向产业链上的全部产出。除非该产业的生产活动完全不需要中间投入,也就是说完全没有纵向分工,否则一定会对相关的中间品产业产生大于 0 的生产波及效果,则对各产业总产出合计往往大于 1。

3.4 产业分工与产业结构

3.4.1 垂直分工结构

在此前关于列昂惕夫逆矩阵与垂直分工的说明中看到,列昂惕夫逆矩阵作为产业链上各产业承担的均衡分工产出模型,反映了各产业在其中承担的全部分工生产情况。不过,我们还有必要进一步了解各分工产业在其中所创造的增加值即增加值收入。换句话说,列昂惕夫逆矩阵虽然刻画了垂直分工,但反映的是产值层面的生产链而不是增加值层面的价值链。

考察价值链,需要进一步考虑各产业是以怎样的增加值率水平 v_i' 完成上述分工生产从而获得相应的增加值收入的,而这正是增加值基准分工率模型所刻画的内容。

以 v_{ij}^* 表示 i 产业参与并承担 j 产业单位最终产品的垂直分工生产而获得的增加值收入,则:

$$\text{增加基准分工率(价值链)模型:} \begin{bmatrix} v_{1j}^* \\ v_{2j}^* \\ \vdots \\ v_{nj}^* \end{bmatrix} = \begin{bmatrix} v_1' & 0 & \cdots & 0 \\ 0 & v_2' & \cdots & 0 \\ \vdots & \vdots & & \vdots \\ 0 & 0 & \cdots & v_n' \end{bmatrix} \begin{bmatrix} b_{1j} \\ b_{2j} \\ \vdots \\ b_{nj} \end{bmatrix}$$

$$V^{*j} = V'B_j$$

以上就是增加值基准分工率模型,同时也是 j 产业的价值链分工模型。

这里,B_j 为列昂惕夫逆矩阵的第 j 列向量。将各 j 最终品的价值链组合成矩阵,则该矩阵为:

$$\text{价值链矩阵:} \begin{bmatrix} v_{11}^* & v_{12}^* & \cdots & v_{1n}^* \\ v_{21}^* & v_{22}^* & \cdots & v_{1n}^* \\ \vdots & \vdots & & \vdots \\ v_{n1}^* & v_{n2}^* & \cdots & v_{1n}^* \end{bmatrix} = \begin{bmatrix} v_1' & 0 & \cdots & 0 \\ 0 & v_2' & \cdots & 0 \\ \vdots & \vdots & & \vdots \\ 0 & 0 & \cdots & v_n' \end{bmatrix} \begin{bmatrix} b_{11} & b_{12} & \cdots & b_{1n} \\ b_{21} & b_{22} & \cdots & b_{2n} \\ \vdots & \vdots & & \vdots \\ b_{n1} & b_{n2} & \cdots & b_{nn} \end{bmatrix}$$

$$V^* = V'B$$

增加值基准分工率即价值链模型的特点是其要素合计在不考虑中间品进口的情况下恰好是 1,即 $\sum_i v_{ij}^* = 1$。因此,价值链列向量中的要素 v_{ij}^* 直接表示了 i 产业在 j 最终品价值链中的收入份额。

3.4.2 垂直分工的单元结构

单元结构模型试图对列昂惕夫逆矩阵的各列向量从垂直分工体系的角度加以解

构。我们已经了解到列昂惕夫逆矩阵 B 的 j 列向量反映的是基于垂直分工的逐级扩展而决定下来的各产业的均衡分工总产出,也由此而知道这一总产出列向量的背后是一个围绕 j 产业最终品的一个垂直分工体系。那么,这一垂直分工体系中的各分工产业之间究竟产生了哪些中间品供求呢? 单元结构就是要刻画某一最终产品的垂直分工体系中,参与其中的各产业相互间发生了怎样的中间品供求,从而进一步考察这一垂直分工体系中的结构特征。

我们知道,投入产出表尤其是其中的中间投入—中间需求矩阵以棋盘格状的矩阵布局巧妙地归纳了产业部门之间的中间品供求。下面,我们以投入产出表为框架并以第 1 产业最终品为例,来说明单元结构模型的模型思路。

首先,我们考虑一个只在第 1 产业产出 1 单位最终产品的经济体。由产业链均衡分工产出模型可知,该经济体的各产业均衡总产出就是列昂惕夫逆矩阵的第 1 列。于是,如图 3-2 所示,如果用投入产出表框架归纳这样的经济体,则首先,其最终需求矩阵中对第 1 产业有 1 单位最终需求;其次,其横向的总需求合计也就是总产出合计,是列昂惕夫逆矩阵的第 1 列列向量;进而,鉴于体系中的平衡关系,其纵向的总投入合计也就是总产出合计,是对列昂惕夫逆矩阵第 1 列列向量转置得到的行向量。

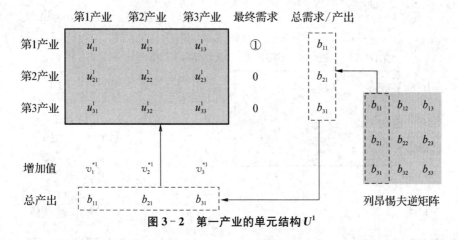

图 3-2 第一产业的单元结构 U^1

现在可以看出,这一投入产出表框架中的中间投入、中间需求矩阵就是我们想要获得的单元结构 U^1,而这在有了该体系的各产业均衡总产出的基础上可通过下式得到:

$$U^1=\begin{bmatrix}u_{11}^1&\cdots&u_{1n}^1\\\vdots&\ddots&\vdots\\u_{n1}^1&\cdots&u_{nn}^1\end{bmatrix}=\begin{bmatrix}a_{11}^1&\cdots&a_{1n}^1\\\vdots&\ddots&\vdots\\a_{n1}^1&\cdots&a_{nn}^1\end{bmatrix}\begin{bmatrix}b_{11}&\cdots&0\\\vdots&\ddots&\vdots\\0&\cdots&b_{n1}\end{bmatrix}$$

将上述公式一般化,对于任意 j 产业 1 单位最终品,其单元结构 U^j 为:

$$U^j=\begin{bmatrix}u_{11}^j&\cdots&u_{1n}^j\\\vdots&\ddots&\vdots\\u_{n1}^j&\cdots&u_{nn}^j\end{bmatrix}=\begin{bmatrix}a_{11}^1&\cdots&a_{1n}^1\\\vdots&\ddots&\vdots\\a_{n1}^1&\cdots&a_{nn}^1\end{bmatrix}\begin{bmatrix}b_{1j}&\cdots&0\\\vdots&\ddots&\vdots\\0&\cdots&b_{nj}\end{bmatrix}=AB^j$$

这里,B^j 表示以列昂惕夫逆矩阵第 j 列要素为对角要素的对角矩阵。

3.4.3　单元垂直分工体系——单元结构、产业链、价值链的整合

当注意到图 3-2 中的增加值行向量可通过下式得到:

$$[v_1^{*1},\cdots,v_n^{*1}]=[v_1',\cdots,v_n']\begin{bmatrix}b_{11}&\cdots&0\\\vdots&\ddots&\vdots\\0&\cdots&b_{n1}\end{bmatrix}$$

而该式是前述价值链模型的转置:

$$[v_1^{*1},\cdots,v_n^{*1}]=\begin{bmatrix}v_1^{*1}\\\vdots\\v_1^{*1}\end{bmatrix}^T=\left(\begin{bmatrix}v_1'&\cdots&0\\\vdots&\ddots&\vdots\\0&\cdots&v_n'\end{bmatrix}\begin{bmatrix}b_{11}\\\vdots\\b_{n1}\end{bmatrix}\right)^T$$

式中,T 表示转置。

可见,上述这一投入产出表框架完整地整合归纳了以第 1 产业最终品的产出作为一个垂直分工体系单元,其中的生产链、价值链以及单元结构等各方面内容及其相互关系,具体如图 3-3 所示。

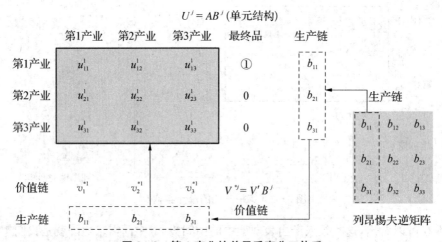

图 3-3　第 1 产业的单元垂直分工体系

在这一投入产出表范式的单元垂直分工体系中,有相应的平衡关系。

首先,单元结构 U^j 中各要素的横向合计加之最终品产出等于该单元的生产链上的各产业总产出,也就是列昂惕夫逆矩阵第 j 列向量中的各要素,即:

$$\begin{bmatrix}\sum_j u_{ij}^1\\\vdots\\\sum_j u_{nj}^1\end{bmatrix}+\begin{bmatrix}1\\\vdots\\0\end{bmatrix}=\begin{bmatrix}b_{11}\\\vdots\\b_{n1}\end{bmatrix}$$

其次,价值链上各产业的增加值合计等于当前的 1 单位最终需求,即:

$$\sum_j v_j^{*1} = f_1 = 1$$

最后,我们可参照以上第 1 产业最终品的单元垂直分工体系,相应构建任一 j 产业最终品的单元垂直分工体系。

3.4.4 产业分工与产业结构函数

1. 产业收入(增加值)函数及产业结构函数

由均衡产出函数可知,给定最终需求向量 F,则各产业的均衡总产出为:

$$X = BF$$

可在此基础上通过引入各产业的增加值系数得到各产业的收入(增加值)函数,即产业收入(增加值)函数:

$$\begin{bmatrix} v_1 \\ \vdots \\ v_n \end{bmatrix} = \begin{bmatrix} v_1' & \cdots & 0 \\ \vdots & \ddots & \vdots \\ 0 & \cdots & v_n' \end{bmatrix} \begin{bmatrix} x_1 \\ \vdots \\ x_n \end{bmatrix} = \begin{bmatrix} v_1' & \cdots & 0 \\ \vdots & \ddots & \vdots \\ 0 & \cdots & v_n' \end{bmatrix} \begin{bmatrix} b_{11} & \cdots & b_{n1} \\ \vdots & \ddots & \vdots \\ b_{1n} & \cdots & b_{nn} \end{bmatrix} \begin{bmatrix} f_1 \\ \vdots \\ f_n \end{bmatrix}$$

$$V = V'X = V'BF$$

进一步地,可在上述产业收入(增加值)函数基础上构建各产业增加值在增加值总量中的份额构成,也就是生产法国民生产总值中各产业增加值的份额构成,即产业结构函数:

$$\hat{V} = V\bar{v}^{-1} = V'BF\bar{v}^{-1}$$

这里,$\hat{V}$ 是由各产业增加值在增加值总额中的份额 $\hat{v}_l = v_n/\bar{v}$ 构成的列向量,$\bar{v} = \sum_j v_j$,即各产业增加值合计。考虑到在没有进口的情况下收入法 GNP 合计 = 生产法 GNP = 支出法 GNP 合计,即 $\bar{v} = \bar{f}$。这里,$\bar{f} = \sum_i f_i$。则上式可变换为:

$$产业结构函数:\hat{V} = V\bar{v}^{-1} = V'BF\bar{v}^{-1} = V'BF\bar{f}^{-1} = V'B\hat{F}$$

这里,$\hat{F}$ 是由最终需求中的各产业份额 $\hat{f}_l = f_i/\bar{f}$ 构成的列向量。

2. 产业结构函数与产业分工

我们不难从产业分工的视角理解上述产业结构函数。首先,从产业分工的角度来看,最终需求中的各产业份额户反映的是水平分工。其次,我们此前基于价值链模型得到了价值链矩阵:

$$V^* = V'B$$

将其代入产业收入函数及产业结构函数:

$$
\begin{bmatrix} v_1 \\ \vdots \\ v_n \end{bmatrix} = \begin{bmatrix} v_1' & \cdots & 0 \\ \vdots & \ddots & \vdots \\ 0 & \cdots & v_n' \end{bmatrix} \begin{bmatrix} b_{11} & \cdots & b_{n1} \\ \vdots & \ddots & \vdots \\ b_{1n} & \cdots & b_{nn} \end{bmatrix} \begin{bmatrix} f_1 \\ \vdots \\ f_n \end{bmatrix} = \begin{bmatrix} v_{11}^* & \cdots & v_{n1}^* \\ \vdots & \ddots & \vdots \\ v_{1n}^* & \cdots & v_{nn}^* \end{bmatrix} \begin{bmatrix} f_1 \\ \vdots \\ f_n \end{bmatrix}
$$

$$
\begin{bmatrix} \hat{v}_1 \\ \vdots \\ \hat{v}_n \end{bmatrix} = \begin{bmatrix} v_1' & \cdots & 0 \\ \vdots & \ddots & \vdots \\ 0 & \cdots & v_n' \end{bmatrix} \begin{bmatrix} b_{11} & \cdots & b_{n1} \\ \vdots & \ddots & \vdots \\ b_{1n} & \cdots & b_{nn} \end{bmatrix} \begin{bmatrix} \hat{f}_1 \\ \vdots \\ \hat{f}_n \end{bmatrix} = \begin{bmatrix} v_{11}^* & \cdots & v_{n1}^* \\ \vdots & \ddots & \vdots \\ v_{1n}^* & \cdots & v_{nn}^* \end{bmatrix} \begin{bmatrix} \hat{f}_1 \\ \vdots \\ \hat{f}_n \end{bmatrix}
$$

$$V = V'BF = V^* F$$

$$\hat{V} = V'B\hat{F} = V^* \hat{F}$$

可以看出，产业收入函数及产业结构函数将产业收入和产业结构呈现为水平分工与垂直分工结合。也就是说，收入法国民生产总值中的各产业增加值以及此意义上的产业结构，是水平分工与垂直分工的复合结果。这样，对于其中的任一产业，有：

$$v_i = v_{i1}^* f_1 + v_{i2}^* f_2 + \cdots + v_{in}^* f_n$$

$$\hat{v}_i = v_{i1}^* \hat{f}_1 + v_{i2}^* \hat{f}_2 + \cdots + v_{in}^* \hat{f}_n$$

首先，可以看出，i 产业增加值收入 v_i 是 i 产业在各最终品价值链中的收入份额 v_{ij}^* 与各最终品的需求量 f_j 的乘积和：$v_{i1}^* f_1 + v_{i2}^* f_2 + \cdots + v_{in}^* f_n$。在此，价值链 V^* 中的要素 v_{ij}^* 起到分配系数的作用，将满足最终需求所实现的最终产品的价值 f_j 按 i 产业在其价值链中的份额 v_{ij}^* 分配至 i 产业 $v_{ij}^* f_j$。

其次，可以看出，与之相似，i 产业增加值在全部增加值中的份额 $\hat{v}_i$ 是 i 产业在各最终品价值链中的收入份额 v_{ij}^* 与各最终品在需求量中的份额 $\hat{f}_j$ 的乘积和：$v_{i1}^* \hat{f}_1 + v_{i2}^* \hat{f}_2 + \cdots + v_{ij}^* \hat{f}_n$。在此，各最终品在需求量中的份额 $\hat{f}_j$ 起到了权重系数的作用，将各产业在各最终品价值链中的份额 v_{ij}^* 按最终品在需求量中的份额 $\hat{f}_j$ 进行了加权平均。

上述公式也常被解读为给定的最终需求通过 V^* 而诱发形成的各产业增加值，故而 V^* 又被称为最终的增加值诱发系数。

需要留意的是，如前所述，在不考虑进口的情况下 V^* 各列向量的要素合计为 1，因此，该系数作为增加值诱发效果的系数，与其作为价值链的收入份额系数一样，主要在结构层面上有分析意义。

第二部分

投入产出分析的应用

第4章 国民经济结构的投入产出分析

经济结构是国民经济诸组成要素相互联系和相互作用的内在形式和方式。一个国家一定时期国民生产的总量,除了取决于一国资源的供给量,还取决于结构因素。所谓结构因素,包括产业结构、企业组织结构、市场结构、地区生产力布局(即生产力的空间结构)、产品结构、技术结构、制度结构等。具体地讲,经济结构的内涵及主要问题包括以下几个方面:

(1) 国民经济由哪些要素组成,这些要素的性质和特点是什么?

(2) 国民经济诸要素相互依赖的关系和相互联系的方式,包括它们的比例关系是什么样的?

(3) 国民经济诸要素间是如何相互作用的?

(4) 国民经济诸要素及其相互关系是如何发展变化的?

从经济活动的过程来看,中间需求是生产性需求,是指在生产过程中对其价值全部转移到产出中去的那部分生产要素的需求。最终需求包括最终消费、投资、增加库存、政府消费以及出口等,中间需求是由最终需求引发的需求。能满足最终需求的产出(包括产品和服务)就是最终产品,而最终产品的市场价值总和就是宏观经济学中的国民收入。显然,最终的需求作为经济活动的前提,决定着全部经济活动存在的价值,从而也决定了某一产业是否有存在的必要。因此可以说,市场的最终需求是影响并决定各产业发展和产业结构的主要因素。

4.1 最终需求结构分析

需求变动是导致产业结构演变的直接因素,产业的扩大或缩小一般都是由最终需求驱动的。分析产业结构的变动首先要分析最终需求结构的变动,最终需求结构的分析可以从最终需求产品结构和分配结构两个方面着手。

4.1.1 最终需求产品结构分析

分析最终需求的产品结构就是分析最终需求的产品构成,最终需求的产品结构亦称列结构,其系数定义如下:

$$d_L = F_L \Big/ \sum_i F_{Li}, \quad L = C, \quad I, E, M$$

式中,d_C, d_I, d_E, d_M 分别表示最终消费、资本形成、出口、进口产品结构系数向量；F_C，F_I，F_E，F_M 分别表示最终消费、资本形成、出口、进口产品向量；F_{Ci}，F_{Ii}，F_{Ei}，F_{Mi} 分别表示第 i 部门的最终消费、资本形成、出口、进口产品数量。最终需求的产品结构系数表示的是某种最终使用产品占最终使用总量的比例。

【例 4.1】　假设某地 2022 年投入产出最终使用表（见表 4-1），计算最终使用产品结构系数（表 4-2）。为了比较分析计算出该地区 2017 年最终使用产品结构系数（见表 4-3），此处省略 2017 年投入产出最终使用表，下同。

表 4-1　某地区 2022 年投入产出最终使用表　　　　单位：百万元

	最终消费 F_C	资本形成 F_I	出口 F_E	最终使用 F	进口 F_M	总产出 X
农业 1	147 825	1 303	14 594	163 722	90 240	282 124
工业 2	445 339	384 897	4 394 931	5 225 167	3 807 926	6 850 203
建筑业 3	14 716	621 828	0	636 544	216 388	431 344
运邮仓储业 4	28 619	5 752	70 684	105 055	24 555	266 949
商饮业 5	196 360	27 358	155 239	378 957	58 212	523 807
服务业 6	683 813	73 749	14 682	772 245	51	1 416 245
合　计	1 516 672	1 114 888	4 650 130	7 281 690	4 197 373	9 770 672

表 4-2　某地区 2022 年最终使用产品结构系数表

	最终消费 F_C	资本形成 F_I	出口 F_E	最终使用 F	进口 F_M	总产出 X
农业 1	0.097 5	0.001 2	0.003 1	0.022 5	0.021 5	0.028 9
工业 2	0.293 6	0.345 2	0.945 1	0.717 6	0.907 2	0.701 1
建筑业 3	0.009 7	0.557 7	0.000 0	0.087 4	0.051 6	0.044 1
运邮仓储业 4	0.018 9	0.005 2	0.015 2	0.014 4	0.005 9	0.027 3
商饮业 5	0.129 5	0.024 5	0.033 4	0.052 0	0.013 9	0.053 6
服务业 6	0.450 9	0.066 1	0.003 2	0.106 1	0.000 0	0.144 9
合　计	1.000 0	1.000 0	1.000 0	1.000 0	1.000 0	1.000 0

表 4 - 3　某地区 2017 年最终使用产品结构系数表

	最终消费 F_C	资本形成 F_I	出口 F_E	最终使用 F	进口 F_M	总产出 X
农业 1	0.142 5	0.020 8	0.011 6	0.048 2	0.029 8	0.048 6
工业 2	0.283 3	0.445 1	0.900 9	0.656 2	0.928 9	0.606 8
建筑业 3	0.000 8	0.462 0	0.000 0	0.080 9	0.000 0	0.059 6
运邮仓储业 4	0.027 4	0.009 3	0.022 0	0.021 2	0.015 1	0.042 3
商饮业 5	0.098 7	0.014 2	0.062 2	0.063 6	0.024 0	0.072 5
服务业 6	0.447 3	0.048 6	0.003 3	0.129 9	0.002 2	0.170 2
合　计	1.000 0	1.000 0	1.000 0	1.000 0	1.000 0	1.000 0

4.1.2　最终需求分配结构分析

分析最终需求的分配结构就是分析最终需求的项目构成,最终需求的分配结构亦称行结构,其系数定义如下:

$$S_{Li}=F_{Li}/\sum_i F_{Li},\quad L=C,I,E,\quad i=1,2,\cdots,n$$

式中,S_{Ci},S_{Ii},S_{Ei} 分别表示第 i 部门的最终消费、资本形成、输出分配结构系数;F_{Ci},F_{Ii},F_{Ei} 分别表示第 i 部门的最终消费、资本形成、输出项目数量。最终需求的分配结构系数表示的是某部门某项最终使用产品占该部门最终使用总量的比例。

【例 4.2】　根据某地 2022 年投入产出最终使用表(见表 4 - 1)计算最终使用分配结构系数(见表 4 - 4)。为了比较分析计算出该地区 2017 年最终使用分配结构系数(见表 4 - 5)。

表 4 - 4　某地区 2022 年最终使用分配结构系数表

	最终消费 F_C	资本形成 F_I	出口 F_E	最终使用 F
农业 1	0.902 9	0.008 0	0.089 1	1.000 0
工业 2	0.085 2	0.073 7	0.841 1	1.000 0
建筑业 3	0.023 1	0.976 9	0.000 0	1.000 0
运邮仓储业 4	0.272 4	0.054 8	0.672 8	1.000 0
商饮业 5	0.518 2	0.072 2	0.409 6	1.000 0
服务业 6	0.885 5	0.095 5	0.019 0	1.000 0
合　计	0.208 3	0.153 1	0.638 6	1.000 0

表 4 - 5　某地区 2017 年最终使用分配结构系数表

	最终消费 F_C	资本形成 F_I	出口 F_E	最终使用 F
农业 1	0.790 1	0.075 5	0.134 3	1.000 0
工业 2	0.115 4	0.118 5	0.766 1	1.000 0
建筑业 3	0.002 6	0.997 4	0.000 0	1.000 0
运邮仓储业 4	0.345 7	0.076 3	0.578 0	1.000 0
商饮业 5	0.414 9	0.039 1	0.546 1	1.000 0
服务业 6	0.920 5	0.065 4	0.014 1	1.000 0
合　计	0.267 3	0.174 7	0.558 0	1.000 0

4.1.3　最终需求结构对总产出影响分析

最终需求是影响生产的主要因素,最终需求决定了总产出。利用列昂惕夫逆矩阵可对各产业的生产诱发额和生产诱发系数进行分析。

1. 生产诱发额

生产诱发额是指对于各项最终需求量,由产业间的波及效果所激发的全部生产额。生产诱发额定义如下:

$$X = [I - (I - \hat{M})A]^{-1}[(I - \hat{M})(F_C + F_I) + F_E]$$
$$= B\Gamma F_C + B\Gamma F_I + BF_E$$
$$= X_C + X_I + X_E$$

式中, $B = [I - (I - \hat{M})A]^{-1}$, $\Gamma = I - \hat{M}$, $X_C = B\Gamma F_C$, $X_I = B\Gamma F_I$, $X_E = BF_E$, X_C , X_I , X_E 分别表示最终消费 F_C 、资本形成 F_I 、出口 F_E 诱发出的生产额向量。

2. 生产诱发系数

生产诱发系数是诱发生产额与相应的最终需求额合计之比,其含义是某项最终使用若增加一个单位,则相应的产出总量将要增加多少个单位。生产诱发系数定义如下:

$$x_L = X_L / i^T F_L, \quad L = C, I, E$$

式中, x_C , x_I , x_E 分别表示最终消费、资本形成、出口的生产诱发系数向量; $i^T = (1, 1, \cdots, 1)$ 为 n 维向量, T 表示向量转置, i 为分量均为 1 的 n 维列向量。

3. 生产依存度

利用生产诱发额可对某一产业最终需求的各项目进行最终需求依存度的分析。所谓某产业最终需求各项目的依存度,是指该项目的生产诱发额与该产业所有最终需求项目生产诱发额的合计之比。通过最终需求项目的依存度分析,会发现一些与消费似乎没有关系的产业,通过波及效应,最终竟也有相当的比重是依赖于消费的。当然,通过分析,还可以了解到哪些产业是"消费依赖型"的,哪些产业是"投资依赖型"的,哪些产业是"出口依赖型"的。生产依存度定义如下:

$$z_L = \hat{X}^{-1} X_L, \quad L = C, I, E$$

$$\hat{X}^{-1} = \begin{bmatrix} X_1 & 0 & \cdots & 0 \\ 0 & X_2 & \cdots & 0 \\ & & \ddots & \\ 0 & 0 & \cdots & X_n \end{bmatrix}^{-1} = \begin{bmatrix} \dfrac{1}{X_1} & 0 & \cdots & 0 \\ 0 & \dfrac{1}{X_2} & \cdots & 0 \\ & & \ddots & \\ 0 & 0 & \cdots & \dfrac{1}{X_n} \end{bmatrix}$$

式中,z_C, z_I, z_E 分别表示最终消费、资本形成、出口的生产依存度系数向量。

【例 4.3】 根据某地 2022 年投入产出最终使用表(见表 4-1)计算最终使用生产诱发额、生产诱发系数、生产依存度(见表 4-6 至表 4-8)。

表 4-6　某地 2022 年最终使用生产诱发额表　　　　　单位:百万元

	F_C 诱发额 X_C	F_I 诱发额 X_I	F_E 诱发额 X_E	F 诱发额 X
农业 1	137 615	13 596	130 913	282 124
工业 2	365 130	367 632	6 117 442	6 850 203
建筑业 3	13 405	414 820	3 119	431 344
运邮仓储业 4	55 314	28 793	182 842	266 949
商饮业 5	206 922	45 451	271 404	523 807
服务业 6	884 281	151 122	380 842	1 416 245
合　计	1 662 666	1 021 444	7 086 562	9 770 672

表 4-7　某地 2022 年最终使用生产诱发系数表

	诱发系数 x_C	诱发系数 x_I	诱发系数 x_E	诱发系数 x
农业 1	0.090 7	0.012 2	0.028 2	0.038 7
工业 2	0.240 7	0.329 7	1.315 5	0.940 7
建筑业 3	0.008 8	0.372 1	0.000 7	0.059 2
运邮仓储业 4	0.036 5	0.025 8	0.039 3	0.036 7
商饮业 5	0.136 4	0.040 8	0.058 4	0.071 9
服务业 6	0.583 0	0.135 5	0.081 9	0.194 5
合　计	1.096 3	0.916 2	1.523 9	1.341 8

表4-8 某地2022年最终使用生产依存度

	依存度 z_C	依存度 z_I	依存度 z_E	依存度 z
农业 1	0.487 8	0.048 2	0.464 0	1.000 0
工业 2	0.053 3	0.053 7	0.893 0	1.000 0
建筑业 3	0.031 1	0.961 7	0.007 2	1.000 0
运邮仓储业 4	0.207 2	0.107 9	0.684 9	1.000 0
商饮业 5	0.395 0	0.086 8	0.518 1	1.000 0
服务业 6	0.624 4	0.106 7	0.268 9	1.000 0
合 计	0.170 2	0.104 5	0.725 3	1.000 0

4.1.4 最终需求结构对增加值影响分析

最终需求结构影响总产出,总产出结构又会影响增加值。利用增加值系数可对各产业的增加值诱发额和增加值诱发系数进行分析。

1. 增加值诱发额

$$G_L = \hat{A}_g X_L, \quad L = C, I, E$$

$$\hat{A}_g = \begin{bmatrix} a_{g1} & 0 & \cdots & 0 \\ 0 & a_{g2} & \cdots & 0 \\ & & \ddots & \\ 0 & 0 & \cdots & a_{gn} \end{bmatrix}$$

式中,G_C,G_I,G_E 分别表示最终消费 F_C、资本形成 F_I、出口 F_E 通过 X_C,X_I,X_E 诱发出的增加值向量。

2. 增加值诱发系数

增加值诱发系数是诱发增加值与相应的最终需求额合计之比,其含义是某项最终使用若增加一个单位,则相应的增加值将要增加多少个单位。增加值诱发系数定义如下:

$$g_L = G_L / i^T F_L, \quad L = C, I, E$$

式中,g_C,g_I,g_E 分别表示最终消费、资本形成、出口的增加值诱发系数向量。

【例4.4】 根据某地区2022年投入产出最终使用表(见表4-1)计算最终使用增加值诱发额、增加值诱发系数(见表4-9、表4-10)。

表 4 - 9　某地 2022 年最终使用增加值诱发额表　　　　　　单位：百万元

	F_C 诱发额 G_C	F_I 诱发额 G_I	F_E 诱发额 G_E	F 诱发额 G
农业 1	82 707	8 171	78 679	169 557
工业 2	80 241	80 791	1 344 368	1 505 399
建筑业 3	3 198	98 966	744	102 908
运邮仓储业 4	25 996	13 532	85 930	125 458
商饮业 5	123 889	27 231	162 495	313 615
服务业 6	541 578	92 555	233 247	867 380
合　计	857 609	321 245	1 905 463	3 084 317

表 4 - 10　某地 2022 年最终使用增加值诱发系数表

	诱发系数 g_C	诱发系数 g_I	诱发系数 g_E	诱发系数 g
农业 1	0.054 5	0.007 3	0.016 9	0.023 3
工业 2	0.052 9	0.072 5	0.289 1	0.206 7
建筑业 3	0.002 1	0.088 8	0.000 2	0.014 1
运邮仓储业 4	0.017 1	0.012 1	0.018 5	0.017 2
商饮业 5	0.081 7	0.024 4	0.034 9	0.043 1
服务业 6	0.357 1	0.083 0	0.050 2	0.119 1
合　计	0.565 5	0.288 1	0.409 8	0.423 6

4.2　最初投入结构分析

最初投入结构分析是分析增加值的结构。

4.2.1　投入结构

分析最初投入结构就是分析增加值的项目构成，其系数定义如下：

$$w_l = g_l \hat{G}^{-1}, \quad l = d, v, t, s$$

$$\hat{G}^{-1} = \begin{bmatrix} G_1 & 0 & \cdots & 0 \\ 0 & G_2 & \cdots & 0 \\ & & \ddots & \\ 0 & 0 & \cdots & G_n \end{bmatrix}^{-1} = \begin{bmatrix} \dfrac{1}{G_1} & 0 & \cdots & 0 \\ 0 & \dfrac{1}{G_2} & \cdots & 0 \\ & & \ddots & \\ 0 & 0 & \cdots & \dfrac{1}{G_n} \end{bmatrix}$$

式中，w_d，w_v，w_t，w_s 分别表示固定资产折旧、劳动者报酬、生产税净额、营业盈余项目结构系数行向量；g_d，g_v，g_t，g_s 分别表示固定资产折旧、劳动者报酬、生产税净额、营业盈余项目最初投入数量行向量。

最初投入结构系数表示的是某部门某种最初投入数量占该部门最初投入总量，即该部门增加值的比例。

【例 4.5】　根据某地区 2022 年投入产出最初投入表(见表 4－11)计算最初投入结构系数(见表 4－12)。为了比较分析计算该地 2017 年最初投入结构系数(见表 4－13)。

表 4－11　某地区 2022 年投入产出最初投入表　　　单位：百万元

	农业 1	工业 2	建筑业 3	运邮仓储业 4	商饮业 5	服务业 6	合　计
固定资产折旧 d	1 133	208 037	6 659	34 562	22 700	182 795	455 886
劳动者报酬 v	168 424	561 174	55 362	33 376	80 593	306 416	1 205 345
生产税净 t	0	246 092	17 084	8 890	50 463	78 896	401 426
营业盈余 s	0	490 096	23 802	48 630	159 859	299 274	1 021 660
增加值合计	169 557	1 505 399	102 908	125 458	313 615	867 380	3 084 317
总投入 X	282 124	6 850 203	431 344	266 949	523 807	1 416 245	9 770 672

表 4－12　某地区 2022 年最初投入结构系数表

	农业 1	工业 2	建筑业 3	运邮仓储业 4	商饮业 5	服务业 6	合　计
固定资产折旧 d	0.006 7	0.138 2	0.064 7	0.275 5	0.072 4	0.210 7	0.147 8
劳动者报酬 v	0.993 3	0.372 8	0.538 0	0.266 0	0.257 0	0.353 3	0.390 8
生产税净 t	0.000 0	0.163 5	0.166 0	0.070 9	0.160 9	0.091 0	0.130 2
营业盈余 s	0.000 0	0.325 6	0.231 3	0.387 6	0.509 7	0.345 0	0.331 2
增加值合计	1.000 0	1.000 0	1.000 0	1.000 0	1.000 0	1.000 0	1.000 0

表 4－13　某地区 2017 年最初投入结构系数表

	农业 1	工业 2	建筑业 3	运邮仓储业 4	商饮业 5	服务业 6	合　计
固定资产折旧 d	0.016 6	0.167 5	0.070 4	0.180 4	0.083 3	0.243 3	0.163 5
劳动者报酬 v	0.975 1	0.424 9	0.587 0	0.357 5	0.341 4	0.396 3	0.453 8
生产税净 t	0.004 5	0.179	0.158 2	0.044 2	0.214 1	0.069 6	0.127 6
营业盈余 s	0.003 7	0.234 7	0.184 3	0.417 9	0.361 2	0.290 8	0.255 1
增加值合计	1.000 0	1.000 0	1.000 0	1.000 0	1.000 0	1.000 0	1.000 0

4.2.2　投入系数分析

通过最初投入系数可以分析产业的类型，即判断产业是属于资本密集型还是劳动密集型。定义资本装备系数如下：

$$k_j = a_{vj}/a_{dj} = v_j/d_j, \quad j = 1,2,\cdots,n$$

式中,k_j 表示第 j 部门的资本装备系数;a_{vj},a_{dj} 分别表示第 j 部门的直接劳动者报酬投入系数和直接固定资产折旧投入系数;v_j,d_j 表示第 j 部门的劳动者报酬和固定资产折旧。

资本装备系数表示的是某部门单位固定资产折旧投入所对应的劳动者报酬投入,系数越大表示劳动者报酬投入越多;系数越小表示固定资产折旧投入越多。据此,可以判定资本装备系数大的部门相对来说属于劳动密集型产业,资本装备系数小的部门相对来说属于资本密集型产业。

【例 4.6】 根据某地 2022 年投入产出最初投入表(见表 4－11)计算直接劳动者报酬投入系数、直接固定资产折旧投入系数和资本装备系数(见表 4－14)。为了比较分析,也计算出该地 2017 年直接劳动者报酬投入系数、直接固定资产折旧投入系数和资本装备系数(见表 4－15)。

表 4－14　某地区 2022 年资本装备系数表

	农业 1	工业 2	建筑业 3	运邮仓储业 4	商饮业 5	服务业 6	合　计
固定资产折旧 a_{dj}	0.006 7	0.138 2	0.064 7	0.275 5	0.072 4	0.210 7	0.147 8
劳动者报酬 a_{vj}	0.993 3	0.372 8	0.538 0	0.266 0	0.257 0	0.353 3	0.390 8
资本装备 a_{vj}/a_{dj}	148.653	2.698	8.313 7	0.965 7	3.550 4	1.676 3	2.644 0

表 4－15　某地区 2017 年资本装备系数表

	农业 1	工业 2	建筑业 3	运邮仓储业 4	商饮业 5	服务业 6	合　计
固定资产折旧 a_{dj}	0.016 6	0.167 5	0.070 4	0.180 4	0.083 3	0.243 3	0.163 5
劳动者报酬 a_{vj}	0.975 1	0.424 9	0.587 0	0.357 5	0.341 4	0.396 3	0.453 8
资本装备 a_{vj}/a_{dj}	58.687	2.536 6	8.335 2	1.981 7	4.100 7	1.628 5	2.775 5

4.2.3　完全消耗系数分析

上面通过最初投入系数分析产业的类型,来判断产业是属于资本密集型还是劳动密集型,是通过直接投入系数进行的,没有考虑间接投入。如果考虑间接投入,可以定义完全资本装备系数如下:

$$m_j = b_{vj}/b_{dj}, \quad j = 1,2,\cdots,n$$

式中,m_j 预表示第 j 部门的完全资本装备系数;b_{vj},b_{dj} 分别表示第 j 部门的完全劳动者报酬投入系数和完全固定资产折旧投入系数,它们分别为 $B_v = A_v(I-A)^{-1}$、$B_d = A_d(I-A)^{-1}$ 中元素,A_v 和 A_d 分别为直接劳动者报酬和直接固定资产折旧系数行向量。

完全资本装备系数表示的是某部门单位固定资产折旧完全投入所对应的劳动者报酬完全投入,系数越大表示劳动者报酬投入越多;系数越小表示固定资产折旧投入越多。据此,可以判定资本装备系数大的部门相对来说属于劳动密集型产业,资本装备系数小的部门相对来说属于资本密集型产业。相对上面来说,完全资本装备系数考虑了全部投入,计算的结果更科学。

【例 4.7】 根据某地 2022 年投入产出最初投入表(见表 4 - 11)和完全需要系数计算完全劳动者报酬投入系数、完全固定资产折旧投入系数和完全资本装备系数(见表 4 - 16)。为了比较分析,计算出该地 2017 年完全劳动者报酬投入系数、完全固定资产折旧投入系数和完全资本装备系数(见表 4 - 17)。

表 4 - 16 某地区 2022 年完全资本装备系数表

	农业 1	工业 2	建筑业 3	运邮仓储业 4	商饮业 5	服务业 6	合 计
固定资产折旧 b_{dj}	0.170 9	0.541 4	0.452 9	0.534 5	0.239 1	0.384 1	0.170 9
劳动者报酬 b_{vj}	1.556 2	1.477 9	1.575 1	0.902 2	0.703 3	0.780 9	1.556 2
资本装备 b_{vj}/b_{dj}	9.107 6	2.729 9	3.477 8	1.687 8	2.940 8	2.033 3	9.107 6

表 4 - 17 某地区 2017 年完全资本装备系数表

	农业 1	工业 2	建筑业 3	运邮仓储业 4	商饮业 5	服务业 6	合 计
固定资产折旧 b_{dj}	0.192 1	0.580 8	0.474 3	0.448 3	0.292 6	0.449 0	0.192 1
劳动者报酬 b_{vj}	1.617 6	1.518 7	1.639 8	1.008 7	0.861 9	0.884 7	1.617 6
资本装备 b_{vj}/b_{dj}	8.419 0	2.614 9	3.457 6	2.250 0	.2.945 9	1.970 4	8.419 0

4.3 产业结构分析

产业结构是指各产业在其经济活动过程中形成的技术经济联系以及由此表现出来的一些比例关系。这种由各产业在再生产过程中形成的技术经济联系,是经济发展的一种内在规律。而由此表现出来的一些比例关系,则是这种内在规律的表象和反映。所谓结构分析就是研究产业之间的关系结构的特征及比例关系。

4.3.1 产业关联分析

在经济活动的过程中,各产业之间存在广泛的、复杂的和密切的技术经济联系称为产业关联。

在一般的经济活动过程中,各产业都需要其他产业为自己提供各种产出,以作为自己的要素供给。同时,又把自己的产出作为一种市场需求提供给其他产业进行消费。正是由于这种错综复杂的供给与需求的关系,各产业才得以在经济活动的过程中生存和发展;反之,若某一产业没有其他产业为之提供各种要素,或其产出不能满足其他产业的消费需求,则该产业是没有生命力的,是不能长期生存下去的。因此,可以认为:产业关联的实质,就是各产业相互之间的供给与需求的关系。

产业之间的关联,虽然都是由供给和需求所维系的,但这种维系的方式却因各产业在产业链中的位置不同而有所差异。例如,在长流程的炼钢工艺中,炼钢业向炼铁业提出了生产消费需求的同时,又向轧钢业提供了下道工序所需的生产要素。依据这种不同的维系关系,可将产业间的关联方式进行以下分类:

(1)前向关联关系。按赫希曼在《经济发展的战略》一书中的解释,所谓前向关联关系,就是通过供给联系与其他产业部门发生的关联。当甲产业在经济活动过程中需吸收乙产业的产出时,对于乙产业来说,它与甲产业的关系便是前向关联的关系。例如,对钢铁业来说,它与汽车制造业的关联就是前向关联的关系,亦称前向连锁。如果某产业与其他产业的联系为前向连锁,那么该产业对其消费产业的发展起推动作用,该产业亦称上游产业。

(2)后向关联关系。在赫希曼的《经济发展的战略》中,认为后向关联关系,就是通过需求联系与其他产业部门发生的关联。按此定义,丙产业在经济活动过程中向乙产业提供了产出,则对于乙产业来说,它与丙产业的关系便是后向关联的关系。例如,对钢铁业来说,与煤炭采掘业的关系就是后向关联的关系,亦称后向连锁。如果某产业与其他产业的联系为后向连锁,那么该产业对其供应产业的发展起带动作用,该产业亦称下游产业。

(3)环向关联关系。经济活动中的各产业依据前、后向的关联关系组成了产业链,而此产业链通过复杂的技术经济联系往往又会形成一个"环",如"煤炭采掘业—钢铁冶炼业—采矿设备制造业—煤炭采掘业"。对于这种环状的产业关联,一般称之为产业的环向关联关系。

在产业链中的各产业,大部分既是要素的供给者,又是市场的需求者。作为供给者,它通过向其他产业提供要素的投入来确立自己在产业链中的地位;而作为需求者,它则通过对其他产业产出的消费来显示其在产业链中的作用。可以利用关联系数对某产业的直接关联进行分析。

1. 关联系数的计算

(1)中间产品需求系数。

$$w_i = \sum_{j=1} X_{ij}/X_i = \sum_j h_{ij}, \quad i = 1, 2, \cdots, n$$

式中,w_i 表示第 i 部门的中间产品需求系数,是第 i 部门前向关联效果的指标,w_i 高为中间产品产业,w_i 低为最终产品产业;X_{ij} 表示第 j 部门在生产中消耗的第 i 部门产品的数量;X_i 表示第 i 部门产品总量;h_{ij} 表示第 i 部门产品分配给第 j 部门的分配系数。

（2）中间产品投入系数。

$$u_j = \sum_{i=1} X_{ij}/X_j = \sum_i a_{ij} = a_{cj}, \quad j=1,2,\cdots,n$$

式中，u_j 表示第 j 部门的中间产品需求系数，是第 j 部门后向关联效果的指标，u_j 高为制造业，u_j 低为初级产业；X_{ij} 表示第 j 部门在生产中消耗的第 i 部门产品的数量；X_j 表示第 j 部门产品总量；a_{ij} 表示第 j 部门在生产中消耗的第 i 部门产品的直接消耗系数；a_{cj} 表示第 j 部门在生产中消耗的几个部门产品的直接消耗系数。

【例 4.8】 根据某地区 2022 年投入产出中间流量表（见表 4-18）计算中间产品需求系数和中间产品投入系数。为了比较分析，计算出该地区 2017 年中间产品需求系数和中间产品投入系数（见表 4-19 第 3、第 4 列数据）。

表 4-18　某地区 2017 年投入产出最初投入结构系数表　单位：百万元

	农业 1	工业 2	建筑业 3	运邮仓储业 4	商饮业 5	服务业 6	总产出 X
农业 1	34 149	141 532	5 362	97	23 330	4 173	282 124
工业 2	63 021	4 708 926	266 604	81 044	71 502	241 865	6 850 203
建筑业 3	59	1 490	0	1 099	1 110	7 431	431 344
运邮仓储业 4	4 976	106 501	15 202	20 211	16 779	22 778	266 949
商饮业 5	2 060	121 561	12 289	7 175	15 517	44 461	523 807
服务业 6	8 302	264 794	28 979	31 865	81 954	228 157	1 416 245
总投入 X	282 124	6 850 203	431 344	266 949	523 807	1 416 245	9 770 672

表 4-19　某地区 2022 年和 2017 年中间产品需求系数和中间产品投入系数

	2022 年前向关联 w_i	2022 年后向关联 u_j	2017 年前向关联 w_i	2017 年后向关联 u_j
农业 1	0.739 5	0.399 0	0.517 7	0.440 9
工业 2	0.793 1	0.780 2	0.790 9	0.759 3
建筑业 3	0.025 9	0.761 4	0.032 7	0.739 1
运邮仓储业 4	0.698 4	0.530 0	0.773 8	0.540 6
商饮业 5	0.387 7	0.401 3	0.495 9	0.442 0
服务业 6	0.454 8	0.387 5	0.460 8	0.428 6
平　均	0.684 3	0.684 3	0.654 1	0.654 1

2. 部门的分类

依据中间产品需求系数和中间产品投入系数可以将全部的产业分为四类，即第 Ⅰ 类的中间投入型基础产业，第 Ⅱ 类的中间投入型制造业，第 Ⅲ 类的最终需求型制造业和第Ⅳ类的最终需求型基础产业(见表4–20)。

表4–20　按中间产品需求系数和中间产品投入系数对部门分类

	w_i(低)	w_i(高)
u_j(高)	第Ⅲ类最终需求型制造业	第Ⅱ类中间投入型制造业
u_j(低)	第Ⅳ最终需求型基础产业	第Ⅰ类中间投入型基础产业

第Ⅰ类中间投入型基础产业的特点是前向关联效应大而后向关联效应小。在【例4.8】的6个产业中,属于该类产业的有运邮仓储业和商饮业。

第Ⅱ类中间投入型制造业的特点是前、后向关联效应都比较大。在【例4.8】的6个产业中,属于该类的有工业。

第Ⅲ类最终需求型制造业的特点是前向关联效应小而后向关联效应大。在【例4.8】的6个产业中,只有建筑业可归为此类。

第Ⅳ类最终需求型基础产业的特点是其前、后向关联效应都比较小。在【例4.8】的6个产业中,农业和服务业是此类型的典型代表。

3. **主导产业选择的基准**

所谓主导产业,是指在经济发展过程中,或在工业化的不同阶段中出现的一些影响全局的、在国民经济中居于主导地位的产业部门。由于这些产业部门在利用新技术方面的特殊能力使其具有很高的增长率,这些产业部门在整个国民经济发展中具有较强的前后关联性,其发展能够波及国民经济的其他产业部门,因而这些产业可以带动整个经济的高速增长。主导产业代表产业发展的未来趋势,是产业结构演变的突破口和切入点。支柱产业是对国民经济的发展有重要作用并能提供大部分国民收入的产业。从产业结构演变的历史来看,大多数支柱产业都是由过去的主导产业演进而来的。由于主导产业在经济发展中具有特殊的地位,因此对于主导产业的选择也就构成了产业结构政策的重要组成部分。人们在研究政府产业政策中已经提出了主导产业选择的若干基准,其中主要的且影响较大的一个,就是产业关联度基准。

产业关联度基准最早是由美国发展经济学家赫希曼提出的。他在1958年发表的发展经济学经典著作《经济发展战略》一书中认为,发展中国家应该首先发展那些产业关联度强的产业,以此来带动其他产业的发展。此后,罗斯托也提出了大致相同的观点,所谓产业关联度是指各产业之间的相关程度。他提出了依后向联系水平确定主导产业的准则,也就是说,主导产业部门的选择应依工业部门后向联系系数的大小顺序排列。赫希曼基准的意义在于:首先,突出后向联系意味着主导产业部门的选择以最终产品的制造部门为主,这样主导产业部门的市场需求就有保证;其次,因主导部门具有强烈的中间产品需求倾向,这又为支持主导部门增长的中间投入部门提供了市场。因此,主导产业部门通过需求扩大的连锁反应,可带动经济有效增长。

可以明显地看出,赫希曼基准的出发点在于,由于不发达国家资本相对不足,以及扩大资本形成能力的要求相当迫切,在这种情况下,基础产业的成长要靠市场需求带动供给。因此,可以把赫希曼基准理解为以需求带动供给增长的不平衡结构的选择战略。这一基准对于日本和其他一些发展中国家的主导产业选择都产生过重要的影响。

4.3.2　产业结构特征分析

一般而言,在产业结构这一系统中,某产业在生产过程中的任何变化,都将通过产业间的关联关系对其他产业产生波及作用。通常,把一产业受其他产业的波及作用叫作感应度,而把它影响其他产业的波及作用称为影响力。显然,不同的产业,其感应度和影响力一般也是不同的。而了解和正确把握各产业的感应度和影响力,对产业政策的制定无疑有相当大的帮助。

1. 感应度系数和影响力系数

感应度系数与影响力系数是由丹麦经济学家拉斯姆森提出的。在列昂惕夫逆矩阵系数表上,行向量的值反映了该行所对应的产业在经济活动中受其他产业影响的波及程度,也就是感应的大小。而纵向量值则反映了该列所对应的产业在经济活动过程中对其他产业影响的波及程度,即影响的程度。据此有以下定义:

(1) 感应度系数。

$$r_i = \sum_j b_{ij} \Big/ \frac{1}{n} \sum_i \sum_j b_{ij}, \quad i = 1, 2, \cdots, n$$

式中,r_i 表示第 i 部门的感应度系数;b_{ij} 表示第 j 部门生产单位最终产品完全需要的第 i 部门产品的数量,是列昂惕夫逆矩阵 $(I-A)^{-1}$ 的系数。

感应度系数亦称推动系数,公式中分子表示所有 n 个产业各生产单位最终产品,是产业 i 应进行的完全投入之和;分母表示所有产业各生产单位最终产品所需的平均每一产业的完全投入。因此,产业推动系数描述了 n 个产业各生产单位最终产品时产业 i 所进行的完全投入是否高于所有产业平均的完全投入。推动系数大于 1 的产业对经济发展的推动作用较大,且系数越高推动作用越大。

(2) 影响力系数。

$$s_j = \sum_i b_{ij} \Big/ \frac{1}{n} \sum_j \sum_n b_{ij}, \quad j = 1, 2, \cdots, n$$

式中,s_j 表示第 j 部门的影响力系数。

影响力系数亦称带动系数,公式中分子表示产业 j 生产单位最终产品时,n 个产业对它的完全投入之和;分母可理解为 n 个产业共同平均每生产一单位最终产品时 n 个产业的完全投入之和。产业带动系数描述了一产业生产单位最终产品所诱发的 n 个产业的完全投入是否高于社会平均生产单位最终产品所诱发的 n 个产业的完全投入量。带动系数大于 1 的产业对各产业生产的完全诱发程度大,因而在经济发展中有重要的带动作用。

【例 4.9】　根据某地区 2022 年列昂惕夫逆系数表(见表 4-21)计算感应度系数和影响力系数(见表 4-22 第 1、2 列数据)。为了比较分析,也计算出该地区 2017 年感应度系数和影响力系数(见表 4 - 22 第 3、第 4 列数据)。

表 4 - 21　某地区 2022 年列昂惕夫逆系数表

	农业 1	工业 2	建筑业 3	运邮仓储业 4	商饮业 5	服务业 6	合　计
农业 1	1.161 6	0.085 7	0.072 3	0.034 2	0.070 7	0.025 3	1.449 9
工业 2	0.937 3	3.461 0	2.267 4	1.267 5	0.701 3	0.772 6	9.407 0
建筑业 3	0.001 2	0.002 2	1.002 2	0.006 2	0.003 9	0.007 0	1.022 5
运邮仓储业 4	0.040 7	0.065 6	0.084 3	1.110 3	0.054 0	0.037 3	1.392 1
商饮业 5	0.030 1	0.071 8	0.080 7	0.061 8	1.053 2	0.055 8	1.353 5
服务业 6	0.095 4	0.185 4	0.214 3	0.229 6	0.239 2	1.244 8	2.208 8
合　计	2.266 3	3.871 7	3.721 1	2.709 5	2.122 3	2.142 8	16.833 8

表 4 - 22　某地区 2022 年和 2017 年感应度系数和影响力系数

	2022 年感应度系数 r_i	2022 年影响力系数 s_j	2017 年感应度系数 r_i	2017 年影响力系数 s_j
农业 1	0.516 8	0.807 8	0.559 5	0.833 0
工业 2	3.352 9	1.380 0	2.994 3	1.308 7
建筑业 3	0.364 5	1.326 3	0.387 0	1.281 9
运邮仓储业 4	0.496 2	0.965 8	0.608 6	0.951 9
商饮业 5	0.482 4	0.756 4	0.581 4	0.818 3
服务业 6	0.787 3	0.763 8	0.869 3	0.806 3
平　均	1.000 0	1.000 0	1.000 0	1.000 0

2. 按产业特征分类

根据产业推动系数与带动系数的大小(是否大于1),可将产业划为四个产业群:第Ⅰ类产业群,其推动系数大,带动系数小;第Ⅱ类产业群,其产业推动系数与带动系数都高;第Ⅲ类产业群,其产业推动系数小,带动系数大;第Ⅳ类产业推动系数与带动系数都小(见表 4 - 23)。

表 4 - 23　按推动系数与带动系数对部门分类

	r_i(低)	r_i(高)
s_j(高)	第Ⅲ类　最终需求型制造业	第Ⅱ类　中间投入型制造业
s_j(低)	第Ⅳ类　最终需求型基础产业	第Ⅰ类　中间投入型基础产业

在现实社会再生产过程中,产业间存在大量的直接联系和间接联系。所谓直接联系是指两个产业部门之间存在直接的提供产品、提供技术的联系。所谓间接联系,是指

两个产业部门本身不发生直接的生产技术联系,而是通过其他一些产业部门的中介,才有联系。赫希曼划分产业只考虑直接联系,拉斯姆森划分产业则考虑了间接联系,二者差异主要表现在下述两个方面:

(1) 角度不同。

对关联度的计算,赫希曼用直接系数,不考虑波及效应;拉斯姆森用完全需要系数,考虑了波及效应。不同产业波及效应和被波及效应显然是不同的,故它们的计算结果会出现质的差异。

(2) 计算的方法不同。

赫希曼系数计算是各产业内部比较,体现了产业的特征;拉斯姆森系数计算是各产业之间比,真正说明了前后关联特征。

实验 4.1　经济结构的分析

一、实验目的

熟悉经济结构分析的各种系数,掌握经济结构分析的基本方法。

二、实验内容

计算最终需求产品结构系数、最终需求分配结构系数、生产诱发额、生产诱发系数、生产依存度、增加值诱发额和增加值诱发系数。

三、实验时间

2 学时。

四、实验软件

Excel 软件。

五、实验要求

系数分为四组:最终需求产品结构系数;最终需求分配结构系数;生产诱发额、生产诱发系数、生产依存度;生产诱发额、增加值诱发额、增加值诱发系数。

假设已知的消费向量为 F_C;投资向量为 F_I;出口向量为 F_E;进口向量为 F_M;最终使用向量为 F。

六、实验步骤

1. 打开工作文件

(1) 开机进入 Excel。

(2) 打开 19 部门投入产出表,以某地区 2022 年 19 部门投入产出表为例,分析整理得到该地区 2022 年投入产出最终使用表,在此基础上进行相关投入产出分析的计算。

2. 最终需求产品结构系数的计算

分析最终需求的产品结构就是分析最终需求的产品构成,最终需求的产品结构也称为列结构,其系数定义如下:

$$d_L = F_L / \sum_i F_{Li}, \quad L = C, I, E, M$$

最终需求的产品结构系数表示的是某种最终使用产品占最终使用总量的比例。根据定义得到实验表 4-1-1。

实验表 4-1-1 某地 2022 年最终使用产品结构系数表

	最终消费 F_C	资本形成 F_I	出口 F_E	最终使用合计 F	进口 F_M	总产出 X
农林牧渔业	0.097 5	0.001 2	0.003 1	0.022 5	0.021 5	0.028 9
采掘业	0.005 1	0.008 1	0.012 0	0.010 0	0.064 7	0.009 9
食品饮料业	0.078 9	0.006 9	0.025 4	0.033 7	0.020 2	0.030 1
纺织服装业	0.024 3	0.008 1	0.103 1	0.072 1	0.062 1	0.055 7
木材加工造纸业	0.006 3	0.010 2	0.057 1	0.039 4	0.024 8	0.048 7
石油及化工业	0.041 1	0.002 9	0.103 0	0.074 8	0.137 5	0.090 7
非金属矿物制造业	0.005 9	0.004 4	0.016 1	0.012 2	0.007 0	0.024 7
金属冶炼及加工业	0.002 8	0.023 1	0.061 7	0.043 5	0.099 7	0.069 7
电气机械及设备制造业	0.040 1	0.136 7	0.274 9	0.204 8	0.235 7	0.119 1
交通运输设备制造业	0.041 1	0.032 5	0.042 2	0.040 5	0.032 6	0.034 7
电子信息业	0.022 6	0.101 3	0.227 4	0.165 4	0.193 4	0.159 6
其他制造业	0.002 7	0.004 7	0.020 4	0.014 3	0.013 5	0.015 0
电力、燃气及水的生产和供应业	0.022 6	0.006 2	0.002 0	0.006 9	0.016 0	0.043 2
建筑业	0.009 7	0.557 7	0.000 0	0.087 4	0.051 6	0.044 1
运邮仓储业	0.018 9	0.005 2	0.015 2	0.014 4	0.005 9	0.027 3
商饮业	0.129 5	0.024 5	0.033 4	0.052 0	0.013 9	0.053 6
金融业	0.046 9	0.000 0	0.000 0	0.009 8	0.000 0	0.030 1
房地产业	0.077 7	0.050 8	0.000 0	0.024 0	0.000 0	0.027 1
其他服务业	0.326 3	0.015 4	0.003 2	0.072 3	0.000 0	0.087 8
合 计	1	1	1	1	1	1

从最终需求产品结构系数可以看出:用于最终消费的依次主要是其他服务业、商饮业、农林牧渔业、食品饮料业、房地产业和金融业;用于资本形成的最主要是建筑业,其次是电气机械及设备制造业、电子信息业;用于输出的最主要是电气机械及设备制造

业、电子信息业和纺织服装业;对于输入产品而言,主要是石油及化工业、电气机械及设备制造业和电子信息业。

3. 最终需求分配结构系数

分析最终需求的分配结构就是分析最终需求的项目构成,最终需求的分配结构也称行结构,其系数定义如下:

$$s_{Li}=F_{Li}\Big/\sum_{L}F_{Li},\quad L=C,I,E,\quad i=1,2,\cdots,n$$

最终需求的分配结构系数表示的是某部门某项最终使用产品占该部门最终使用总量的比例。根据定义计算得到实验表 4-1-2。

实验表 4-1-2　某地区 2022 年最终使用分配结构系数表

	最终消费 F_C	资本形成 F_I	出口 F_E	最终使用合计 F
农林牧渔业	0.902 9	0.008 0	0.089 1	1
采掘业	0.106 4	0.124 9	0.768 7	1
食品饮料业	0.487 9	0.031 5	0.480 6	1
纺织服装业	0.070 2	0.017 1	0.912 7	1
木材加工造纸业	0.033 5	0.039 8	0.926 7	1
石油及化工业	0.114 4	0.006 0	0.879 6	1
非金属矿物制造业	0.101 6	0.055 7	0.842 6	1
金属冶炼及加工业	0.013 3	0.081 4	0.905 3	1
电气机械及设备制造业	0.040 8	0.102 2	0.857 0	1
交通运输设备制造业	0.211 5	0.122 9	0.665 6	1
电子信息业	0.028 5	0.093 8	0.877 7	1
其他制造业	0.040 0	0.049 8	0.910 2	1
电力、燃气及水的生产和供应业	0.679 3	0.137 1	0.183 7	1
建筑业	0.023 1	0.976 9	0.000 0	1
运邮仓储业	0.272 4	0.054 8	0.672 8	1
商饮业	0.518 2	0.072 2	0.409 6	1
金融业	1.000 0	0.000 0	0.000 0	1
房地产业	0.675 5	0.324 5	0.000 0	1
其他服务业	0.939 6	0.032 5	0.027 9	1
平　均	0.208 3	0.153 1	0.638 6	1

从最终需求分配结构系数可以看出:农林牧渔业,电力、燃气及水的生产和供应业,

商饮业及其他服务业,金融业房地产业其最终需求主要用于最终消费;建筑业其最终需求主要用于资本形成;采掘业、纺织服装业、木材加工造纸业、石油及化工业、非金属矿物制品业、金属冶炼及加工业、电气机械及设备制造业、交通运输设备制造业、电子信息业、运邮仓储业其最终需求主要用于输出。

4. 最终需求结构对总产出影响分析

最终需求是影响生产的主要因素,最终需求决定了总产出。利用列昂惕夫逆矩阵可对各产业的生产诱发额和生产诱发系数进行分析。

（1）生产诱发额的计算

第一步,打开 19 部门投入产出表,计算 A, $\hat{A}_C$, $(I-\hat{A}_C)^{-1}$, $(I-A)^{-1}$, $\hat{M}$, $[I-(I-\hat{M})A]^{-1}$。

$$\hat{A}_C = \begin{bmatrix} \sum_i a_{i1} & & & \\ & \sum_i a_{i2} & & \\ & & \ddots & \\ & & & \sum_i a_{in} \end{bmatrix}$$

计算 $(I-\hat{A}_C)^{-1}$:计算 $\hat{A}_C$,在要放 $\hat{A}_C$ 的地方标上 $\hat{A}_C$,选取一个 19 行 19 列的新区域,输入"0",然后按 Ctrl+Enter 键,最后把对应的对角元素改为 $\sum_i a_{i1}$, $\sum_i a_{i2}$, $\cdots$, $\sum_i a_{in}$,即逐个求得对角元素。第一个对角元素为矩阵 A 的第一列求和,第二个对角元素为矩阵 A 的第二列求和,依此类推,求出 19 个对角元素即得矩阵 $\hat{A}_C$。计算 $(I-\hat{A}_C)^{-1}$,要在放矩阵 $(I-\hat{A}_C)^{-1}$ 的区域的上面标 $(I-\hat{A}_C)^{-1}$,选取一个 19 行 19 列的新区域,单击工具栏上的函数工具,选中数学与三角函数中的 MINVERSE 函数(矩阵求逆矩阵),选取矩阵 $(I-\hat{A}_C)^{-1}$,然后按 Ctrl+Shift+Enter 键就可得到矩阵 $(I-\hat{A}_C)^{-1}$。

计算对角阵 $\hat{M}$:先求出进口 F_M,选取一个 19 行 19 列的新区域,输入"/",选取 19 部门的总需求(总产出+进口-出口)行,然后按 Ctrl+Shift+Enter 键,那么就可以得到过渡矩阵,在要放矩阵 $\hat{M}$ 的右边标 $\hat{M}$;选取一个 19 行 19 列的新区域,单击工具栏上的函数工具,选中数学三角函数中的 MMULT 函数(矩阵相乘函数),选取单位矩阵 I,再选取过渡矩阵,然后按两次 Ctrl+Shift+Enter 键,就可以得到 $\hat{M}$ 矩阵。

同理可计算 $(I-A)^{-1}$, $[I-(I-\hat{M})A]^{-1}$。

第二步,根据:

$$\begin{aligned} X &= [I-(I-\hat{M})A]^{-1}[(I-\hat{M})(F_C+F_I)+F_E] \\ &= B\Gamma F_C + B\Gamma F_I + BF_E \\ &= X_C + X_I + X_E \end{aligned}$$

式中,$B=[I-(I-\hat{M})A]^{-1}$,$\Gamma=I-\hat{M}$,$X_C=B\Gamma F_C$,$X_I=B\Gamma F_I$,$X_E=BF_E$,X_C,X_I,X_E 分别表示最终消费 F_C、资本形成 F_I、出口 F_E 诱发出的生产额向量。

计算矩阵 $X_C=B(I-\hat{M})F_C$,$X_I=B(I-\hat{M})F_I$;选择 19 行和 2 列新区域,单击工具栏上的函数工具,选中数学与三角函数中的 MMULT 函数(矩阵相乘函数),选取矩阵 $B(I-\hat{M})$,再选取矩阵 F_C+F_I,然后按两次 Ctrl+Shift+Enter 键,就可得到矩阵 X_C+X_I;选取 19 行和 1 列新区域,单击工具栏上的函数工具,选中数学与三角函数中的 MMULT 函数(矩阵相乘函数),选取矩阵 B,再选取矩阵 F_E 列矩阵,然后按两次 Ctrl+Shift+Enter 键,就可得到矩阵 X_E;最后对 X_C,X_I,X_E 分部门求和,即得各生产诱发总额。计算得到该地区 2022 年生产诱发总额,见实验表 4-1-3。

实验表 4-1-3 某地区 2022 年最终使用生产诱发额表 单位:万元

	F_C 诱发额 X_C	F_I 诱发额 X_I	F_E 诱发额 X_E	F 诱发额 X
农林牧渔业	16 511 553.02	1 063 683.00	10 637 163.98	28 212 400.00
采掘业	446 637.47	654 284.33	8 577 250.30	9 678 172.09
食品饮料业	12 041 636.32	921 342.03	16 446 448.77	29 409 427.11
纺织服装业	1 021 119.26	257 718.08	53 171 566.80	54 450 404.13
木材加工造纸业	3 997 310.81	2 433 999.70	41 158 047.04	47 589 357.55
石油及化工业	7 841 197.69	2 599 301.53	78 216 504.48	88 657 003.70
非金属矿物制造业	1 503 982.71	8 587 869.08	14 021 084.49	24 112 936.28
金属冶炼及加工业	1 905 511.74	5 757 463.82	60 468 030.53	68 131 006.09
电气机械及设备制造业	−1 270 519.14	−2 540 898.45	120 138 105.41	116 326 687.83
交通运输设备制造业	4 615 703.21	2 670 714.49	26 617 986.79	33 904 404.50
电子信息业	3 692 076.15	5 958 053.92	146 300 457.94	155 950 588.01
其他制造业	390 243.12	691 246.59	13 527 693.40	14 609 183.12
电力、燃气及水的生产和供应业	8 429 749.75	11 037 373.36	22 734 021.54	42 201 144.65
建筑业	1 337 356.47	41 505 893.27	291 143.09	43 134 392.83
运邮仓储业	5 771 131.51	2 827 667.59	18 096 079.03	26 694 878.14
商饮业	20 971 716.06	4 502 844.16	26 906 157.67	52 380 717.89
金融业	15 047 155.26	2 541 438.69	11 807 814.71	29 396 408.67
房地产业	13 968 776.70	6 318 259.15	6 191 172.59	26 478 208.44
其他服务业	59 852 050.92	6 388 445.69	19 509 395.43	85 749 892.04
合 计	178 074 389.03	104 176 700.02	694 816 124.01	977 067 213.06

生产诱发额是指对于各项最终需求量,由产业间的波及效应所激发的全部生产额。

生产诱发系数是指某项最终使用若增加 1 单位,则相应的产出总量将要增加多少单位。

（2）生产诱发系数

生产诱发系数是诱发生产额与相应的最终需求额合计之比,其含义是某项最终使用若增加一个单位,则相应的产出总量将要增加多少个单位。生产诱发系数定义如下:

$$x_L = X_L / i^T F_L, \quad L = C, I, E$$

式中,x_C, x_I, x_E 分别表示最终消费、资本形成、出口的生产诱发系数向量;$i^T = (1, 1, \cdots, 1)$ 为 n 维向量,T 表示向量转置,i 为分量均为 1 的 n 维列向量。

选择 20 行和 4 列新区域,输入"＝",选取生产发生诱发额表的所有数据,输入"/"选取最终使用表中的合计行的四个数据,按 Ctrl＋Shift＋Enter 键,就可得到生产诱发额系数表。根据定义计算得到该地区 2022 年生产诱发系数表(见实验表 4-1-4)。

实验表 4-1-4　某地区 2022 年生产诱发系数表

	诱发系数 X_C	诱发系数 X_I	诱发系数 X_E	诱发系数 X
农林牧渔业	0.108 9	0.009 5	0.022 9	0.038 7
采掘业	0.002 9	0.005 9	0.018 4	0.013 3
食品饮料业	0.079 4	0.008 3	0.035 4	0.040 4
纺织服装业	0.006 7	0.002 3	0.114 3	0.074 8
木材加工造纸业	0.026 4	0.021 8	0.088 5	0.065 4
石油及化工业	0.051 7	0.023 3	0.168 2	0.121 8
非金属矿物制造业	0.009 9	0.077 0	0.030 2	0.033 1
金属冶炼及加工业	0.012 6	0.051 6	0.130 0	0.093 6
电气机械及设备制造业	−0.008 4	−0.022 8	0.258 4.	0.159 8
交通运输设备制造业	0.030 4	0.024 0	0.057 2	0.046 6
电子信息业	0.024 3	0.053 4	0.314 6	0.214 2
其他制造业	0.002 6	0.006 2	0.029 1	0.020 1
电力、燃气及水的生产和供应业	0.055 6	0.099 0	0.048 9	0.058 0
建筑业	0.008 8	0.372 3	0.000 6	0.059 2
运邮仓储业	0.038 1	0.025 4	0.038 9	0.036 7
商饮业	0.138 3	0.040 4	0.057 9	0.071 9
金融业	0.099 2	0.022 8	0.025 4	0.040 4
房地产业	0.092 1	0.056 7	0.013 3	0.036 4
其他服务业	0.394 6	0.057 3	0.042 0	0.117 8
合　计	1.174 1	0.934 4	1.494 2	1.341 8

（3）生产依存度

利用生产诱发额可对某一产业最终需求的各项目进行最终需求依存度的分析。所谓某产业最终需求各项目的依存度，是指该项目的生产诱发额与该产业所有最终需求项目生产诱发额的合计之比。通过最终需求项目的依存度分析，一些与消费似乎没有关系的产业，通过波及效应，最终竟也有相当的比重是依赖于消费的。当然，通过分析，还可以了解到哪些产业是"消费依赖型"的，哪些产业是"投资依赖型"的，哪些产业是"出口依赖型"的。生产依存度定义如下：

$$z_L = \hat{X}^{-1} X_L, \quad L = C, I, E$$

$$\hat{X}^{-1} = \begin{bmatrix} X_1 & 0 & \cdots & 0 \\ 0 & X_2 & \cdots & 0 \\ & & \ddots & \\ 0 & 0 & \cdots & X_n \end{bmatrix}^{-1} = \begin{bmatrix} \dfrac{1}{X_1} & 0 & \cdots & 0 \\ 0 & \dfrac{1}{X_2} & \cdots & 0 \\ & & \ddots & \\ 0 & 0 & \cdots & \dfrac{1}{X_n} \end{bmatrix}$$

式中，z_C, z_I, z_E 分别表示最终消费、资本形成、出口的生产依存度系数向量。

选择一个 19 行和 19 列的新区域，输入"0"，按 Ctrl＋Shift＋Enter 键，把对角元素改为诱发额 X 列矩阵的对应数据，得到矩阵 X。

再选择一个 19 行和 19 列的新区域，单击工具栏上的函数工具，选中数学与三角函数中的 MINVERSE 函数（矩阵求逆函数），选取矩阵 X，然后按 Ctrl＋Shift＋Enter 键，就可以得到矩阵 $\hat{X}^{-1}$。选择一个 19 行和 4 列的新区域，单击工具栏上的函数工具，选中数学与三角函数中的 MMULT 函数（矩阵相乘函数），选取矩阵 $\hat{X}^{-1}$，再选取生产诱发额表的所有数据，然后按两次 Ctrl＋Shift＋Enter 键，就可以得到生产依存度，根据定义进行计算得到该地区 2022 年最终使用生产依存度表（见实验表 4-1-5）。

实验表 4-1-5　某地区 2022 年最终使用生产依存度

	依存度 z_C	依存度 z_I	依存度 z_E	依存度 z
农林牧渔业	0.585 3	0.037 7	0.377 0	1
采掘业	0.046 1	0.067 6	0.886 2	1
食品饮料业	0.409 4	0.031 3	0.559 2	1
纺织服装业	0.018 8	0.004 7	0.976 5	1
木材加工造纸业	0.084 0	0.051 1	0.864 9	1
石油及化工业	0.088 4	0.029 3	0.882 2	1
非金属矿物制造业	0.062 4	0.356 2	0.581 5	1
金属冶炼及加工业	0.028 0	0.084 5	0.887 5	1

	依存度 z_C	依存度 z_I	依存度 z_E	依存度 z
电气机械及设备制造业	−0.010 9	−0.021 8	1.032 8	1
交通运输设备制造业	0.136 1	0.078 8	0.785 1	1
电子信息业	0.023 7	0.038 2	0.938 1	1
其他制造业	0.026 7	0.047 3	0.926 0	1
电力、燃气及水的生产和供应业	0.199 8	0.261 5	0.538 7	1
建筑业	0.031 0	0.962 2	0.006 7	1
运邮仓储业	0.216 2	0.105 9	0.677 9	1
商饮业	0.400 4	0.086 0	0.513 7	1
金融业	0.511 9	0.086 5	0.401 7	1
房地产业	0.527 6	0.238 6	0.233 8	1
其他服务业	0.698 0	0.074 5	0.227 5	1
平　均	0.182 3	0.106 6	0.711 1	1

利用生产诱发额可对某产业最终需求的各项目进行最终需求依存度分析：农林牧渔业、食品饮料业、商饮业、其他服务业、金融业、房地产业其最终消费的依存度较高，可将这些产业归属于"消费依赖型"产业；非金属矿物制品业和建筑业其资本形成的依存度较高，可将这些产业归属于"投资依赖型"产业；采掘业，纺织服装业，木材加工造纸业，石油及化工业，金属冶炼及加工业，电气机械及设备制造业，交通运输设备制造业，电子信息业，其他制造业，电力、燃气及水的生产和供应业，运输仓储业其输出的依存度较高，即可将这些产业归属于"出口依赖型"产业。

（4）最终需求结构对增加值影响分析

最终需求结构影响总产出，总产出结构又会影响增加值。利用增加值系数可对各产业的增加值诱发额和增加值诱发系数进行分析。

第一，计算增加值诱发额。

增加值诱发额定义如下：

$$G_L = \hat{A}_g X_L, L = C, I, E$$

$$\hat{A}_g = \begin{bmatrix} a_{g1} & 0 & \cdots & 0 \\ 0 & a_{g2} & \cdots & 0 \\ & & \ddots & \\ 0 & 0 & \cdots & a_{gn} \end{bmatrix}$$

式中，G_C, G_I, G_E 分别表示最终消费 F_C、资本形成 F_I、出口 F_E 通过 X_C, X_I, X_E 诱发出的增加值向量。

求对角矩阵 $\hat{A}_g$ 对角元素为增加值与总投入之比。求增加值诱发额矩阵 G_L，选择

一个 19 行和 4 列新区域,单击工具栏上的函数工具,选中数学与三角函数中的
MMULT 函数(矩阵相乘函数),选取矩阵 $\hat{A}_g$,再选取诱发额 X 的 19 行和 4 列矩阵,然
后按两次 Ctrl+Shift+Enter 键,合计行运用求和可得。根据定义计算得到该地区
2022 年增加值诱发额表(见实验表 4-1-6)。

实验表 4-1-6　某地区 2022 年最终使用生产诱发额表　　单位:万元

	F_C 诱发额 G_C	F_I 诱发额 G_I	F_E 诱发额 G_E	F 诱发额 G
农林牧渔业	9 923 471.22	639 275.28	6 392 953.50	16 955 700.00
采掘业	255 388.28	374 121.21	4 904 490.51	5 534 000.00
食品饮料业	3 071 444.85	235 005.54	4 194 974.76	7 501 425.15
纺织服装业	313 382.85	79 094.02	16 318 424.05	16 710 900.92
木材加工造纸业	913 345.57	556 144.61	9 404 202.46	10 873 692.65
石油及化工业	1 725 383.51	571 952.42	17 210 823.19	19 508 159.11
非金属矿物制造业	369 785.78	2 111 508.24	3 447 378.52	5 928 672.54
金属冶炼及加工业	337 247.57	1 018 986.48	10 701 952.77	12 058 186.83
电气机械及设备制造业	−248 353.72	−496 680.10	23 483 900.53	22 738 866.71
交通运输设备制造业	982 233.74	568 335.04	5 664 377.35	7 214 946.14
电子信息业	591 331.02	954 254.99	23 431 802.35	24 977 388.35
其他制造业	123 740.31	219 184.06	4 289 431.23	4 632 355.60
电力、燃气及水的生产和供应业	2 569 066.35	3 363 770.61	6 928 463.05	12 861 300.00
建筑业	319 060.09	9 902 276.88	69 459.52	10 290 796.49
运邮仓储业	2 712 262.58	1 328 920.85	8 504 626.51	12 545 809.94
商饮业	12 556 225.91	2 695 951.46	16 109 306.14	31 361 483.51
金融业	9 204 551.31	1 554 632.92	7 223 002.26	17 982 186.49
房地产业	11 297 484.71	5 109 999.09	5 007 215.67	21 414 699.47
其他服务业	33 043 362.07	3 526 958.90	10 770 825.85	47 341 146.82
合　计	90 060 414.02	34 313 692.49	184 057 610.21	308 431 716.72

第二,计算增加值诱发系数。

增加值诱发系数是诱发增加值与相应的最终需求额合计之比,其含义是某项最终使
用若增加一个单位,则相应的增加值将要增加多少个单位。增加值诱发系数定义如下:

$$g_L = G_L / i^T F_L, \quad L = C, I, E$$

式中,g_C,g_I,g_E 分别表示最终消费、资本形成、出口的增加值诱发系数向量。

选择一个 20 行和 4 列的新区域,输入"=",选取增加值诱发额表的所有数据,输

入"/"选取最终使用表中的合计行的四个数据,然后按 Ctrl+Shift+Enter 键,就可得到增加值诱发额系数表。根据定义计算得到该地 2022 年增加值诱发系数表(见实验表 4-1-7)。

实验表 4-1-7 某地区 2022 年最终使用增加值诱发系数

	诱发系数 G_C	诱发系数 G_I	诱发系数 G_E	诱发系数 G
农林牧渔业	0.065 4	0.005 7	0.013 7	0.023 3
采掘业	0.001 7	0.003 4	0.010 5	0.007 6
食品饮料业	0.020 3	0.002 1	0.009 0	0.010 3
纺织服装业	0.002 1	0.000 7	0.035 1	0.022 9
木材加工造纸业	0.006 0	0.005 0	0.020 2	0.014 9
石油及化工业	0.011 4	0.005 1	0.037 0	0.026 8
非金属矿物制造业	0.002 4	0.018 9	0.007 4	0.008 1
金属冶炼及加工业	0.002 2	0.009 1	0.023 0	0.016 6
电气机械及设备制造业	−0.001 6	−0.004 5	0.050 5	0.031 2
交通运输设备制造业	0.006 5	0.005 1	0.012 2	0.009 9
电子信息业	0.003 9	0.008 6	0.050 4	0.034 3
其他制造业	0.000 8	0.002 0	0.009 2	0.006 4
电力、燃气及水的生产和供应业	0.016 9	0.030 2	0.014 9	0,0 177
建筑业	0.002 1	0.088 8	0.000 1	0.014 1
运邮仓储业	0.017 9	0.011 9	0.018 3	0.017 2
商饮业	0.082 8	0.024 2	0.034 6	0.043 1
金融业	0.060 7	0.013 9	0.015 5	0.024 7
房地产业	0.074 5	0.045 8	0.010 8	0.029 4
其他服务业	0.217 9	0.031 6	0.023 2	0.065 0
合 计	0.593 8	0.307 8	0.395 8	0.423 6

在实验的过程中,由于实践操作,可以更加深入理解各种投入产出系数表里多种数据的关系含义及其数据中比较得出的其他数据模型,从而在其中找到更多有利的数据。由于在处理投入产出表时,实验数据繁多且比较复杂,要有足够的耐心去处理数据,在利用模型得出结果时也要非常小心。因此,为了得出投入产出分析的各种均衡解,不仅要有技术条件做保障,还应该提供生产活动所需的全部必要投入量。同时,通过投入产出分析对输入的不同处理方式说明投入产出分析基本模型的各种类型。

在实验的过程中运用了 Excel 软件中的很多函数,如求和函数 sum、求两组矩阵的乘积的函数 mmult、求矩阵的逆的函数 minverse 等。运用多种方法计算不同的模型,可以节省很多时间。

实验 4.2　部门关联分类方法

一、实验目的

掌握分析国民经济各部门之间联系的方法。

二、实验内容

计算赫希曼系数和拉斯姆森系数,并分别据此将各部门做归类分析。

三、实验时间

2 学时。

四、实验软件

Excel 软件。

五、实验要求

各部门归类格式如下:

类　型	部　门	系　数
前后关联		
前关联		
后关联		
不关联		

实验报告里应有两种分类方法的比较分析。

六、实验步骤

(1) 开机进入 Excel。

(2) 用"编辑—复制;编辑—选择性粘贴—数值"方法将实验 4.1 中的 2022 年和 2017 年 19 部门投入产出表中的投入产出表及直接消耗系数和列昂惕夫逆系数拷贝到一个新文件(自己命名即可)。

(3) 分别输入 W_i 和 U_j 的计算公式,计算 W 和 U。

$$w_i = \sum_{j=1} X_{ij}/X_i = \sum_j h_{ij}, \quad i = 1, 2, \cdots, n$$

式中,w_i 表示第 i 部门的中间产品需求系数,是第 i 部门前向关联效果的指标,w_i 高为中间产品产业,w_i 低为最终产品产业;X_{ij} 表示第 j 部门在生产中消耗的第 i 部门产品的数量;X_i 表示第 i 部门产品总量;h_{ij} 表示第 i 部门产品分配给第 j 部门的分配系数。

$$u_j = \sum_{i=1} X_{ij}/X_j = \sum_i a_{ij} = a_{cj}, \quad j = 1, 2, \cdots, n$$

式中,u_j 表示第 j 部门的中间产品需求系数,是第 j 部门后向关联效果的指标,u_j 高为制造业,u_j 低为初级产业;X_{ij} 表示第 j 部门在生产中消耗的第 i 部门产品的数量;X_j 表示第 j 部门产品总量;a_{ij} 表示第 j 部门在生产中消耗的第 i 部门产品的直接消耗系数;a_{cj} 表示第 j 部门在生产中消耗的几个部门产品的直接消耗系数。

某地区 2017 年和 2022 年的中间产品需求系数和中间产品投入系数如实验表 4-2-1 所示。

实验表 4-2-1 某地区 2017 年和 2022 年中间产品需求系数和中间产品投入系数

产品部门	2017 年前向关联 w_i	2017 年后向关联 u_j	2022 年前向关联 w_i	2022 年后向关联 u_j
农林牧渔业	0.517 698	0.440 947	0.739 542	0.398 998
采掘业	1.527 082	0.407 419	3.058 319	0.428 198
食品饮料业	0.463 479	0.710 893	0.453 625	0.744 931
纺织服装业	0.514 046	0.746 369	0.514 186	0.693 099
木材加工造纸业	0.858 513	0.740 530	0.616 707	0.771 510
石油及化工业	1.197 761	0.754 027	1.036 671	0.779 959
非金属矿物制造业	0.788 196	0.699 490	0.753 703	0.754 129
金属冶炼及加工业	1.064 847	0.772 026	1.149 107	0.823 015
电气机械及设备制造业	0.526 810	0.779 763	0.568 360	0.804 526
交通运输设备制造业	0.630 998	0.760 435	0.534 017	0.787 197
电子信息业	0.741 809	0.825 432	0.748 114	0.839 838
其他制造业	0.806 093	0.709 769	0.675 966	0.682 915
电力、燃气及水的生产和供应业	0.907 792	0.726 297	1.039 615	0.695 238
建筑业	0.032 670	0.739 118	0.025 938	0.761 425
运邮仓储业	0.773 842	0.540 555	0.698 444	0.530 029
商饮业	0.495 855	0.442 030	0.387 666	0.401 278
金融业	0.711 643	0.472 895	0.758 251	0.388 286
房地产业	0.399 338	0.204 045	0.341 108	0.191 233
其他服务业	0.427 510	0.469 530	0.385 812	0.447 916
平　均	0.654 112	0.654 112	0.684 329	0.684 329

从实验表 4-2-1 可以看出,大部分产业的前后关联系数从 2017 年到 2022 年的变化不大,其中变化较为明显的主要有农林牧渔业、交通运输设备制造业。

对于农林牧渔业,其在 2017 年的前向关联效应大而后向关联效应小,属于最终需求型基础产业,而在 2022 年,其前向关联效应明显大于后向关联效应,正逐渐转为中间投入型基础产业。

对于交通运输设备制造业,从 2017 年到 2022 年,其前后向关联系数都较大,但后向关联效应增加的较多,说明该产业正趋向于前向关联效应小,后向关联效应大的方向发展,即该产业在经济发展中的带动作用在不断地增大。

(4) 根据 $(I-A)^{-1}$ 计算 r_i 和 s_j。

$$感应度系数:r_i = \sum_j b_{ij} \Big/ \frac{1}{n} \sum_i \sum_j b_{ij}, \quad i=1,2,\cdots,n$$

式中,r_i 表示第 i 部门的感应度系数;b_{ij} 表示第 j 部门生产单位最终产品完全需要的第 i 部门产品的数量,是列昂惕夫逆矩阵 $(I-A)^{-1}$ 的系数。

感应度系数亦称推动系数,公式中分子表示所有 n 个产业各生产单位最终产品,是产业 i 应进行的完全投入之和;分母表示所有产业各生产单位最终产品所需的平均每一产业的完全投入。因此,产业推动系数描述了 n 个产业各生产单位最终产品时产业 i 所进行的完全投入是否高于所有产业平均的完全投入。推动系数大于 1 的产业对经济发展的推动作用较大,且系数越高推动作用越大。

$$影响力系数:s_j = \sum_i b_{ij} \Big/ \frac{1}{n} \sum_j \sum_n b_{ij}, \quad j=1,2,\cdots,n$$

式中,s_j 表示第 j 部门的影响力系数。影响力系数亦称带动系数,公式中分子表示产业 j 生产单位最终产品时,n 个产业对它的完全投入之和;分母可理解为 n 个产业共同平均每生产一单位最终产品时 n 个产业的完全投入之和。产业带动系数描述了一产业生产单位最终产品所诱发的 n 个产业的完全投入是否高于社会平均生产单位最终产品所诱发的 n 个产业的完全投入量。带动系数大于 1 的产业对各产业生产的完全诱发程度大,因而在经济发展中有重要的带动作用。某地区 2017 年和 2022 年感应度系数和影响力系数见实验表 4-2-2。

实验表 4-2-2　某地区 2017 年和 2022 年感应度系数和影响力系数

产品部门	2017 年感应度系数 r_i	2017 年影响力系数 s_j	2022 年感应度系数 r_i	2022 年影响力系数 s_j
农林牧渔业	0.747 829	0.693 004	0.747 829	0.693 004
采掘业	1.307 702	0.738 180	1.307 702	0.738 180
食品饮料业	0.611 826	0.962 280	0.611 826	0.962 280
纺织服装业	0.764 273	1.011 810	0.764 273	1.011 810
木材加工造纸业	0.844 794	1.185 954	0.844 794	1.185 954
石油及化工业	2.489 191	1.135 823	2.489 191	1.135 823
非金属矿物制造业	0.663 252	1.087 595	0.663 252	1.087 595
金属冶炼及加工业	1.958 642	1.283 873	1.958 642	1.283 873

产品部门	2017 年感应度系数 r_i	2017 年影响力系数 s_j	2022 年感应度系数 r_i	2022 年影响力系数 s_j
电气机械及设备制造业	1.278 826	1.351 733	1.278 826	1.351 733
交通运输设备制造业	0.722 967	1.320 571	0.722 967	1.320 571
电子信息业	1.591 169	1.512 324	1.591 169	1.512 324
其他制造业	0.559 842	1.108 334	0.559 842	1.108 334
电力、燃气及水的生产和供应业	1.438 820	1.001 968	1.438 820	1.001 968
建筑业	0.354 849	1.151 744	0.354 849	1.151 744
运邮仓储业	0.705 069	0.871 293	0.705 069	0.871 293
商饮业	0.675 599	0.676 215	0.675 599	0.676 215
金融业	0.855 874	0.611 164	0.855 874	0.611 164
房地产业	0.499 873	0.499 086	0.499 873	0.499 086
其他服务业	0.929 604	0.797 050	0.929 604	0.797 050
平　均	1	1	1	1

　　根据各系数的计算公式以及各部门的归类依据，得到了 2022 年实验表 4-2-3 和实验表 4-2-4。实验表 4-2-3 中各系数与总投入系数 0.684 3 比较大小；实验表 4-2-4 中各系数与平均值 1 比较大小。

实验表 4-2-3　按中间产品需求系数和中间产品投入系数对部门分类的结果

类　型	部　门	系　数	
		前向关联 w_i	后向关联 u_j
前后关联	石油及化工业	1.036 7	0.780 0
	非金属矿物制造业	0.753 7	0.754 1
	金属冶炼及加工业	1.149 1	0.823 0
	电子信息业	0.748 1	0.839 8
	电力、燃气及水的生产和供应业	1.039 6	0.695 2
前关联	农林牧渔业	0.739 5	0.399 0
	采掘业	3.058 3	0.428 2
	运邮仓储业	0.698 4	0.530 0
	金融业	0.758 3	0.388 3

类 型	部 门	系 数	
		前向关联 w_i	后向关联 u_j
后关联	食品饮料业	0.453 6	0.744 9
	纺织服装业	0.514 2	0.693 1
	木材加工造纸业	0.616 7	0.771 5
	电气机械及设备制造业	0.568 4	0.804 5
	交通运输设备制造业	0.534 0	0.787 2
	建筑业	0.025 9	0.761 4
不关联	其他制造业	0.676 0	0.682 9
	商饮业	0.387 7	0.401 3
	房地产业	0.341 1	0.191 2
	其他服务业	0.385 8	0.447 9

实验表 4－2－4 按推动系数和带动系数对部门进行分类结果

类 型	部 门	系 数	
		推动系数 r_i	带动系数 s_j
前后关联	石油及化工业	2.489 2	1.135 8
	金属冶炼及加工业	1.958 6	1.283 9
	电气机械及设备制造业	1.278 8	1.351 7
	电子信息业	1.591 2	1.512 3
	电力、燃气及水的生产和供应业	1.438 8	1.002 0
前关联	采掘业	1.307 7	0.738 2
后关联	纺织服装业	0.764 3	1.011 8
	木材加工造纸业	0.844 8	1.186 0
	非金属矿物制造业	0.663 3	1.087 6
	交通运输设备制造业	0.723 0	1.320 6
	其他制造业	0.559 8	1.108 3
	建筑业	0.354 8	1.151 7

类　型	部　门	系　数	
		推动系数 r_i	带动系数 s_j
不关联	农林牧渔业	0.747 8	0.693 0
	食品饮料业	0.611 8	0.962 3
	运邮仓储业	0.705 1	0.871 3
	商饮业	0.675 6	0.676 2
	金融业	0.855 9	0.611 2
	房地产业	0.499 9	0.499 1
	其他服务业	0.929 6	0.797 0

　　以上两表可以看出,按中间产品需求系数和中间产品投入系数(赫希曼系数)对部门分类和按推动系数和带动系数(拉斯姆森系数)对部门分类是有所差异的。出现这样的差异主要是因为拉斯姆森划分产业考虑了间接联系,其采用完全需求系数,考虑了波及效应;而赫希曼划分产业只考虑直接联系,其采用的是直接系数,不考虑波及效应。赫希曼系数体现的是产业的特征,而拉斯姆森系数体现的是前后关联的特征,更加完善。

第5章 国民经济发展的投入产出分析

20世纪30年代,美国经济学家列昂惕夫创建了投入产出分析方法,他应用这一方法的重点,自始至终主要是放在计划和预测工作上。20世纪30年代末,苏联经济数学方法专家康托诺维奇几乎与西方同时研制出线性规划方法,这是一种比较简单且便于应用的经济数学方法。康托诺维奇本人首次将这一方法作为一种经济计划方法使用。此后,波兰著名经济计量学专家奥斯卡·兰格,全面研究了投入产出分析、数学规划以及其他经济计量方法,在他的《经济计量学导论》一书中,将经济均衡发展的标准与其他经济优化标准统一起来,最先把投入产出分析与数学规划方法概括为经济规划论方法,形成经济计划方法的一个独立分支。另外,美国学者 J. N. 罗宾逊系统地研究了东西方国民经济计划和预测方法,在他的论著《计划与预测方法在宏观经济中的应用》中,同样将投入产出法与生产函数、最优化方法结合起来,提出国民经济计划方法。

5.1 投入产出预测与计划

投入产出分析的最重要用途之一,是用于制定中期计划。这种计划的目的在于对整个经济在5至10年后一个目标年的供给和需求进行详细预测。计划期国民生产总值和各个主要需求部分的某种增长率是假定的,然后用投入产出模型来详细预测和估计产业部门的产出水平以及进口要求量和要素投入要求量;后两者分别同期望的出口和可得到的要素,尤其是劳动进行平衡,以检验假定的增长率是否行得通。

5.1.1 投入产出预测

科学地编制国民经济计划的一个基本要求,就是既从现有客观实际出发满足当前的需要,又能考虑到未来的发展变化,兼顾长远的利益。为了满足这样的要求,我们就必须对未来进行客观的预测,这样的预测越科学,预测结果越准确,国民经济计划的编制其科学性、预见性和客观性才越强。预测是编制计划的前提,科学的预测能够提出若干个预测方案供计划人员选择,并能帮助计划人员进行决策。在多种预测方法中,投入产出法是一种比较好的进行国民经济预测的工具,其主要的预测功能在于能对国民经济发展的协调性进行预测,并对某个部门发展,或某一方面变化给国民经济带来的影响做出预测。

所谓经济预测就是运用客观分析方法对经济事物内在联系的延续(量变)与突变(质变)进行综合研究的过程。经济预测的基本特点就是:所研究的对象是现在还没有发生的某一经济现象；未来是否发生、什么时间发生、其数量特征如何，经济预测不能提供绝对准确的描述，只能提供近似的描述。经济预测是一种永远有误差的研究，预测的误差率不可能降至零或者恒为零。因为现实的经济关系，人们不可能绝对把握，对未来的经济关系更不可能完全超前认识。此外，经济预测是一种艺术色彩很浓的研究，即这种经济研究大多需要借助预测者的直觉、经验和灵感等进行主观分析。

1. 国民经济协调发展预测

如果已知计划期的消费总量和构成与积累总量和构成，又已知计划期直接消耗系数的变化，那么，用投入产出模型就能预测计划期各部门的总产出量。其计算公式为：

$$X(t) = (I - A(t))^{-1} F(t)$$

根据计划期各部门的总产出量 $X(t)$，还能计算出计划期各部门间的消耗量，其计算公式为：

$$U(t) = A(t) \hat{X}(t)$$

式中，$U(t)$ 为计划期的各部门间流量矩阵，其中的元素就是投入产出表第 I 象限内的每一格子内数据 x_{ij}。$\hat{X}$ 为计划期各部门总产出组成的对角矩阵。

2. 在某些部门的产量有限制情况下，预测国民经济协调发展的可能

假如某类部门是国民经济发展的薄弱环节，不失一般性，假定是第 k 个部门。如果已知计划期 k 部门的总产出 $X_k(t)$，计划期最终产品列向量 $F(t)$，计划期的直接消耗系数矩阵 $A(t)$，利用投入产出模型，就能预测出国民经济其他部门的总产出向量 $X^*(t)$。其计算公式为：

$$F_k(t) = [I - A_{11}(t)] X_k(t) - A_{12} X^*(t)$$
$$F^*(t) = -A_{21}(t) X_k(t) + (I - A_{22}(t)) X^*(t)$$

所以，

$$X^*(t) = [I - A_{22}(t)]^{-1} [F^*(t) - A_{21}(t) X_k(t)]$$
$$F_k(t) = [I - A_{11}(t)] X_k(t) - A_{12} [I - A_{22}(t)]^{-1} [F^*(t) - A_{21}(t) X_k(t)]$$

式中，$[I - A_{11}(t)]$ 为 $1 - a_{kk}$，$[I - A_{22}(t)]$ 为计划期的 $[I - A(t)]$ 矩阵中去掉第 k 行和第 k 列后新组成的矩阵；$-A_{12}(t)$ 为 $[I - A(t)]$ 矩阵中第 k 列但不包括第 k 行元素组成的列向量；$F_k(t)$ 是第 k 部门提供的最终产品，由模型内生决定；$F^*(t)$ 是计划期对其他部门产品的最终需求，在模型外部决定。通过上式就能在已知计划期 k 部门总产出有限制的情况下，根据已知的最终产品向量 $F^*(t)$ 和直接消耗系数矩阵 $A(t)$，预测出计划期除 k 部门以外的其他部门的总产出。

3. 预测某一部门最终产品变化或总产出变化，对国民经济其他部门产生的影响

设第 n 部门产出要增加 $\Delta X_{(n)}$，可用下式计算对其他 $(n-1)$ 个部门产出的影响。

其计算公式为：

$$\Delta X_{(n-1)} = (I - A_{(n-1)})^{-1} R_n \Delta X_n$$

式中，$\Delta X_{(n-1)}$ 为第 1 至第 $(n-1)$ 部门产出的增加额列向量；$A_{(n-1)}$ 为原 n 个部门直接消耗系数矩阵去除第 n 行第 n 列后，形成的新的消耗系数矩阵；R_n 为原直接消耗系数矩阵 A 中第 n 列元素不包括第 n 行组成的列向量。

上式计算的是当 n 部门产出增加 ΔX_n 时，在其他条件不变的情况下，要保持国民经济平衡发展，其他 $(n-1)$ 个部门需要增加产出的数量。至于各部门产出的实际变化情况，还要结合其他因素（如生产能力等）加以考察。

若是第 k 部门最终产品增加 ΔF_k，对国民经济其他部门产出的影响，可用下式来计算：

$$\Delta X = B_k \Delta F_k$$

式中，B_k 为 $(I-A)^{-1}$ 中第 k 列元素组成的列向量。ΔX 为由于 k 部门最终产品增加 ΔF_k 后，引起各部门总产出也发生变化的总产出列向量。

4. 预测技术进步对经济发展的影响

如果已知不同年份直接消耗系数或劳动力消耗系数的变化，那么可在假设最终产品总量及构成不变的情况下，从比较不同年份各部门总产出变化中，了解由于技术进步引起消耗系数的变化，从而造成各部门生产量变化的情况。还可以将不同年份完全劳动消耗系数进行对比，了解由于技术进步而造成的劳动消耗量的节约。

尽管投入产出法与经济计量方法是两种区别较大的数量经济方法，但在实际应用中，它们有着密切的联系。在用投入产出法做经济预测时，必须有经济计量方法的配合，这种配合有以下四种形式：

（1）利用经济计量方法预测最终产品。

上面在论述用投入产出法做国民经济协调发展的预测时，是假设最终产品 F 的各个具体项目与构成是已知的。这表明，用投入产出法预测各部门协调发展的总产量时，先要预测最终产品的各项具体构成。通常，行之有效的方法就是经济计量方法。可以通过建立消费函数来预测消费的构成与总额，通过建立投资函数来预测固定资产投资与构成，然后再来预测各部门的生产量。

（2）用经济计量方法预测各部门的净产值。

用经济计量方法建立生产函数，可以先得到各部门净产值的预测值，由于折旧在我国的变化不大，可以假设各部门折旧系数为已知。在这基础上，就能再利用投入产出列模型，预测各部门的总产出。

（3）利用经济计量方法预测各部门的生产能力。

用经济计量方法建立生产函数，预测各部门的生产量 X^*，这是在一定生产条件下各部门可能达到的产量。然后用投入产出模型，在已知最终产品 F 的条件下，计算出各部门的生产量 X，这是在满足一定需求的条件下，需要各部门达到的产量。将 X^* 与

X 做比较,可以了解各部门供需平衡情况。当供需不能平衡时,可以根据实际情况调整需求或挖掘生产潜力,建立新的平衡。

(4)将第一种与第二种方法结合。

第一,利用经济计量方法预测各部门的净产出。第二,用投入产出模型计算出各部门的总产出。第三,通过投入产出行模型计算出可能提供的最终产品 F^*。第四,用经济计量方法建立消费函数、投资函数,预测对各种最终产品的需求 F。将 F^* 与 F 比较,也能看出平衡情况。

还可以在上述四种配合的基础上,建立综合经济模型,使投入产出法与经济计量方法更紧密地结合起来。

5.1.2 某地"十四五"时期产业结构预测实例

为了对某地"十四五"时期宏观经济和产业结构进行预测,首先建立该地区宏观经济模型。根据国民经济核算关系构造并使用某地 1988 年至 2020 年的统计数据估计宏观经济模型如下:

(1)劳动者报酬方程。

$$LB = 0.420\,0 \times GDP + 38.463\,6 \times T + [AR(1) = 0.788\,2]$$

(2)固定资产折旧方程。

$$ZJ = 0.060\,8 \times GDP + 0.687\,7 \times ZJ(-1)$$

(3)生产税净额方程。

$$SE = 0.156\,1 \times GDP + [AR(1) = 0.774\,0]$$

(4)营业盈余方程。

$$YY = GDP - LB - ZJ - SE$$

(5)财政收入方程。

$$CS = 0.428\,90 \times SE + 0.054\,9 \times LB - 126.998\,3 \times DD94$$

(6)财政支出方程。

$$CZ = 0.625\,1 \times CS + 0.530\,1 \times CZ(-1) + 52.348\,9 \times DD94$$

(7)居民消费方程。

$$XFJ = 0.447\,2 \times LB + 0.518\,8 \times XFJ(-1)$$

(8)政府消费方程。

$$XFZ = 0.246\,3 \times CZ + 0.873\,7 \times XFZ(-1)$$

(9)固定资产形成总额方程。

$$TZG = 1.348\,9 \times ZJ + 0.471\,0 \times YY$$

（10）存货增加方程。
$$TZC = 0.656\,5 \times TZC(-1) + 11.254\,7 \times T$$

（11）货物和服务净出口额方程。
$$CK = -20.034\,6 \times T + 0.079\,3 \times GDP + 0.879\,6 \times CK(-1)$$

（12）最终消费平衡方程。
$$XF = XFJ + XFZ$$

（13）资本形成总额平衡方程。
$$TZ = TZG + TZC$$

（14）国内生产总值形成方程。
$$GDP = XF + TZ + CK$$

（15）90 年不变价国内生产总值定义方程。
$$GDPB08 = GDP/GDPH \times 4.196\,438$$

（16）国内生产总值核价指数方程。
$$GDPH = -0.132\,7 + 1.051\,2 \times GDPH(-1) + 0.064\,3 \times LL - 0.044\,4 \times LL(-1)$$

变量名称和表示符号如下：

表 5-1　变量名称及相应符号

变量名称	符　号	变量名称	符　号
劳动者报酬	LB	货物和服务净出口额	CK
固定资产折旧	ZJ	最终消费	XF
生产税净额	SE	资本形成总额	TZ
营业盈余	YY	国内生产总值	GDP
财政收入	CS	2008 年不变价国内生产总值	GDPB08
财政支出	CZ	国内生产总值核价指数	GDPH
居民消费	XFJ	居民储蓄存款年利率	LL
政府消费	XFZ	时间	T
固定资产形成总额	TZG	虚拟变量	D*（* 年取值 1,其他年取值 0）
存货增加	TZC		D**（* 年及以后取值 1,其他年取值 0）

为了能够进行预测,首先建立外生变量方程。外生变量利率方程构造和估计为：
$$LL = 1.668\,8 \times LL(-1) - 0.654\,7 \times LL(-2) - 4.888\,8 \times D90$$

利率先预测出来,其值如表 5 - 2 所示(2020 年以前为实际值)。

表 5 - 2　人口和年利率

年份	1988	1989	1990	1991	1992	1993	1994	1995	1996	1997
利率	3.24	3.78	5.04	5.40	5.67	5.76	5.76	6.72	7.20	7.20
年份	1998	1999	2000	2001	2002	2003	2004	2005	2006	2007
利率	7.68	11.11	8.64	8.01	7.56	9.54	10.98	10.98	9.21	7.13
年份	2008	2009	2010	2011	2012	2013	2014	2015	2016	2017
利率	5.03	2.93	2.25	2.25	3.20	4.71	6.17	7.34	6.76	6.15
年份	2018	2019	2020	2021	2022	2023	2024	2025		
利率	5.03	2.93	2.25	2.28	2.33	2.40	2.48	2.56		

把这些外生变量的预测值代入上述联立方程可以迭代求解出该地区"十四五"时期宏观经济变量值,其值分别见表 5 - 3 至表 5 - 5。

表 5 - 3　收入法国内生产总值　　单位:亿元、%

	2011 年		2012 年		2013 年		2014 年		2015 年	
	总量	结构	总量	结构	总量	结构	总量	结构	总量	结构
劳动报酬	23 429	44.53	28 000	44.15	33 680	43.82	40 714	43.53	49 415	43.29
固定资产折旧	7 652	14.52	9 119	14.38	10 945	14.24	13 214	14.13	16 029	14.04
生产税净额	8 128	15.45	9 833	15.51	11 946	15.54	14 558	15.57	17 787	15.58
营业盈余	13 406	25.48	16 466	25.96	20 287	26.4	25 035	26.77	30 919	27.09
国内生产总值	52 614	100	63 418	100	76 857	100	93 522	100	114 151	100

表 5 - 4　支出法国内生产总值　　单位:亿元、%

	2011 年		2012 年		2013 年		2014 年		2015 年	
	总量	结构	总量	结构	总量	结构	总量	结构	总量	结构
最终消费	24 376	46.33	28 665	45.2	34 073	44.33	40 822	43.65	49 201	43.1
资本形成	17 660	33.56	21 121	33.31	25 423	33.08	30 756	32.89	37 360	32.73
货物服务净出口	10 579	20.11	13 631	21.49	17 361	22.59	21 944	23.46	27 589	24.17
国内生产总值	52 614	100	63 418	100	76 857	100	93 522	100	114 151	100

表 5 - 5　财政收支　　　　　　　　　　　　　　　　　　单位:亿元

	2011 年	2012 年	2013 年	2014 年	2015 年
财政收入	4 646	5 628	6 846	8 353	10 216
财政支出	5 481	6 476	7 765	9 391	11 417

　　这里选择是用经济计量法预测经济增长,投入产出法预测产业结构,然后将两者紧密地结合起来。根据上面的分析,决定消费结构的因素是各产业消费的收入弹性。

　　由 2022 年和 2017 年某地区投入产出表,可以计算出某地区第一、第二、第三产业消费的收入弹性分别为 0.42、1.22、1.18。由 2022 年的消费结构、消费的收入弹性系数和预测的收入,可以预测该地区“十四五”时期的各产业消费及其结构(见表 5 - 6)。由 2022 年和 2017 年该地区投入产出表中各产业资本形成总额及其结构可以测算某地区“十四五”时期的各产业资本形成总额及其结构(见表 5 - 7)。由 2022 年和 2017 年某地区投入产出表中各产业货物和服务净出口及其结构可以测算该地区“十四五”时期的各产业货物和服务净出口(调出减去调入)及其结构(见表 5 - 8)。

　　由表 5 - 6～表 5 - 8 可以列出该地区“十四五”时期的各产业最终使用减调入(进口)及其结构如表 5 - 9 所示,这些结构决定了产业结构。由表 5 - 9,根据投入产出分析原理,可以预测出“十四五”时期的产业结构,见表 5 - 10。

表 5 - 6　某地区“十四五”时期消费预测　　　　　　　单位:亿元、%

	2021 年		2022 年		2023 年		2024 年		2025 年	
	消费	结构	消费	结构	消费	结构	消费	结构	消费	结构
第一产业	1 614	6.62	1 753	6.12	1 937	5.69	2 174	5.32	2 472	5.02
第二产业	7 740	31.75	9 168	31.98	10 964	32.18	13 203	32.34	15 980	32.48
第三产业	15 021	61.62	17 744	61.9	21 172	62.14	25 445	62.33	30 749	62.50
合　计	24 376	100	28 665	100	34 073	100	40 822	100	49 201	100

表 5 - 7　某地区“十四五”时期资本形成预测　　　　　　　单位:亿元、%

	2021 年		2022 年		2023 年		2024 年		2025 年	
	总额	结构	总额	结构	总额	结构	总额	结构	总额	结构
第一产业	2	0.01	1	0.01	1	0.00	1	0.00	0	0.00
第二产业	15 574	88.19	18 498	87.58	22 103	86.94	26 534	86.27	31 970	85.57
第三产业	2 083	11.80	2 622	12.41	3 319	13.06	4 222	13.73	5 389	14.43
合　计	17 660	100	21 121	100	25 423	100	30 756	100	37 360	100

表 5-8　某地区"十四五"时期货物和服务净出口预测　　单位:亿元、%

	2021 年		2022 年		2023 年		2024 年		2025 年	
	调出入差	结构	调出入差	结构	调出入差	结构	调出入差	结构	调出入差	结构
第一产业	−1 277	−12.1	−1 496	−11.0	−1 725	−9.93	−1 966	−8.96	−2 224	−8.06
第二产业	9 917	93.74	13 029	95.58	16 852	97.06	21 557	98.24	27 355	99.15
第三产业	1 940	18.33	2 098	15.39	2 234	12.87	2 353	10.72	2 458	8.91
合　计	10 579	100	13 631	100	17 361	100	21 944	100	27 589	100

表 5-9　某地区"十四五"时期最终使用减调入预测　　单位:亿元、%

	2021 年		2022 年		2023 年		2024 年		2025 年	
	最终使用—调入	结构	最终使用—调入	结构	最终使用—调入	结构	最终使用—调入	结构	最终使用—调入	结构
第一产业	339	0.64	259	0.41	214	0.28	208	0.22	248	0.22
第二产业	33 231	63.16	40 695	64.147	49 919	64.95	61 294	65.54	75 306	65.97
第三产业	19 044	36.2	22 464	35.42	26 725	34.77	32 020	34.24	38 597	33.81
合　计	52 614	100	63 418	100	76 857	100	93 522	100	114 151	100

表 5-10　某地区"十四五"时期产业结构预测　　单位:亿元、%

	2021 年		2022 年		2023 年		2024 年		2025 年	
	增加值	结构	增加值	结构	增加值	结构	增加值	结构	增加值	结构
第一产业	2 326	4.42	2 720	4.29	3 246	4.22	3 929	4.2	4 806	4.21
第二产业	28 499	54.17	34 715	54.74	42 414	55.79	51 926	55.52	63 663	55.77
第三产业	21 789	41.41	25 982	40.97	31 198	40.59	37 666	40.28	45 682	40.02
合　计	52 614	100	63 418	100	76 857	100	93 522	100	114 151	100

5.1.3　投入产出法编制计划

从什么出发来编制计划,是有不同看法与做法的。我国在第二个五年计划以后的一个较长时期中,是从国民经济中几个主要部门的生产出发来编制计划的。它先决定几个主要部门的产量,依此做出相应的计算与平衡后,再确定其他部门的生产。用这种方法来制定计划,往往只突出了某几个部门,甚至只突出了某一两个部门,不能很好地兼顾其他部门。特别是不能在计划中真正体现基本经济规律的要求,不能满足生产是为了提高人民物质文化生活水平的需要。

要使生产目的能够在国民经济计划中得到体现,就要解决如何从满足人民的需要出发,进行综合平衡与制定计划。能满足人民需要的产品,其实就是最终产品,所以从满足人民需要出发也就是从对最终产品的需要出发来进行综合平衡。但是,人们的需要,在一定条件下,客观上是有一定限制的。一方面要受该时期生产状况和经济状况的限制,另一方面要受到产品分配情况的限制,这就要我们对满足需要的要求与客观实际可能进行反复的平衡,最后确定一个能够满足人民物质生活水平提高需要的国民经济计划。

在投入产出分析中,提供了一个从最终产品出发来确定国民经济各部门总产量的模型,利用这个工具,我们就可以在一定程度上解决从满足需要出发来制订计划的方法论问题,并在计划所要达到的目标与现实经济条件之间进行综合平衡。

从最终产品出发编制经济计划的具体计算过程如下。

1. 确定计划期的消费与投资总额(不考虑进出口)

预先确定计划期最终产品向量。各部门最终产品这一外生变量,通常可运用各种普查、典型调查、家计调查等统计资料,并考虑计划期的发展变化情况,确定各部门最终产品总量 GDP。通过给出投资率 α 来确定计划期的消费与投资总额 T_C 和 T_I。

$$T_C = (1-\alpha)\text{GDP}$$
$$T_I = \alpha\text{GDP}$$

【例 5.1】　假如某地 2025 年国内生产总值 GDP 计划为 70 000 亿元,投资率 α 为 0.414 5,计算计划期的消费与投资总额 T_C(40 983 亿元)和 T_I(29 017 亿元)。

2. 确定计划期的消费构成

(1) 产品结构法

根据报告期消费的产品结构系数 d_{Ci}^0 做适当修正,可以作为计划期的消费结构系数,如用收入的消费弹性系数进行修正。收入的消费弹性系数为:

$$e_i = \frac{\Delta F_{Ci}/F_{Ci}}{\sum_j \Delta V_j/V}, \quad i=1,2,\cdots,n$$

式中,e_i 表示第 i 部门的消费弹性系数;V 表示劳动报酬;ΔV_j 表示第 j 部门劳动报酬增量;F_{Ci} 表示第 i 部门消费品数量;ΔF_{Ci} 表示第 i 部门消费品增量。式中分母表示劳动报酬增长率,分子表示某个部门消费品增长率,则计划期消费的产品结构系数为:

$$d_{Ci} = d_{Ci}^0(1+e_iR)$$

式中,R 表示计划期劳动报酬增长率,它可以用消费增长率或国内生产总值增长率代替。由于修正后的 d_{Ci} 的和 $\sum_i d_{Ci}$ 一般不等于 1,所以可调整为 $d_{Ci}/\sum_i d_{Ci}$ 即可。

【例 5.2】　接【例 5.1】,已知某地区 2022 年消费的产品结构系数和收入的消费弹性系数为表 5-11 的第 1 和第 2 列数字。假如计划期劳动报酬增长率 R 为 100%,计算计划期的消费结构系数经调整为表 5-11 的第 3 列数字。根据计划期的消费总额 T_C(40 983 亿元),计算计划期的消费 Y_C,见表 5-11 的第 4 列数字。

表 5 - 11　计划期内消费结构系数　　　　单位:亿元

	消费 d_C^0	弹性 e	消费 d_C	消费 Y_C
农业 1	0.097 5	0.42	0.065 2	2 672
工业 2	0.293 6	1.15	0.297 1	12 176
建筑业 3	0.009 7	2.43	0.015 7	642
运邮仓储业 4	0.018 9	0.43	0.012 7	521
商饮业 5	0.129 5	1.71	0.165 6	6 786
服务业 6	0.450 9	1.09	0.443 7	18 186

（2）经济计量法。

当然，也可用经济计量方法直接得到对各部门产品的消费量，然后汇总，与确定的消费总额比较，做适当调整即可。

3. 确定计划期的投资构成

（1）产品结构法。

直接用报告期投资的产品结构系数确定计划期的投资构成。

（2）投资矩阵法。

第一步，建立投资矩阵。

	1	2	$\cdots$	n	合　计
1	I_{11}	I_{12}	$\cdots$	I_{1n}	F_{I1}
2	I_{21}	I_{22}	$\cdots$	I_{2n}	F_{I2}
$\vdots$	$\vdots$	$\vdots$	$\vdots$	$\vdots$	$\vdots$
n	I_{n1}	I_{n2}	$\cdots$	I_{nn}	F_{In}
合　计	I_1	I_2	$\cdots$	I_n	T_I

其中，I_{ij} 表示报告期第 i 部门给第 j 部门的投资品数量，或第 j 部门在投资中使用的第 i 部门产品数量；F_{Ii} 表示报告期第 i 部门的投资品数量；I_j 表示报告期第 j 部门投资的数量；T_I 表示报告期投资的总额。

第二步，建立投资份额矩阵。

$$K_{ij}=I_{ij}/I_j, \quad i,j=1,2,\cdots,n$$

式中，K_{ij} 表示报告期第 j 部门单位投资所需的第 i 部门产品数量，体现第 j 部门的投资技术结构，它们的和为 1。

第三步，分配投资总额。

将计划期的投资总额 T_I 根据需要分配给各个部门。

$$T_I=\sum_j I_j$$

式中，I_j 表示计划期第 j 部门投资的数量。

第四步，计算计划期投资流量。

计划期投资流量矩阵为：

$$I_{ij} = K\hat{I}$$

式中，$K = K_{ij}$ 为投资份额矩阵，$\hat{I}$ 为：

$$\hat{I} = \begin{bmatrix} I_1 & 0 & \cdots & 0 \\ 0 & I_2 & \cdots & 0 \\ & & \ddots & \\ 0 & 0 & & I_n \end{bmatrix}$$

第五步，计算计划期投资向量。

计划期投资向量为：

$$F_I = KI$$

式中，$I = I_j$ 为计划期各个部门投资数量向量。

【例 5.3】　接【例 5.2】，已知某地区 2022 年投资的产品结构系数为表 5 - 12 的第 1 列数字。假如计划期投资的产品结构系数不变，为表 5 - 12 的第 2 列数字，根据计划期的投资总额 T_I（29 017 亿元），计算计划期的投资 Y_I，见表 5 - 12 的第 3 列数字。

表 5 - 12　计划期的投资　　　　　　　　　　单位：亿元

	投资 d_I^0	投资 d_I	投资 Y_I
农业 1	0.001 2	0.001 2	34
工业 2	0.345 2	0.345 2	10 018
建筑业 3	0.557 7	0.557 7	16 184
运邮仓储业 4	0.005 2	0.005 2	150
商饮业 5	0.024 5	0.024 5	712
服务业 6	0.066 1	0.066 1	1 919

4. 确定计划期各部门的总产出

在已知上述资料的基础上，为利用投入产出模型计算计划期各部门的生产量，还需对投入产出表中的直接消耗系数做出预测。一般在编制中期计划时，可集中修正主要的消耗系数；而在编制长期计划时，则要对消耗系数做全面的修订。利用投入产出模型计算各部门的总产出，其计算公式为：

$$X(t) = (I - A(t))^{-1} F(t)$$

式中，$F(t)$ 表示预测的计划期最终产品列向量；$A(t)$ 表示预测的计划期直接消耗系数矩阵；$X(t)$ 表示计划期为与一定最终产品相适应的各部门生产总量列向量。

由上式计算得到的 $X(t)$,还要与各部门实际的生产能力进行平衡。当生产能力不足时,或是修改最终产品,或是设法挖掘潜力增加生产能力,并要在电子计算机上进行迭代运算,直至得到平衡协调发展的各部门生产计划。

【例 5.4】 接【例 5.3】,已知某地区计划期最终需求的消费和投资的资料为表 5-13 的第 1 和 2 列数字。假如计划期直接消耗系数矩阵 $A(t)$ 不变,不考虑调出调入,计算计划期的最终需求 F,见表 5-13 的第 3 列数字,计算计划期各部门的总产出见表 5-13 的第 4 列数字。

表 5-13 计划期各部门总产出

单位:亿元

	消费 F_C	投资 F_I	最终需求 F	总产出 X
农业 1	2 672	34	2 706	7 323
工业 2	12 176	10 018	22 193	139 142
建筑业 3	643	16 184	16 827	17 088
运邮仓储业 4	521	150	670	4 884
商饮业 5	6 786	712	7 498	12 095
服务业 6	18 186	1 919	20 105	34 954
合 计	40 983	29 017	70 000	215 486

5. 确定计划期中间产品流量

由于已知计划期的直接消耗系数,可通过下列公式计算出计划期的中间产品与部门间流量:

$$(X_{ij}) = A(t)\hat{X}$$

【例 5.5】 接【例 5.4】,已知某地区计划期总产出的资料如上例所示。假如计划期直消耗系数矩阵 $A(t)$ 不变,计算计划期的中间产品流量。

表 5-14 计划期的中间产品流量

单位:亿元

	农业 1	工业 2	建筑业 3	运邮仓储业 4	商饮业 5	服务业 6	合 计
农业 1	886	2 875	212	2	539	103	4 617
工业 2	1 636	95 649	10 561	1 483	1 651	5 969	116 949
建筑业 3	2	30	0	20	26	183	261
运邮仓储业 4	129	2 163	602	370	387	562	4 214
商饮业 5	53	2 469	487	131	358	1 097	4 596
服务业 6	216	5 379	1 148	583	1 892	5 631	14 848
合 计	2 922	108 565	13 011	2 589	4 853	13 546	145 486

6. 编制计划期的投入产出表

把上述资料汇集起来,就可以编制计划期的投入产出表。

【例 5.6】　接【例 5.5】,已知某地区计划期的资料如【例 5.1】至【例 5.5】所示,最初投入结构系数与该地区 2022 年投入产出最初投入结构系数相同。编制 2027 年计划期的投入产出表。

表 5－15　某地区 2027 年计划期的投入产出表　　　　　　　　　　单位:亿元

	1	2	3	4	5	6	小　计	消费 F_C	投资 F_I	最终 F	总产出 X
农业 1	886	2 875	212	2	539	103	4 617	2 672	34	2 706	7 323
工业 2	1 636	95 649	10 561	1 483	1 651	5 969	116 949	12 176	10 018	22 193	139 142
建筑业 3	2	30	0	20	26	183	261	643	16 184	16 827	17 088
运输仓储业 4	129	2 163	602	370	387	562	4 214	521	150	670	4 884
商饮业 5	53	2 469	487	131	358	1 097	4 596	6 786	712	7 498	12 095
服务业 6	216	5 379	1 148	583	1 892	5 631	14 848	18 186	1 919	20 105	34 954
小计	2 922	108 565	13 011	2 589	4 853	13 546	145 486	40 983	29 017	70 000	215 486
劳动者报酬 v	4 372	11 399	2 193	611	1 861	7 562	27 998				
固定资产折旧 d	29	4 226	246	632	524	4 511	10 187				
生产税净额 t	0	4 999	677	163	1 165	1 947	8 950				
营业盈保 s	0	9 955	943	890	3 691	7 386	22 865				
增加值合计 G	4 401	30 578	4 077	2 295	7 241	21 407	70 000				
总投入 X	7 323	139 142	17 088	4 884	12 095	34 954	215 486				

可以看到,投入产出表主要是提供了如何从最终产品出发来进行综合平衡的方法与工具。它从已经确定的满足需要的要求出发来制定计划。这里既包括为提高人民生活水平对消费品的需要,又包括今后扩大再生产对生产资料的需要,从发展生产的目的与手段相互结合的角度来考虑计划的制定。

但从上述平衡过程也可以看出,在利用投入产出表来编制计划以前,就先要根据历史资料、今后科学技术与经济发展的前景、人口变化等情况来确定人民基本消费与社会消费增长的指标,还要确定计划期的消费结构系数。与此同时,也要确定计划期投资与消费的合理比例与投资系数,这样才有可能利用投入产出表做平衡计算,使国民经济在既定的目标下保持平衡发展。要使计划期人民消费水平的指标定得科学、合理,必须另外建立说明消费水平与结构的模型,其数据可以通过对人口增长、人民基本生活需要的科学计算,以及分析历史的消费结构等方法来得到。

5.1.4　投入产出法调整计划

国民经济各部门之间存在一定数量上的比例关系,这种比例关系又在不断变化。

技术的进步、老产品被淘汰,都会破坏原来的比例关系,产生新的比例关系;同时由于原先预料不到的原因,某些部门的生产任务破坏了原来的计划任务,这些都影响了原来的计划,因此,需要对原来计划进行适当的调整。投入产出表为调整计划提供了有效的途径。

1. 最终需求变动调整计划

在计划执行过程中,由于情况的变化,需要对原有计划做出调整。但是国民经济是一个有机整体,计划的调整有时虽然仅直接涉及某一个或某几个部门,但由于这些部门产出的变化,也会对其他部门产生直接或间接的影响,所以会造成牵一发而动全身的局面。如果用常规方法来调整计划,只可能计算直接影响,而无法根据间接影响关系做出全面的计算与调整。利用投入产出模型,则可以在调整某些部门的局部计划时,计算出国民经济各部门需要同时调整的情况,所以可用来检验调整计划的协调性。例如,当发现某些部门生产的最终产品有缺口或多余时,计划就需要修正。如何使修正后的计划仍能保持协调,或者对已经做出修正的计划进行协调性检验,都可以利用投入产出模型。对某一部门最终产品需要量的变化,同时会引起各部门产量的连续变化,用下述公式就可以做出计算。

$$\Delta X = (I - A)^{-1} \Delta F$$

2. 部分总产出发生变动调整计划

① 一个部门总产出发生变动。

设第 n 个部门产出要变动 ΔX_n,可用下式计算对其他 $(n-1)$ 个部门产出的影响。其计算公式为:

$$\Delta X_{n-1} = (I - A_{n-1})^{-1} R_n \Delta X_n$$

式中,ΔX_{n-1} 为第 1 至第 $(n-1)$ 部门产出的增加额列向量;A_{n-1} 为原 n 个部门直接消耗系数矩阵去除第 n 行第 n 列后,形成的新的消耗系数矩阵;R_n 为原直接消耗系数矩阵 A 中第 n 列元素不包括第 n 行组成的列向量。上式计算的是当 n 部门产出变动 ΔX_n 时,在其他条件不变的情况下,要保持国民经济平衡发展,其他 $(n-1)$ 个部门需要变动产出的数量。

若是用列昂惕夫逆矩阵 $B = (I - A)^{-1} = b_{ij}$,可用下式来做计算。

$$\Delta X_{n-1} = B_n \frac{1}{b_{nn}} \Delta X_n$$

式中,B_n 为 $(I-A)^{-1}$ 中第 n 列元素不包括第 n 行组成的列向量。b_{nn} 为 $(I-A)^{-1}$ 中第 n 列第 n 行元素。

(2) k 个部门总产出发生变动。

设第 $(n-k+1)$ 至 n 部门共 k 个总产出要变动,对其他 $(n-k)$ 个部门总产出的影响,在这 $(n-k)$ 个部门最终产品不变情况下,可用下式计算:

$$\Delta X_{n-k} = (I - A_{11})^{-1} A_{12} \Delta X_k = B_{12} B_{22}^{-1} \Delta X_k$$

式中，ΔX_{n-k} 为第 1 至第 $(n-k)$ 部门产出的变动额列向量；ΔX_k 为第 $(n-k+1)$ 至第 n 部门共 k 个总产出变动额列向量；A_{11} 为原 n 个部门直接消耗系数矩阵去除后 k 行后 k 列后，形成的新的矩阵；A_{12} 为原 n 个部门直接消耗系数矩阵去除后 k 行前 $(n-k)$ 列后，形成的新的矩阵；B_{12} 为原 n 个部门列昂惕夫逆矩阵 $(I - A)^{-1}$ 去除后 k 行前 $(n-k)$ 列后，形成的新的矩阵；B_{22} 为原 n 个部门列昂惕夫逆矩阵去除前 $(n-k)$ 行前 $(n-k)$ 列后，形成的新的矩阵。上式计算的是当后 k 个部门产出变动 ΔX_k 时，在其他条件不变的情况下，要保持国民经济平衡发展，其他 $(n-k)$ 个部门需要变动产出的数量。

【例 5.7】　接【例 5.6】，已知某地区 2027 年计划期的投入产出表如表 5-15 所示。假如工业部门的最终产品要增加 100 亿元，计算计划期各部门的总产出增加量（见表 5-16）。

表 5-16　计划期各部门的总产出增加量　　　　　　单位:亿元

	逆矩阵 B_2	增加的 ΔF	总产出 ΔX
农业 1	0.085 7	0	8.57
工业 2	3.461 0	100	346.10
建筑业 3	0.002 2	0	0.22
运邮仓储业 4	0.065 6	0	6.56
商饮业 5	0.071 8	0	7.18
服务业 6	0.185 4	0	18.54
合　计	3.871 7	100	387.17

【例 5.8】　接【例 5.6】，已知某地区 2027 年计划期的投入产出表如表 5-15 所示。假如工业部门和运邮仓储部门的总产出分别增加 100 亿元和 50 亿元，计算计划期其他各部门的总产出增加量（见表 5-17）。

表 5-17　计划期其他各部门的总产出增加量　　　　　　单位:亿元

	总产出 ΔX
农业 1	2.60
建筑业 3	0.30
商饮业 5	3.65
服务业 6	12.52
合　计	19.07

【例 5.9】　已知 $A = (a_{ij})_{5 \times 5}$，$B = (I - A)^{-1} = (b_{ij})_{5 \times 5}$ 若第 2 和第 4 部门总产出要调整为 ΔX_2 和 ΔX_4，在其余 3 个部门最终产品不变情况下，用两个公式计算其余 3 个部门的总产出变动。

计算结果为:

$$\begin{bmatrix} \Delta X_1 \\ \Delta X_3 \\ \Delta X_5 \end{bmatrix} = \begin{bmatrix} 1-a_{11} & -a_{13} & -a_{15} \\ -a_{31} & 1-a_{33} & -a_{35} \\ -a_{51} & -a_{53} & 1-a_{55} \end{bmatrix}^{-1} \begin{bmatrix} a_{12} & a_{14} \\ a_{32} & a_{34} \\ a_{52} & a_{54} \end{bmatrix} \begin{bmatrix} \Delta X_2 \\ \Delta X_4 \end{bmatrix}$$

$$\begin{bmatrix} \Delta X_1 \\ \Delta X_3 \\ \Delta X_5 \end{bmatrix} = \begin{bmatrix} b_{12} & b_{14} \\ b_{32} & b_{34} \\ b_{52} & b_{54} \end{bmatrix} \begin{bmatrix} b_{22} & b_{24} \\ b_{42} & b_{44} \end{bmatrix}^{-1} \begin{bmatrix} \Delta X_2 \\ \Delta X_4 \end{bmatrix}$$

5.2　投入产出核算

国民经济核算体系是在一定经济理论的指导下,综合应用统计、会计、数学等方法,为测定一个国家(地区、部门)在特定时期内的经济活动(经济流量)和特定时点上的经济成果(经济存量)所构成的一个相互联系的系统。这个核算体系的各项总量指标及其组成,描述了国民经济的结构和联系,反映了生产、分配、交换和消费的各个领域和各个部门,是进行经济分析、经济预测和决策研究的重要依据。国民经济核算体系是以整个国民经济为对象的宏观核算。它源于统计、会计、业务核算,是对三大核算的综合。国民经济核算体系是对国民经济运行过程及其结果进行全面计算和描述的宏观经济信息系统。

投入产出法与国民经济核算的结合,发端于1950年在荷兰召开的第一次投入产出技术国际会议,是在丁伯根的推动下,由斯通提出来的。1962年,斯通根据英国的资料为国民经济核算编制了一个矩阵,这一工作为国民经济核算体系(SNA)引入投入产出法提供了经验。把投入产出法引入SNA是修订1953年出版的旧《国民经济核算体系》的一项重要内容。

5.2.1　投入产出表在核算体系中的地位

随着国民经济核算的发展,尤其是产业部门及产品分类体系的建立,出于对产品流量核算的需要,投入产出核算作为生产总量核算的延伸,很自然地成为国民经济核算体系的一部分。它主要利用投入产出表来反映部门间的生产联系、国民经济的生产结构等。

中国国民经济核算体系的建立和发展,走过了漫长而艰难曲折的道路。回顾其建立与发展的历史过程,大体可分为三个阶段。

第一阶段,中华人民共和国成立初期的1952年至1984年。这一阶段采用的是物质产品平衡表体系(MPS),它是当时高度集中的计划经济管理体制下的历史产物。

第二阶段,1985年至2002年。这一阶段是MPS和SNA两种核算体系共存阶段。当时采用两种体系相互并存的方式,主要是因为当时中国实行的是有计划的商品经济。加之,国际上苏联、东欧等国家仍继续采用MPS体系。应当说,这两种体系共存的现象,深深打上了当时社会经济发展水平和经济理论发展制约的烙印,有着特殊的历史背景。1992 年,中国在参照国际标准的基础上,成功地研制出符合中国实际的、能够把两种核算体系相互转换的《中国国民经济核算体系试行方案(1992)》并付诸实施,从而较好地解决了从计划经济向社会主义市场经济转换时期的核算问题。在这一阶段,国家统计局不仅发布以 MPS 的"国民收入"为核心指标的系列核算数据,同时还发布以 SNA 的"国内生产总值"为核心指标的系列核算数据,并且成功地解决了不同历史阶段国民核算资料的相互衔接问题。

第三阶段,1993 年至今。这一阶段取消了 MPS,采用 SNA 基本核算框架、核算原则和方法,并结合中国的实际建立中国新国民经济核算体系的时期,也可称之为与国际接轨时期。在此阶段,为了适应中国改革开放新形势发展及宏观经济管理的需要,中国新国民经济核算体系以联合国 1993 年 SNA 为基础,结合中国的具体情况,设计和编制了国内生产总值及其使用表、投入产出表、资金流量表、资产负债表、国际收支平衡表和一套国民经济循环账户,同时取消了 MPS 的国民收入等有关指标。从上述进程中不难看出,中国国民经济核算体系的改革与发展是伴随中国经济体制的改革而循序进行的。

新中国成立以来,我国国民经济核算体系随着经济体制的发展发生了相应的变化,以适应不同经济体制下宏观决策和宏观监督的需要。整个变化过程大致分为三个阶段:

(1) 1952—1984 年,适应计划经济体制的需要,重点采用了 MPS 中的内容。

(2) 1985—1992 年,适应经济体制向有计划商品经济体制转换的需要,试行对 SNA 与 MPS 兼收并蓄的国民经济核算体系。

(3) 1993 年以后,适应社会主义市场经济体制的需要,正在建立与联合国 1993 年新修订的 SNA 接轨的中国国民经济核算体系。

我国新国民经济核算体系由社会再生产核算表和经济循环账户两大部分组成。社会再生产核算表包括五张基本表和七张补充表。

基本表包括国内生产总值及其使用表、投入产出表、资金流量表、国际收支平衡表和资产负债表。国内生产总值及其使用表以国内生产总值为核心指标,对社会生产和使用进行全面系统的核算;投入产出表侧重反映国民经济各部门之间的投入产出关系,揭示生产过程中各部门之间相互依存和相互制约的经济技术联系;资金流量表着重反映全社会各种资金在各部门之间的分配流量和流向以及各部门投资资金的筹集情况;国际收支平衡表反映国家(或地区)对外经济交往情况;资产负债表则是对全社会非金融资产和金融资产的存量规模及其在各部门的分布状况进行全面核算。

补充表包括人口平衡表、劳动力平衡表、自然资源表、主要商品资源与使用平衡表、企业部门产出表、企业部门投入表、综合价格指数表和财政信贷资金平衡表。

经济循环账户是运用账户核算方法对国民经济运行过程进行全面系统的描述,它包括经济总体账户、机构部门账户及产业部门账户。

这些表式的相互关系是社会再生产核算表保持了五个子体系的相对独立性,每张表侧重于对国民经济运行过程中某一方面的完整描述,是对经济循环账户在某些方面的具体化和延伸。经济循环账户把社会再生产核算表中各种流量和存量的基本指标连接起来,形成一套逻辑严密、结构严谨的账户体系,系统地描述国民经济循环过程及国民经济各部门间的内在联系。

5.2.2 投入产出核算

投入产出核算是中国国民经济核算体系的一个重要组成部分。投入产出表是反映、研究和分析社会再生产过程中各领域(生产、分配、交换、消费)之间、国民经济各部门之间及其与国际间的经济技术联系的主要方法之一。它体现了社会总供给与总需求、国民收入的分配与再分配、产业结构、积累与消费、中间产品与最终产品等国民经济重要比例关系等,是加强国民经济综合平衡、提高宏观管理水平、加速经济决策科学化的重要工具。

投入产出表是一种棋盘式平衡表,按表式分为四个象限。第Ⅰ象限是由名称相同、排列次序相同、数目一致的几个产品部门纵横交叉而成的,其主栏为中间投入,宾栏为中间使用,它可提供国民经济各部门之间相互依存、相互制约的技术经济联系资料,反映国民经济各部门之间相互依赖、相互提供劳动对象供生产和消耗的过程。这种联系主要是由一定时期生产条件和经济条件所决定的。这一部分是投入产出表的核心,表中的每个数字都具有双重意义:横向表明第 i 产业部门的产品或服务提供给第 j 产品部门使用的数量;纵向表明第 j 产品部门在生产过程中消耗第 i 产品部门的产品或服务的数量。

第Ⅱ象限的主栏和第Ⅰ象限的主栏相同,也是 n 个产品部门;其宾栏是总消费、总投资、进出口等各种最终使用。这一部分是各生产部门提供的各种最终产品的使用数量,反映了各种最终使用构成,体现了国内生产总值经过分配和再分配的最终结果。

第Ⅲ象限的主栏是固定资产折旧、劳动者报酬、生产税净额、营业盈余等各种最终投入;其宾栏与第Ⅰ象限宾栏相同,也是 n 个产品部门。这一部分反映各产品部门的最初投入(即增加值)的构成情况,体现了国内生产总值的初次分配。

第Ⅰ象限和第Ⅲ象限联结在一起,可提供国民经济各部门产品在生产经营活动中的投入情况资料,反映了国民经济各部门产品或服务的价值形成过程。

随着我国投入产出表编制技术日趋成熟,投入产出分析在宏观、中观和微观分析应用工作中取得了重要成果。特别是在宏观调控、制定重大经济政策方面发挥了巨大作用。1990 年,国家统计局利用 1987 年投入产出表,对当时的国民经济指标和 1990 年国民经济计划安排进行了定量分析,提出了在坚持"双紧"的方针下,适度扩大即期需求,以启动经济适度增长的建议。这一观点或建议被国务院采纳,对当时促进经济的回升、启动市场起到了非常重要的作用;此外,投入产出模型还为价格改革与调整提供了重要依据;为制定年度计划、"八五"规划与十年长远规划提供了工具;为制定分配政策、能源政策与规划、投资政策、环保规划等专项研究提供了系统的基础数据。

实验 5.1　投入产出计划方法

一、实验目的

掌握投入产出分析用于预测与计划的方法。

二、实验内容

(1) 各部门产出的预测。

(2) 计划方案的调整。

三、实验时间

2 学时。

四、实验软件

Excel 软件。

五、实验要求

(1) 自主确定 GDP 和投资率,但要有依据。

(2) 实验报告里注意对两张投入产出表以及计算的 GDP 与外生变量 GDP 的对比分析。

六、实验步骤

本实验以某地区 2017 年和 2022 年投入产出表及基本系数表为基础,从最终产品出发,编制计划期 2027 年投入产出表及其调整方案,为预测未来计划期国民经济的发展或是某一部门的发展提供依据。

1. 调出工作文件

(1) 开机进入 Excel。

(2) 将 19 部门投入产出表中的投入产出表及直接消耗系数和列昂惕夫逆系数(2017 年和 2022 年)拷贝到一个新文件(自己命名即可)。注意:拷贝时可能要和 42 部门投入产出表一起拷贝。

2. 编制计划期投入产出表

(1) 确定计划期的消费、投资总额与 GDP。

输入外生变量 GDP 和投资率。根据公式"国内生产总值＝最终消费＋资本形成总额＋输出－输入",选择一个单元格,输入"＝",选取总消费,输入"＋",选取总投资,输入"＋",选取输出,输入"－",选取输入,计算 2017 年的 GDP,用同样的方法计算 2022 年的 GDP。

计划期投资率是用某地区 2017 年 19 部门投入产出表的投资率和 2022 年 19 部门投资率的加权平均来确定,即计划期投资率 a＝(2017 年总投资/2022 年扣除净输出的

GDP+2022 年总投资/2022 年扣除净输出的 GDP)/2=(47 629 036.48 万元/120 495 379.03 万元+111 488 768.01 万元/263 155 997.22)/2=0.409 468 62。

根据 2022 年与 2017 年 GDP 的数据,我们可以先算出 GDP 在这 5 年中的增长率(名义),并假设 2022 年至 2027 年 GDP 的增长率保持不变,从而预测 2027 年的 GDP 总量。即假定 2027 年到计划期的增加值增长率(GDP22−GDP17)/GDP17 不变,实际计算时应扣除净输出,计划期扣除净输出的 GDP=(1+GDP 增长率)×2022 年扣除净输出的 GDP=(2022 年扣除净输出的 GDP/2017 年扣除净输出的 GDP)×2022 年扣除净输出的 GDP=(263 155 997.22 万元/120 495 379.03 万元)×263 155 997.22 万元=574 719 789.51(万元)。

则计划期的消费总额 T_C 与投资总额 T_I 分别为:

$$T_C = (1-\alpha)\text{GDP}(扣除净输出) = 339\ 390\ 068.98(万元)$$

$$T_I = \alpha\text{GDP}(扣除净输出) = 235\ 329\ 720.53(万元)$$

(2) 确定计划期的消费构成和投资结构。

利用某地区 2017 年 19 部门投入产出表和 2022 年 19 部门投入产出表计算消费弹性系数,收入增长率用最初投入里的劳动报酬项。

根据报告期消费的产品结构系数 d_{Ci}^0 做适当修正,可以作为计划期的消费结构系数。收入的消费弹性系数为:

$$e_i = \frac{\Delta F_{Ci}/F_{Ci}}{\sum_j \Delta V_j/V}, \quad i=1,2,\cdots,n$$

式中,e_i 表示第 i 部门的消费弹性系数;V 表示劳动报酬;ΔV_j 表示第 j 部门劳动报酬增量;F_{Ci} 表示第 i 部门消费品数量;ΔF_{Ci} 表示第 i 部门消费品增量。

用 2022 年投入产出表中的总消费 F_C 减去 2017 年投入产出表中的总消费 F_C,得到 ΔF_{Ci}。用 ΔF_{Ci} 除以 2017 年的总消费 F_C,得到 $\Delta F_{Ci}/F_{Ci}$。2017 年和 2022 年的收入用最初投入里的劳动报酬项,用 2022 年的收入额减去 2017 年的收入额得到 $\Delta V=$ 120 534 529.30−60 017 671.17=60 516 858.13(万元)。用 ΔV 除以 2017 年的收入得到 $\Delta V/V=1.008\ 3$。

再利用消费弹性系数计算计划期消费结构。计划期消费的产品结构系数为:

$$d_{Ci} = d_{Ci}^0(1+e_iR)$$

式中,R 表示计划期劳动报酬增长率,它可以用消费增长率或国内生产总值增长率代替。由于修正后的 d_{Ci} 的和 $\sum_i d_{Ci}$ 一般不等于 1,所以可调整为 $d_{Ci}/\sum_i d_{Ci}$ 即可。

上式中,d_{Ci}^0 表示 2022 年消费的产品结构系数,R 表示计划期劳动报酬增长率,假定还是 1.008 3。计算 e_i 和 d_{Ci}(见实验表 5-1-1)。

实验表 5 - 1 - 1 收入的消费弹性系数和消费的产品结构系数

部 门	1	2	3	4	5	6	7	8	9	10
e_i	0.42	34.09	0.72	0.28	−0.45	2.09	1.6	3.29	2.94	4.83
d_{Ci}	0.049 6	0.063 8	0.048 5	0.011 2	0.001 3	0.045 4	0.005 5	0.004 3	0.056 6	0.085 6
部 门	11	12	13	14	15	16	17	18	19	
e_i	3.29	−0.65	0.71	24.64	0.43	1.73	2.02	2.07	0.88	
d_{Ci}	0.034 7	0.000 3	0.013 8	0.088 9	0.009 7	0.126 3	0.050 5	0.085 2	0.218 8	

假定计划期投资的产品结构系数 d_{Ii} 不变,利用 2022 年表的总投资结构系数计算计划期投资结构。经计算 d_{Ci} 见实验表 5 - 1 - 2。

实验表 5 - 1 - 2 计划期投资的产品结构系数

部 门	1	2	3	4	5	6	7	8	9	10
d_{Ii}	0.001 2	0.008 1	0.006 9	0.008 1	0.010 2	0.002 9	0.004 4	0.023 1	0.136 7	0.032 5
部 门	11	12	13	14	15	16	17	18	19	
d_{Ii}	0.101 3	0.004 7	0.006 2	0.557 7	0.005 2	0.024 5	0.000 0	0.050 8	0.015 4	

而最终需求的产品结构就是分析最终需求的产品结构,其系数为:

$$d_L = \frac{F_L}{\sum_i f_{Li}}, \quad L = C, I$$

式中,分别表示最终消费、资本构成产品结构系数向量;F_C,F_I 分别表示最终消费、资本构成产品向量;f_{Ci},f_{Ii} 力分别表示第 i 部门的最终消费、资本构成产品数量。

由 T_C,T_I,d_{Ci},d_{Ii} 我们可以得到计划期的消费结构 F_C、投资结构 F_I(见实验表 5 - 1 - 3)。

实验表 5 - 1 - 3 计划期的消费结构和股权结构

部门	1	2	3	4	5	6	7
F_{Ci}	16 835 131. 29	21 655 866. 37	16 474 718. 83	3 789 451. 74	425 816. 30	15 415 688. 39	1 873 869. 40
F_{Ii}	275 011. 48	1 910 679. 20	1 631 418. 40	1 897 250. 05	2 407 196. 86	691 637. 02	1 042 958. 56
部门	8	9	10	11	12	13	14
F_{Ci}	1 446 546. 98	19 200 971. 33	29 066 158. 38	11 773 916. 09	116 864. 61	4 685 184. 15	30 181 504. 69
F_{Ii}	5 442 205. 15	32 175 411. 95	7 648 232. 56	23 843 573. 69	1 095 051. 87	1 458 189. 91	131 255 074. 33
部门	15	16	17	18	19		
F_{Ci}	3 279 227. 37	42 870 110. 59	17 155 525. 85	28 899 509. 32	74 244 007. 29		
F_{Ii}	1 214 147. 99	5 774 703. 26	0. 00	11 950 378. 20	3 613 300. 06		

(3) 确定计划期输出结构。

利用输出增长率计算计划期输出结构,各部门输出增长率＝(2022 年该部门的输出－2017 年该部门输出)/2017 年该部门的输出,计划期输出结构 F_E＝输出增长率×2022 年各部门的输出(见实验表 5-1-4)。

实验表 5-1-4　计划期输出结构

部门	1	2	3	4	5	6	7
F_{Ei}	1 206 477.4	28 376 166.9	35 479 315.6	169 746 762.2	66 752 613.4	168 338 696.0	31 762 292.0
部门	8	9	10	11	12	13	14
F_{Ei}	100 151 626.6	440 383 213.6	45 423 130.8	299 915 102.8	95 425 746.0	1 547 540.3	0.00
部门	15	16	17	18	19		
F_{Ei}	14 954 585.6	25 447 552.8	0.00	0.00	7 906 611.6		

(4) 确定计划期各部门总产出。

在已知上述资料的基础上,用 2022 年表的输入系数,运用公式:

$$X = [I - (I - \hat{M})A]^{-1}[(I - \hat{M})F_D + F_E]$$

确定计划期各部门总产出。

用 2022 年投入产出表中的输入/(总产出＋输入－输出),得到 2022 年表的输入系数 m_i 第 9 部门为 1.131 457,大于 1,不合理,说明假定输出不含输入不对,改为 2022 年投入产出表中的输入/(总产出＋输入),得到 2022 年表的输入系数 m_i,如实验表 5-1-5 第一行数字。当然,此时上式输出 F_E 也应乘以 $(I - \hat{M})$。以输入系数为主对角元素,得到对角矩阵 $\hat{M}$,再计算 $(I - \hat{M})$。计算计划期的本地最终需求 F_D 等于消费与投资之和,再加输出 F_E 得到 F;且假定计划期直接消耗系数矩阵 A 不变,即为2022 年 19 部门的直接消耗系数矩阵。

则运用修改的上述公式可得到计划期各部门总产出 X(见实验表 5-1-5)。

实验表 5-1-5　各部门 2022 年表的输入系数与计划期总产出

部门	1	2	3	4	5	6	7
m_i	0.242 344	0.737 351	0.223 426	0.323 828	0.179 592	0.394 269	0.108 362
X_i	50 626 307.05	37 635 662.75	63 559 103.56	180 712 747.41	120 519 533.59	276 655 935.94	77 935 853.20
部门	8	9	10	11	12	13	14
m_i	0.380 456	0.459 614	0.287 645	0.342 328	0.279 804	0.137 207	0.334 071
X_i	223 948 763.32	372 947 850.29	93 457 347.57	435 181 759.21	96 478 792.11	112 592 604.31	109 261 839.94

续　表

部门	15	16	17	18	19		
m_i	0.084 237	0.100 017	0.000 000	0.000 000	0.000 059		
X_i	64 337 841.37	115 960 631.84	75 215 126.37	65 566 415.17	170 139 504.81		

（5）确定计划期中间产品流量。

已知计划期的直接消耗系数为 2022 年 19 部门的直接消耗系数,通过下列公式计算出计划期的中间产品与部门间流量:

$$(x_{ij}) = A\hat{X}$$

式中,$\hat{X}$ 是对角矩阵,主对角元素由 X 各元素组成,流量矩阵的行和中间使用和列和中间投入见实验表 5-1-6。

实验表 5-1-6　流量矩阵的行和中间使用和列和中间投入

部门	1	2	3	4	5	6	7
中间使用	48 503 053.54	91 349 696.54	28 260 071.61	91 825 160.69	77 316 261.83	272 284 695.64	52 728 349.33
中间投入	20 199 811.10	16 115 508.36	47 347 163.88	125 251 766.63	92 982 024.50	215 780 339.05	58 773 684.51

部门	8	9	10	11	12	13	14
中间使用	254 432 962.22	198 390 625.17	49 057 322.01	326 167 629.00	37 324 144.88	122 806 876.36	2 637 650.78
中间投入	184 313 123.34	300 046 166.11	73 569 379.07	365 482 093.81	65 886 796.03	78 278 671.03	83 194 674.38

部门	15	16	17	18	19		
中间使用	50 808 035.54	54 755 234.40	58 059 600.52	24 716 527.65	84 382 375.25		
中间投入	34 100 942.53	46 532 460.75	29 205 001.65	12 538 466.57	76 208 199.65		

（6）确定计划期最初投入结构和输入结构。

假定某地区计划期最初投入结构系数与 2022 年 19 部门投入产出最初投入结构系数相同,则计划期最初投入各行向量等于最初投入结构系数与相应各部门增加值的乘积。其中,各部门增加值 G_i 则等于该部门的总投入(总产出)减去该部门的总的中间投入。而各部门输入等于其中间使用加最终使用减总产出。各部门增加值和输入见实验表 5-1-7。

实验表 5-1-7　各部门增加值和输入

部门	1	2	3	4	5	6	7
增加值	30 426 495.95	21 520 154.39	16 211 939.67	55 460 980.77	27 537 509.09	60 875 596.89	19 162 168.68
输入	16 193 366.97	105 656 746.3	18 286 420.85	86 545 877.31	26 382 354.75	180 074 781.1	9 471 616.12
部门	8	9	10	11	12	13	14
增加值	39 635 639.98	72 901 684.18	19 887 968.5	69 699 665.41	30 591 996.08	34 313 933.28	26 067 165.55
部门	8	9	10	11	12	13	14
输入	137 524 577.6	317 202 371.8	37 737 496.2	226 518 462.3	37 483 015.29	17 905 186.4	54 812 389.87
部门	15	16	17	18	19		
增加值	30 236 898.85	69 428 171.08	46 010 124.71	53 027 948.6	93 931 305.16		
输入	5 918 155.1	12 886 969.26	0	0	10 089.33		

把上述资料汇集起来就编制出计划期的投入产出表。

3. 调整计划

国民经济各部门之间存在一定数量上的比例关系,这种比例关系又在不断地变化。技术的进步,老产品被淘汰,都会破坏原来的比例关系,产生新的比例关系;同时由于预料不到的原因,某些部门新的生产任务破坏了计划任务,这些都影响了原来的计划,因此,需要对原来的计划进行适当的调整。投入产出表为调整计划提供了有效的途径。

(1) 部分总产出发生变动调整计划。

设第 $(n-k+1)$ 至 n 部门共 k 个总产出要变动,对其他 $(n-k)$ 个部门总产出的影响,在这 $(n-k)$ 个部门最终产品不变情况下,可用下式计算:

$$\Delta X_{n-k} = (I-A_{11})^{-1} A_{12} \Delta X_k = B_{12} B_{22}^{-1} \Delta X_k$$

式中,ΔX_{n-k} 为第 1 至第 $(n-k)$ 部门产出的变动额列向量;ΔX_k 为第 $(n-k+1)$ 至第 n 部门共 k 个总产出变动额列向量;A_{11} 为原 n 个部门直接消耗系数矩阵去除后 k 行后 k 列后,形成的新的矩阵;A_{12} 为原 n 个部门直接消耗系数矩阵去除后 k 行前 $(n-k)$ 列后,形成的新的矩阵;B_{12} 为原 n 个部门列昂惕夫逆矩阵 $(I-A)^{-1}$ 去除后 k 行前 $(n-k)$ 列后,形成的新的矩阵;B_{22} 为原 n 个部门列昂惕夫逆矩阵去除前 $(n-k)$ 行前 $(n-k)$ 列后,形成的新的矩阵。上式计算的是当后 k 个部门产出变动 ΔX_k 时,在其他条件不变的情况下,要保持国民经济平衡发展,其他 $(n-k)$ 个部门需要变动产出的数量。

修改部分部门的总产出,根据上述公式计算当石油及化工业,金属冶炼及加工业,电子信息业和电力、燃气及水的生产和供应业等四产业部门的总产出增长 10% 时,在其他条件不变的情况下,要保持国民经济平衡,其他各部门需要变动产出的数量。其中,B_{12} 为某地区计划期 19 部门逆矩阵 $[I-(I-\hat{M})A]^{-1}$(和 2022 年 19 部门的逆矩阵相同)去掉第 6、第 8、第 11、第 13 行和第 1、第 2、第 3、第 4、第 5、第 7、第 9、第 10、第 12、第 14、第 15、第 16、第 17、第 18、第 19 列后形成的新矩阵；B_{22} 为计划期 19 部门列昂惕夫逆矩阵去掉第 1、第 2、第 3、第 4、第 5、第 7、第 9、第 10、第 12、第 14、第 15、第 16、第 17、第 18、第 19 行和第 1、第 2、第 3、第 4、第 5、第 7、第 9、第 10、第 12、第 14、第 15、第 16、第 17、第 18、第 19 列后，形成的新矩阵。即 B_{12} 是逆矩阵中保留变化列去掉变化行的矩阵，而 B_{22} 为列与行都变化的矩阵。

增长 10% 后的总产出减去原总产出，得到第 6、第 8、第 11、第 13 部门的 ΔX 为 27 665 593.59 万元、22 394 876.33 万元、43 518 175.92 万元、11 259 260.43 万元。粘贴矩阵 B_{12}、B_{22}，求出 B_{22} 的逆矩阵。

通过公式 $\Delta X_{n-k}=(I-A_{11})^{-1}A_{12}\Delta X_k=B_{12}B_{22}^{-1}\Delta X_k$，计算出其他 15 个部门的 ΔX 分别为 461 641.43 万元、1 963 985.46 万元、278 521.29 万元、452 350.95 万元、1 554 770.75 万元、947 303.68 万元、2 661 306.86 万元、280 579.22 万元、867 547.15 万元、42 648.78 万元、1 677 433.97 万元、2 003 835.42 万元、2 056 538.88 万元、757 015.98 万元、2 959 197.29 万元。

（2）计算新计划方案。

根据计划期 19 部门所增加的总产出计算它们所增加的最终产品 ΔF，公式为：$[I-(I-\hat{M})A]\Delta X=\Delta F$。利用该公式计算 ΔF，实际上除第 6、第 8、第 11、第 13 部门外其他都为 0，而该四个部门的 ΔF 分别为 17 204 817.62 万元、13 881 569.10 万元、25 187 532.41 万元、4 856 635.39 万元。然后将得到的最终产品冲减输入，重新编一个投入产出表。

在计划期投入产出表的基础上调整计划重新编制投入产出表与编制计划期投入产出表步骤是不同的，具体如下：

第一步，确定新的计划期中间产品流量，这与编制计划期投入产出表相同，只是要用新的总产出 X。

第二步，确定新的计划期最初投入结构，这也与编制计划期投入产出表相同，也是要用新的总产出（投入）X。

第三步，新的计划期最终需求与原计划期相同保持不变（不包括输入），所谓冲减输入就是在第 6、第 8、第 11、第 13 部门主动增加总产出的情况下，除了一部分用于中间使用外剩下的必然增加最终使用，这当然就削减了输入。而被动增加总产出的部门不会增加最终使用，增加部分全部用来补偿中间使用。

第四步，确定新的计划期输入结构，各部门输入等于其中间使用加最终使用减总产出。可以发现，第 6、第 8、第 11、第 13 部门的输入确实比计划期减少了，但并没有减少像上面计算的 ΔF 那样多，而其他部门的输入都增加了，这都是由于各部门总产出增加的原因。还可以发现，第 6、第 8、第 11、第 13 部门的输入系数变小了，而其他部门的输入系数不变。

第五步，根据上面计算的结果可以编制新的计划期投入产出表。

第6章　国民经济管理的投入产出分析

国民经济管理是政府对国民经济运行所施加的一种影响,或进行的直接管理,或对其进行的间接性的调控。国民经济管理从市场经济运行规律出发,直接研究制定什么政策,才能实现政府提出的经济运行的目标。国民经济管理涉及的主要政策有财政政策、货币政策、价格政策、产业政策等。要研究国民经济管理,必须首先研究一定体制下国民经济运行的规律。国民经济运行的规律极其复杂,管理者提出的调控措施,其作用机理也十分复杂,有时不同措施间还有摩擦和冲突。国民经济管理主要是研究政府关于经济运行的管理活动,其管理者是政府,管理对象是整个国民经济的运行,社会主义市场经济条件下的国民经济管理属于调控型的管理。

定性与定量研究相统一,是现代科学发展的趋势,适用于一切学科,是一切科学走向精细、准确的重要标志。投入产出分析可以用于定量研究国民经济管理,它研究的方法就是通过建模与计算机运算来模仿客观存在的真实事物,并将计算出的不同方案做比较,说明"如果这样,将会怎样"的问题,再从多方案中选择一个优化方案,这个全过程称为模拟。政策模拟则是利用模型来对政策的实施结果做试验,以便说明不同经济政策带来的后果与影响。

由于投入产出模型反映了国民经济各部门、再生产各环节间的内在联系,当把与各种经济政策有关的一些变量,如价格、工资、税收等,作为已知的控制变量时,利用该模型就能模拟各种不同经济政策可能带来的结果。而利用这些模拟资料,能为制定经济政策提供依据。

6.1　价格政策的投入产出模拟

我国要建立社会主义市场经济体制,价格是一个重要的经济调节杠杆,国家可以通过计划有意识地使价格接近或背离价值从而调节社会产品的生产、流通和分配,但要充分发挥价格的经济调节作用,就必须研究合理的价格体系,并能从方法论上解决如何计算调价带来的各种影响。投入产出模型则是计算合理价格体系、调价影响的有力工具,也是为制定调价方案、步骤提供参考的重要手段。这里只着重介绍怎样运用投入产出法来分析商品价格变动之间的连锁关系。

6.1.1　均衡价格模型的建立

当经济体系处于长期均衡状态时,各产品的均衡价格由基本生产要素的均衡价格所决定。

以实物表为基础，根据长期均衡的定义，费用等于价格，有：

$$p_j Q_j = \sum_i p_i q_{ij} + p_l L_j + p_k K_j, \quad j = 1, 2, \cdots, n$$

将 Q_j 去除上式，得：

$$p_j = \sum_i p_i a'_{ij} + p_l a'_{0j} + p_k a'_{Kj}, \quad j = 1, 2, \cdots, n$$

写成矩阵：

$$P = A'^T P + \begin{bmatrix} A'_0 \\ A'_k \end{bmatrix}^T \begin{bmatrix} p_l \\ p_k \end{bmatrix}$$

整理得：

$$P = \left[(I - A')^{-1} \right]^T \begin{bmatrix} A'_0 \\ A'_k \end{bmatrix}^T \begin{bmatrix} p_l \\ p_k \end{bmatrix}$$

$$P = \left[\begin{bmatrix} A'_0 \\ A'_k \end{bmatrix} (I - A')^{-1} \right]^T \begin{bmatrix} p_l \\ p_k \end{bmatrix} = S'^T P_{lk}$$

这样，我们得到了投入产出分析的均衡价格模型：

$$P = S'^T P_{lk}$$

中间投入品最终可以转换为基本生产要素的投入，通过列昂惕夫准逆矩阵（完全取决于生产技术），基本生产要素的价格决定了产品的均衡价格。

6.1.2　均衡价格模型的说明

可以将投入产出分析的均衡价格模型改写为：

$$P = \left[(I - A')^{-1} \right]^T A'_g$$

A'_g 是列向量，元素：

$$a'_{gj} = \frac{g_j}{Q_j}$$

根据劳动投入系数和资本投入系数的定义和长期均衡的假定，有：

$$a'_{gj} = p_l a'_{0j} + p_k a'_{Kj}, \quad j = 1, 2, \cdots, n$$

我们称之为平均增加值系数。

从改写的均衡价格模型上看，均衡价格模型与均衡产出模型十分相似。确实，当某个部门的增加值系数发生变化时，通过列昂惕夫逆矩阵产生波及效应，这是与均衡产出模型相同的地方，但要注意这里的列昂惕夫逆矩阵是转置矩阵，波及效应的方向有所不同。在实际运用中，由于一般是价值表，投入系数和增加值系数都用价值表的数据确定,此时的均衡价格模型的解全是 1,但可以用这个公式计算增加值系数变动的波及影响。

开放的列昂惕夫模型包括相互独立的均衡产出模型和均衡价格模型,通过外生地确定最终需求和基本生产要素的价格,求出互不相干的均衡产出量和均衡价格。现实中,均衡产出量是随着最终需求的变化而变化的,而均衡产出量的变化又会使基本生产要素的需求及其价格发生变化;反过来,基本生产要素价格的变化又通过产品价格的变化使最终需求发生变化。在开放式的列昂惕夫体系里,各部门的最终需求量和各部门的平均增加值系数之间不存在任何关系,是以极特殊的条件为前提的。

均衡价格又称理论价格或是计算价格,它是在一定理论指导下,按照统一的利税率,在各类产品成本基础上计算出来的价格,可以用来衡量实际价格体系的合理程度,并找到需要加以调整价格的那些部门(或产品)。其计算公式也可推导为:

$$P_j = \sum_i a_{ij} P_i + a_{gj}, \quad j = 1, 2, \cdots, n$$

$$P = A^T P + A_g$$

$$P = [(I - A)^{-1}]^T A_g$$

式中,P_j 为第 j 部门产品价格,P 为各部门价格列向量;向为直接消耗系数,A^T 为直接消耗系数矩阵 A 转置;a_{gj} 为第 j 部门单位产品所投入的增加值,A_g 为各部门单位产品所投入的增加值列向量。上述价格模型中的直接消耗系数与增加值系数若是采用实物计量单位,计算的就是价格;如果采用货币单位计量,计算的是价格指数,即相对价格。

6.1.3 价格调整模型及其模拟

在市场上,各类商品的价格之间有着密切的联系,某一类(些)商品(或部门)价格的变动,会使与其有生产联系的商品(部门)成本发生变化,从而引起其他商品(或部门)价格的变动。这里的影响有直接的,也有间接的。例如,当铁矿石价格变动时,会直接影响铸造生铁和钢的价格发生变化,而生铁和钢的价格变动,又会影响到机器制造、造船、汽车等价格,铁矿石价格间接地对上述三类产品的价格产生影响。所以,当某些商品价格变动时,需要计算由于这些商品提价而对其他商品成本产生的连锁反应。利用投入产出模型就可以做这种计算,只是在计算时要有一定的假设条件,它们是:

(1) 假设受波及的商品(部门)价格的变动,都是由于成本中物质消耗费用变化而引起的,不考虑由工资或利税变化而对价格带来的影响。

(2) 假设不考虑在原材料、燃料、动力价格提高后,企业可能采取的各种降低物耗的措施,以及其他降低成本的措施。

(3) 假设在价格形成中,不考虑折旧的变化。

(4) 假设不考虑供求对价格的影响。

1. 一个部门价格发生变动对其他部门价格的影响

由于不考虑增加值的变化,所以全部价格变化都是由劳动对象价格变动而引起的,

其计算公式为:

$$\Delta P_j = \sum_i a_{ij} \Delta P_i, \quad j = 1, 2, \cdots, n$$

或者:

$$\Delta P_j - \sum_i a_{ij} \Delta P_i = 0, \quad j = 1, 2, \cdots, n$$

上式用矩阵表示为:

$$\Delta P - A^T \Delta P = 0$$
$$(I - A^T) \Delta P = 0$$
$$(I - A)^T \Delta P = 0$$

式中,ΔP_j 为第 1 至第 $(n-l)$ 部门价格的变动列向量;$A_{(n-1)}$ 为原 n 个部门直接消耗系数矩阵去除第 n 行第 n 列后,形成的新的消耗系数矩阵;S_n 为原直接消耗系数矩阵 A 中第 n 行元素不包括第 n 列组成的行向量。上式计算的是当 n 部门价格变动 ΔP_n 时,在其他条件不变的情况下,其他 $(n-1)$ 个部门需要变动价格的数量。

若是用列昂惕夫逆矩阵 $B = (I - A)^{-1} = (b_{ij})$,可用下式计算:

$$\Delta P_{(n-1)} = (U_n)^T \frac{1}{b_{nn}} \Delta P_n$$

式中,U_n 为 $(I-A)^{-1}$ 中第 n 行元素不包括第元列组成的行向量。b_{nn} 为 $(I-A)^{-1}$ 中第 n 列第 n 行元素。

2. k 个部门价格发生变动对其他部门价格的影响

设第 $(n-k+1)$ 至 n 部门共 k 个价格要变动,对其他 $(n-k)$ 个部门价格的影响,在这 $(n-k)$ 个部门增加值不变情况下,可用下式计算:

$$\Delta P_{(n-k)} = [(I - A_{11})^{-1}]^T (A_{21})^T \Delta P_k = (B_{21})^T (B_{22}^{-1})^T \Delta P_k$$

式中,$\Delta P_{(n-k)}$ 为第 1 至第 $(n-k)$ 部门价格的变动列向量;ΔP_k 为第 $(n-k+1)$ 至 n 部门共 k 个价格变动列向量;A_{11} 为原 n 个部门直接消耗系数矩阵去除后 k 行及后 k 列后,形成的新的矩阵;A_{21} 为原 n 个部门直接消耗系数矩阵去除前 $(n-k)$ 行及后 k 列后,形成的新的矩阵;B_{21} 为原 n 个部门列昂惕夫逆矩阵 $B = (I-A)^{-1}$ 去除前 $(n-k)$ 行及后为列后,形成的新的矩阵;B_{22} 为原 n 个部门列昂惕夫逆矩阵去除前 $(n-k)$ 行及前 $(n-k)$ 列后,形成的新的矩阵。

上式计算的是当后 k 个部门价格变动 ΔP_k 时,在其他条件不变的情况下,其他 $(n-k)$ 个部门需要变动价格的数量。

价格发生变动对价值型直接消耗系数矩阵的影响价格发生变动后,价值型直接消耗系数矩阵也会发生变动,其计算公式为:

$$A' = (I + \hat{\Delta P}) A (I + \hat{\Delta P})^{-1}$$

式中，$\Delta \hat{P}$ 为价格变动的对角矩阵，其对角线上元素为价格变动指数列向量 ΔP 中元素；A' 为价格发生变动后的直接消耗系数矩阵。

【例 6.1】 已知某地区 2027 年计划期的投入产出表如第 5 章的表 5-15 所示。假如工业部门和运邮仓储部门的价格分别增加 5％和 10％，计算计划期各部门的价格增加量(见表 6-1 第 1 列数字)。假如工业部门和运邮仓储部门的价格分别增加 10％和 5％，再计算计划期各部门的价格增加量(表 6-1 第 2 列数字所示)。

表 6-1　计划期各部门价格增加量　　　　　　　　　　单位：％

	价格 ΔP	价格 ΔP
农业 1	1.53	2.74
建筑业 3	3.59	6.60
商饮业 5	1.32	2.08
服务业 6	1.29	2.26

【例 6.2】 已知 $A=(a_{ij})_{5\times5}$，$B=(I-A)^{-1}=(b_{ij})_{5\times5}$，若第 2 和 4 部门价格要调整为 ΔP_2 和 ΔP_4，在其余 3 个部门增加值不变情况下，用两个公式计算其余 3 个部门的价格变动。计算结果为：

$$\begin{bmatrix} \Delta P_1 \\ \Delta P_3 \\ \Delta P_5 \end{bmatrix} = \begin{bmatrix} 1-a_{11} & -a_{31} & -a_{51} \\ -a_{13} & 1-a_{33} & -a_{53} \\ -a_{15} & -a_{35} & 1-a_{55} \end{bmatrix}^{-1} \begin{bmatrix} a_{21} & a_{41} \\ a_{23} & a_{43} \\ a_{25} & a_{45} \end{bmatrix} \begin{bmatrix} \Delta P_2 \\ \Delta P_4 \end{bmatrix}$$

$$\begin{bmatrix} \Delta P_1 \\ \Delta P_3 \\ \Delta P_5 \end{bmatrix} = \begin{bmatrix} b_{21} & b_{41} \\ b_{23} & b_{43} \\ b_{25} & b_{45} \end{bmatrix} \begin{bmatrix} b_{22} & b_{42} \\ b_{24} & b_{44} \end{bmatrix}^{-1} \begin{bmatrix} \Delta P_2 \\ \Delta P_4 \end{bmatrix}$$

6.1.4　价格影响模型及其模拟

1. 价格发生变动对价格总指数和消费品价格指数的影响

某种或某几种商品价格的变动，以及由此而产生的价格连锁反应，会引起价格总指数(价格总水平)和消费品价格指数(消费品价格水平)的变化。利用投入产出模型，可以计算出上述两个价格总水平的变化幅度。其计算公式为：

$$\pi = \Delta P^T X / i^T X$$
$$\pi_C = \Delta P^T F_C / i^T F_C$$

式中，π 为价格总指数变化率；π_C 为消费品价格指数变化率；ΔP^T 为由各种商品价格指数变化率所组成的行向量，X 为计划期各种商品的总产出列向量；F_C 为计划期最终产品中的总消费列向量；$i^T=(1,1,\cdots,1)$，为由 n 个 1 组成的行向量。

上式中，π 表明由于各种商品价格变动，而使总产出变化的幅度，即价格总指数的变化幅度。π_C 则表明只是由于商品价格变动而引起总消费量变化，并造成消费品价格指数的变化幅度。掌握和控制价格总指数变化率和消费品价格指数变化率,是保持国民经济协调发展和人民生活安定的重要方面。

  2. 各部门价格分别发生变动对价格总指数和消费品价格指数的影响比较

  利用上式,也能分别计算由某类商品(或某部门)价格变动所引起其他各类商品(部门)价格的变化,并造成总价格水平或消费品价格的变动幅度,将它们做比较后,可为制定调价方案、调价步骤提供参考。计算各部门价格提高 10% 后,分别对其他部门价格的影响,然后进行比较分析,这样的分析称为敏感性分析。敏感性分析的含义是通过比较分析,看总价格水平或消费品价格对哪个部门价格变动更敏感。

  【例 6.3】 已知某地区 2027 年计划期的投入产出表如第 5 章中表 5-15 所示。进行敏感性分析,先将计算中所需的数据列在表 6-2 中,以便查找与计算。计算计划期各部门价格提高 10% 后,分别对其他部门价格的影响及对价格总指数和消费品价格指数的影响,如表 6-3 所示。

表 6-2 数 据

| | $B=(I-A)^{-1}=(b_{ij})$ | | | | | | 消费 F_c | 总产出 X |
	1	2	3	4	5	6		
农业 1	1.161 6	0.085 7	0.072 3	0.034 2	0.010 1	0.025 3	2 672	7 323
工业 2	0.937 3	3.461 0	2.267 4	1.267 5	0.701 3	0.772 6	12 176	139 142
建筑业 3	0.001 2	0.002 2	1.002 2	0.006 2	0.003 9	0.007 0	643	17 088
运邮仓储业 4	0.040 7	0.065 6	0.084 3	1.110 3	0.054 0	0.037 3	521	4 884
商饮业 5	0.030 1	0.071 8	0.080 7	0.061 8	1.053 2	0.055 8	6 786	12 095
服务业 6	0.095 4	0.185 4	0.214 3	0.229 2	0.239 2	1.244 8	18 186	34 954
合 计							40 983	215 486

表 6-3 敏感性分析　　　　　　　　　　　单位:%

| 各部门调价 10% | 对其他部门价格的影响 | | | | | | 对价格总指数的影响 | 对消费品价格指数的影响 |
	1	2	3	4	5	6		
农业 1	10.00	0.74	0.62	0.29	0.61	0.22	0.94	1.08
工业 2	2.71	10.00	6.55	3.66	2.03	2.23	7.63	4.62
建筑业 3	0.01	0.02	10.00	0.06	0.04	0.07	0.82	0.20
运邮仓储业 4	0.37	0.59	0.76	10.00	0.49	0.34	0.76	0.57
商饮业 5	0.29	0.68	0.77	0.59	10.00	0.53	1.17	2.13
服务业 6	0.77	1.49	1.72	1.84	1.92	10.00	2.90	5.30

6.2 收入分配政策的投入产出模拟

收入,是国民生产总值的组成部分,收入的变动与价格存在密切关系。收入的变动可以通过价格变动实现,而收入变动以后,又可能对消费品价格指数产生影响。

6.2.1 增加值调整的一般模型

利用投入产出模型可以计算增加值变动对价格的影响,增加值变动对收入、消费及生产的影响。这些计算能帮助我们从国民经济角度综合分析增加值与生产、消费之间的联系,为制定收入分配政策提供依据。

从前文分析的价格方程可以看到,增加值总水平的变化,或某一部门增加值的变化,都会引起价格做相应的变动。如果假设除增加值变化外,各部门产品生产中各种消耗均不变,则增加值的变化,必然引起各部门产品成本变化,并使价格随之变动。利用下式能计算增加值对价格的影响,其计算公式为:

$$\Delta P = [(I - A)^{-1}]^T \Delta A_g$$

式中,ΔP 为各部门价格变动列向量;A 为直接消耗系数矩阵;T 表示矩阵转置;ΔA_g 为各部门单位产品所投入的增加值变动即增加值率变动列向量。上述价格模型中的直接消耗系数与增加值系数若是采用实物计量单位,计算的就是价格;如果采用货币单位计量,计算的是价格指数,即相对价格。

6.2.2 工资—价格模型及其模拟

工资是一个很重要的经济调节杠杆,其主要作用是在贯彻按劳分配的原则下,能调动广大劳动者的积极性,从而加快经济的发展。从这一点来看,需要研究的是如何使工资政策能起到调动广大劳动者积极性的作用。另一方面,工资在国民经济综合平衡中又起到很重要的作用,工资总额会影响消费的总量与构成,进而影响消费与积累的比例。

工资的高低,与价格也有联系,会引起物价的波动,工资的变动,还会通过收入的变化,对生产起反作用。因此,在制定工资政策时,除了要研究各种工资的差别以外,还要研究工资的变动对国民经济各方面的影响。用投入产出模型做工资政策模拟时,主要是解决第二方面的问题,即从国民经济角度来研究工资变化后,对物价、收入、消费与生产的影响。并从模拟计算中,掌握多方面经济信息,为决策者制定合理工资政策做参考。如果假设:

(1) 除工资(或劳动报酬)变化外,折旧、生产税、盈余和各部门产品生产中各种消耗均不变。

(2) 劳动生产率和劳动消耗不变。

那么工资(或劳动报酬)的变化,必然引起各部门产品成本变化,并使价格随之变

动。而利用下式能计算工资(或劳动报酬)对价格的影响。其计算公式为:

$$\Delta P = [(I-A)^{-1}]^T \Delta A_v$$

式中,ΔP 为各部门价格变动列向量;A 为直接消耗系数矩阵;T 表示矩阵转置;ΔA_v 为各部门单位产品所投入的工资变动即工资率变动列向量。

一般来说,工资提高就会使收入增加,但由于在提高工资的同时,价格也会有所上升,并且消费品价格指数也会变化,使得实际收入提高的幅度低于工资提高的幅度。这样,就能计算出工资提高后,消费品物价指数上升的幅度,并借以了解实际收入可能增加的程度。

某一部门劳动报酬增加是否必然使物价上涨,这要做具体分析。

如果该部门工人劳动报酬增加是由劳动生产率提高引起的,那将会使单位产品分担的劳动报酬减少,这时,不看作某产品内含的劳动报酬增加。

如果单位产品中的劳动报酬增加了,但耗用的原材料却节约了,因而成本并不随之增加,这时,它出售给其他部门的产品价格可以不变,即其他部门产品价格可以不受影响;否则,要把劳动报酬增加的负担转嫁给其他部门。

在这种情况下,如果使用该产品的部门能就地消化,通过节约用料使得花费在物质消耗部分的货币量并不增加,那么它的产品也可以不涨价,这时将引起的是该产品生产技术结构的变动。如果不能相应地保证用料减少,成本将随着消耗物资的价格上涨而增加,则它的价格也就要上涨。

由以上工资模拟分析可以看到,对增加值的其他组成部分,如折旧、生产税、盈余等,我们可以做类似的模拟分析,下面仅对税收做出模拟分析。

6.2.3　税收政策影响模型及其模拟

税收是财政收入的主要来源,是调节经济的重要杠杆,可以通过税种、税率、增税、免税等方式来发挥它对经济的调节作用。国家在进行这种调节时,需要事先了解可能产生的影响。投入产出模型可以测算税收变化后对各类产品价格的影响(直接和间接),并在计算消费品价格指数后,了解对消费产生的影响。还能计算税收增加(或减少)后,对积累产生的影响和对国民经济各部门生产带来的影响。这些都为制定税收政策,运用税收杠杆提供了定量分析的工具。

当假设折旧、工资(劳动报酬)、盈余不变时,可以在增加值对价格的影响公式中,把增加值系数改为税收系数,用该公式计算出税收变化以后对各部门价格的影响。

如果国家对某产品的税收增加,只涉及产品的利润减少,即该产品总盈利不变,那么,这时税金的变动将不会引起这种产品价格上涨,也就不会波及其他产品的价格。如果某种单位产品上缴税金增加了,利润仍保持原水平,单位产品总盈利要上升,如果这种总盈利的增加,是由节约原材料消耗或节约单位产品劳动报酬(劳动生产率的提高)带来的,该产品价格就可以不变,当然它也不影响其他产品的价格;如果总盈利水平上升(由于税金增加,或由于利润的增加),而物质消耗和劳动报酬仍保持原水平,该产品价格必然随之上涨,从而要引起产品间价格的连锁反应。此种情况的波及范围和影响程度,同劳动报酬增加的情形一样,可按上述方法计算,这里就不再重复了。

【例6.4】 已知某地区2027年计划期的投入产出表如第5章中表5-15所示。进行收入政策分析,计算中所需的数据在表6.1中。假如工业部门和运邮仓储部门的增加值要分别增加5%和10%,即Δa_{g2}和Δa_{g4}分别为0.011 0(=0.220 0×5%)和0.047 0(=0.470 0×10%),计算计划期各部门的价格增加量如表6.4中第1列数字所示。假如工业部门和运邮仓储部门的劳动报酬要分别增加5%和10%,即Δa_{v2}和Δa_{v4}分别为0.004 1(=0.081 9×5%)和0.012 5(=0.125 0×10%),计算计划期各部门的价格增加量如表6.4中第2列数字所示。假如工业部门和运邮仓储部门的税收要分别增加5%和10%,即Δa_{t2}和Δa_{t4}分别0.001 8(=0.036 0×5%)和0.003 3(=0.033 3×10%),计算计划期各部门的价格增加量如表6-4中第3列数字所示。

表6-4 收入政策分析　　　　　　单位:%

对各部门价格的影响	增加值分别增加5%和10%	劳动报酬分别增加5%和10%	税收分别增加5%和10%
农业1	1.22	0.44	0.18
工业2	4.12	1.5	0.64
建筑业3	2.89	1.03	0.44
运邮仓储业4	6.61	1.91	0.59
商饮业5	1.02	0.35	0.14
服务业6	1.03	0.36	0.15

6.3　需求政策的投入产出模拟

供给和需求是人类社会最基本的经济关系。在任何经济时代或任何经济制度下,供给和需求的总量均衡和结构均衡,是必须共同遵守的一般规律。政府可以通过需求管理调控经济。

6.3.1　最终需求的一般模拟方法

某一产业的一个或几个最终需求项目,如消费需求、投资需求、进出口需求等发生变化时,会对国民经济各产业部门的生产活动产生波及效果。因为,一定的最终需求是与各产业部门一定的生产水平相联系、相对应的。所以,某一产业最终需求发生变化,必将导致包括本产业在内各个产业部门各自产出水平的变化。这类波及效果反映在投入产出表中,表现为表中第Ⅱ部分横行数据的变化,并通过第Ⅰ部分的产业间的中间产品联系,波及各产业部门。利用投入产出模型可以通过下列计算,来为制定需求政策提供依据。其计算公式就是投入产出基本模型:

$$X = (I-A)^{-1}F$$

在已知各部门最终产品 F 的情况下,乘以 $(I-A)^{-1}$ 就可得到各部门的总产品。也可以用变化量公式:

$$\Delta X =(I - A)^{-1}\Delta F$$

6.3.2　投资政策的模拟

国民收入是生产部门的劳动者在一定时期内创造的新价值;从实物形态看,是社会总产品中扣除用于补偿已经消耗的生产资料以后,余下来的那部分社会产品。这部分社会产品按其最终用途可划分为生产资料和消费资料。

国民收入分配,最后在使用过程中形成积累基金和消费基金,它们是国民收入的两个有机组成部分。在国民收入既定的前提下,积累基金增加,消费基金就要相应地减少;反之,消费基金增加,积累基金就要相应地减少。积累基金和消费基金各自在国民收入使用额中所占的比重,是积累率和消费率,二者也是此消彼长、对立统一的关系。

正确处理积累率和消费率之间的关系是关系到居民消费水平的提高和国民经济发展的大问题。如何从深层次揭示二者之间的本质联系,是一个极大的难题,国内外的学术界只是从实践经验中提出了适度积累率的合理区间的经验数据。

在进行国民收入分配时,应首先根据国情和基期的水平确定适度消费率,确定了适度消费率也就等于从另一个方面相应地确定了适度积累率。只要消费率是适度的,那么,积累率就一定是适度的。因为消费与积累之间的关系实质上就是消费与生产之间的关系,生产为消费服务,积累为发展生产服务,生产进一步发展是为了进一步提高消费水平,所以积累是进一步提高消费水平的手段。"一要吃饭、二要建设"的模式从最简单的形态上揭示了消费和积累之间的本质联系。把握了消费与积累之间的本质联系,才能够正确地处理消费和积累之间的关系。正确地处理消费与积累之间的关系是国民经济健康发展的基本条件之一。确定适度消费率将在下个问题中讨论。在已知积累率的情况下可以确定积累,从而可以用下式进行投资政策模拟:

$$X =(I-A)^{-1}F_I$$

或

$$\Delta X =(I-A)^{-1}\Delta F_I$$

6.3.3　消费政策的模拟

适度消费率是使居民消费水平提高与国民经济发展二者在最佳点上结合起来的消费率。因此,确定适度消费率涉及许多因素及其相互关系,它的实现是一个复杂的过程。确定适度消费率要考虑许多因素,必须与国民收入和社会劳动生产率的增长速度基本同步增长。确定了适度消费率,也就相应地确定了适度积累率。确定适度消费率的意义就在于既能从实际出发,逐步改善人们的生活状况,促进人的全面发展,又能实现国民经济的协调、稳定、持续的发展。

消费是目的,生产是手段。消费与生产之间的本质联系在客观上要求国民收入使用额首先用来满足消费的需要,余下部分用来搞建设。这样,只要我们确定适度消费率,它就从根本上制约着积累率。在已知消费率的情况下可以确定消费,从而可以用下式进行消费政策模拟:

$$X = (I - A)^{-1} F_C$$

或

$$\Delta X = (I - A)^{-1} \Delta F_C$$

6.3.4 进出口政策的模拟

对外经济贸易是国际分工的产物,是人类社会生产力发展的必然结果。国际分工的发展和世界市场的形成,已使世界经济形成了一体化。我国已确立了建立社会主义市场经济体制的改革目标,而市场经济的本质是开放的,因此,我国经济要发展必然要与世界市场发生多方面的联系,加入国际分工体系中去,成为世界经济贸易的参与者。在已知进出口的情况下可以确定其差额(出口—进口),从而可以用下式进行进出口政策模拟:

$$X = (I - A)^{-1} F_{E-M}$$

或

$$\Delta X = (I - A)^{-1} \Delta F_{E-M}$$

实验 6.1　价格变动的波及效应

一、实验目的
了解价格变动的波及效应。

二、实验内容
(1) 给定部分部门的价格变动,计算其他部门的价格影响。
(2) 敏感性分析。

三、实验时间
2 学时。

四、实验软件
Excel 软件。

五、实验要求
部分部门价格变动为:部门 1、部门 2 价格上涨 20%;部门 13、部门 15 价格上涨 10%,求对其他部门价格的影响。

六、实验步骤

根据之前合并出来的某地区 2022 年 19 部门投入产出表及计算出的基本系数,分析研究当其中部分部门价格变动时对其他各部门价格的影响,以及各个部门价格变动对价格指数的影响。运用投入产出分析方法来分析商品价格变动之间的连锁关系,从而模拟各种不同价格政策可能带来的结果,并为制定相关政策提供根据。

1. 加载工作文件

(1) 开机进入 Excel。

(2) 用"编辑→复制;编辑→选择性粘贴→数值"方法将第 2 章实验中的 19 部门投入产出表中的投入产出表、直接消耗系数和列昂惕夫逆系数拷贝到一个新文件(自己命名即可)。

2. k 个部门价格发生变动时对其他部门价格的影响

在市场上,各类商品的价格之间有着密切的联系,某一类(些)商品(或部门)价格的变动,会使与其有生产联系的商品(部门)成本发生变化,从而引起其他商品(或部门)价格的变动。这里的影响有直接的,也有间接的。所以,当某些商品价格变动时,需要计算由于这些商品提价而对其他商品成本产生的连锁反应。利用投入产出模型就可以做这种计算,只是在计算时要有一定的假设条件,它们是:

(1) 假设受波及的商品(部门)价格的变动,都是由于成本中物质消耗费用变化而引起的,不考虑由工资或利税变化而对价格带来的影响。

(2) 假设不考虑在原材料、燃料、动力价格提高后,企业可能采取的各种降低物耗的措施,以及其他降低成本的措施。

(3) 假设在价格形成中不考虑折旧的变化。

(4) 假设不考虑供求对价格的影响。

设第 $(n-k+1)$ 至 n 部门共 k 个价格要变动,对其他 $(n-k)$ 个部门价格的影响,在这 $(n-k)$ 个部门增加值不变情况下,可用下式计算:

$$\Delta P_{(n-k)} = [(I-A_{11})^{-1}]^T (A_{21})^T \Delta P_k = (B_{21})^T (B_{22}^{-1})^T \Delta P_k$$

式中,$\Delta P_{(n-k)}$ 为第 1 至第 $(n-k)$ 部门价格的变动列向量;ΔP_k 为第 $(n-k+1)$ 至 n 部门共 k 个价格变动列向量;A_{11} 为原 n 个部门直接消耗系数矩阵去除后 k 行及后 k 列后,形成的新的矩阵;A_{21} 为原 n 个部门直接消耗系数矩阵去除前 $(n-k)$ 行及后 k 列后,形成的新的矩阵;B_{21} 为原 n 个部门列昂惕夫逆矩阵 $B=(I-A)^{-1}$ 去除前 $(n-k)$ 行及后 k 列后,形成的新的矩阵;B_{22} 为原 n 个部门列昂惕夫逆矩阵去除前 $(n-k)$ 行及前 $(n-k)$ 列后,形成的新的矩阵。上式计算的是当后 k 个部门价格变动 ΔP_k 时,在其他条件不变的情况下,其他 $(n-k)$ 个部门需要变动价格的数量。

第一步,把 $(I-A)^{-1}$ 里的调价行 $(B_{21}B_{22})$ 调出来;

第二步,调出 B_{22},并求逆;

第三步,输入 $\Delta P_k = (20 \quad 20 \quad 10 \quad 10)^T$;

第四步,按照公式计算其他部门的波及影响 ΔP_{n-k}^T。

$$B_{22} = \begin{pmatrix} 1.217\ 674\ 85 & 0.009\ 784\ 75 & 0.009\ 601\ 39 & 0.015\ 617\ 91 \\ 0.043\ 687\ 85 & 1.240\ 814\ 83 & 0.316\ 836\ 7 & 0.087\ 094\ 59 \\ 0.059\ 760\ 41 & 0.126\ 632\ 65 & 1.757\ 472\ 92 & 0.067\ 778\ 02 \\ 0.038\ 803\ 44 & 0.054\ 619\ 32 & 0.034\ 677\ 26 & 1.109\ 696\ 51 \end{pmatrix}$$

$$B_{22}^{-1} = \begin{pmatrix} 0.821\ 948\ 46 & -0.005\ 668\ 81 & -0.003\ 252\ 92 & -0.010\ 924\ 53 \\ -0.020\ 556\ 1 & 0.823\ 549\ 94 & -0.147\ 264\ 86 & -0.055\ 352\ 41 \\ -0.025\ 429\ 29 & -0.057\ 661\ 04 & 0.580\ 135\ 64 & -0.030\ 550\ 09 \\ -0.026\ 935\ 15 & -0.038\ 535\ 08 & -0.010\ 766\ 7 & 10.905\ 208\ 41 \end{pmatrix}$$

$$B_{21}^T = \begin{pmatrix} 0.487\ 749\ 13 & 0.072\ 553\ 66 & 0.098\ 583\ 54 & 0.056\ 574\ 88 \\ 0.100\ 404\ 85 & 0.092\ 473\ 41 & 0.158\ 483\ 01 & 0.158\ 483\ 01 \\ 0.081\ 284\ 92 & 0.153\ 587\ 50 & 0.159\ 268\ 36 & 0.067\ 026\ 67 \\ 0.038\ 961\ 64 & 0.038\ 961\ 64 & 0.181\ 167\ 39 & 0.064\ 429\ 55 \\ 0.016\ 327\ 37 & 0.285\ 651\ 37 & 0.329\ 152\ 49 & 0.071\ 818\ 20 \\ 0.014\ 813\ 23 & 0.329\ 812\ 20 & 0.204\ 582\ 52 & 0.063\ 559\ 69 \\ 0.018\ 847\ 47 & 0.173\ 416\ 29 & 0.154\ 959\ 85 & 0.069\ 717\ 47 \\ 0.019\ 624\ 55 & 0.143\ 083\ 52 & 0.134\ 445\ 99 & 0.134\ 445\ 99 \\ 0.018\ 676\ 06 & 0.120\ 910\ 63 & 0.137\ 505\ 98 & 0.066\ 921\ 12 \\ 0.026\ 013\ 28 & 0.164\ 713\ 37 & 0.148\ 646\ 66 & 0.052\ 356\ 81 \\ 0.030\ 814\ 08 & 0.202\ 405\ 45 & 0.371\ 442\ 5 & 0.371\ 442\ 5 \\ 0.088\ 881\ 85 & 0.035\ 677\ 20 & 0.072\ 155\ 59 & 0.052\ 172\ 87 \\ 0.007\ 124\ 06 & 0.018\ 494\ 97 & 0.025\ 398\ 62 & 0.030\ 872\ 57 \\ 0.004\ 710\ 62 & 0.014\ 465\ 45 & 0.020\ 695\ 50 & 0.014\ 117\ 20 \\ 0.022\ 074\ 4 & 0.070\ 134\ 49 & 0.080\ 427\ 73 & 0.045\ 889\ 64 \end{pmatrix}$$

$$\Delta P_{n-k}^T = (9.36 \quad 3.81 \quad 4.55 \quad 6.68 \quad 6.07 \quad 6.33 \quad 3.90 \quad 3.41 \quad 3.02 \quad 3.73 \quad 5.19 \quad 2.51 \quad 0.69 \quad 0.46 \quad 1.98)$$

结果表明,当部门1、部门2价格上涨20%,部门13、部门15价格上涨10%时,对其他各部门价格的影响幅度;其中以第3部门价格上涨幅度最大,为9.36%;依次是第6、第8、第7部门,都在6%以上;变动最小的是第18、第17部门,都在1%以下。

3. **敏感性分析**

敏感性分析是分析价格发生变动时对价格总指数和消费品价格指数的影响。某种或某几种商品价格的变动,以及由此而产生的价格连锁反应,会引起价格总指数(价格总水平)和消费品价格指数(消费品价格水平)的变化。利用投入产出模型,可以计算出上述两个价格总水平的变化幅度。其计算公式为:

$$\pi = \Delta P^T X / i^T X$$
$$\pi_C = \Delta P^T F_C / i^T F_C$$

式中，π 为价格总指数变化率；π_C 为消费品价格指数变化率；ΔP^T 为由各种商品价格指数变化率所组成的行向量；X 为计划期各种商品的总产出列向量；F_C 为计划期最终产品中的总消费列向量；$i^T = (1,1,\cdots,1)$，为由 n 个 1 组成的行向量。

掌握和控制价格总指数变化率和消费品价格指数变化率，是保持国民经济协调发展和人民生活安定的重要方面。

(1) 进行敏感性分析。

敏感性分析的含义是通过比较分析，看总价格水平或消费品价格对哪个部门价格变动更敏感。运用下列公式，计算每一个部门提价 10% 对其他部门的影响：

$$\Delta P_{(n-1)} = (U_n)^T \frac{1}{b_{nn}} \Delta P_n$$

式中，U_n 为 $(I-A)^{-1}$ 中第 n 行元素不包括第元列组成的行向量。b_{nn} 为 $(I-A)^{-1}$ 中第 n 列第 n 行元素。

上式计算的是当第 n 部门价格变动 $\Delta P_n = 10\%$ 时，在其他条件不变的情况下，其他 $(n-1)$ 个部门为保持增加值不变时所需要变动价格的数量。然后把它们按顺序排列到一个新区域。

(2) 根据计算公式，用矩阵乘法计算对物价总指数和消费品物价指数的影响（见实验表 6-1-1）。

实验表 6-1-1　对物价总指数和消费品物价指数的影响　　　　单位：%

各部门调价 10%	对价格总指数的影响	对消费品价格指数的影响
1	0.66	1.51
2	1.37	0.74
3	0.47	1.08
4	0.71	0.37
5	0.87	0.45
6	2.38	1.54
7	0.48	0.16
8	1.80	0.67
9	1.98	0.95
10	0.47	0.51
11	2.07	0.69
12	0.41	0.14
13	1.22	0.72

续　表

各部门调价 10%	对价格总指数的影响	对消费品价格指数的影响
14	0.47	0.14
15	0.79	0.61
16	1.10	1.74
17	0.81	0.95
18	0.53	1.01
19	1.65	3.86

从表中不难看出,第 6 部门价格上涨 10%,引起其他各部门价格上涨,同时引起价格总指数上涨 2.38%,消费品价格指数上涨 1.54%,说明总体价格水平对第 6 部门价格变动更敏感些,其次为第 11 部门。

(3) 保存退出 Excel。

实验 6.2　工资变动的波及效应

一、实验目的

了解价格的决定机制,增加对波及效应的认识。

二、实验内容

给定部分部门的工资率变动,计算对各部门价格的波及影响,并进一步做敏感性分析。

三、实验时间

2 学时。

四、实验软件

Excel 软件。

五、实验要求

部分部门的工资率变动为:部门 1、部门 2 工资上涨 20%;部门 13、部门 15 工资上涨 10%,求对各部门价格的影响。

六、实验步骤

工资在国民经济综合平衡中起到很重要的作用,工资总额会影响消费的总量与构成,并进而影响消费与积累的比例。工资的高低,与价格也有联系,会引起物价的变动,工资的变动,还会通过收入的变化,对生产起反作用。用投入产出模型做工资政策模拟时,主要是从国民经济角度来研究工资变化后,对物价、收入、消费与生产的影响,并从模拟计算中,掌握多方面经济信息,为决策者制定合理经济政策做参考。

以之前合并出来的某地区 2022 年 19 部门投入产出表及计算出的基本系数为依据,分析研究当其中部分部门工资率发生变动,对各部门价格变动的影响及每个部门工资变动对价格指数的影响。

1. 加载工作文件

(1) 开机进入 Excel。

(2) 用"编辑→复制;编辑→选择性粘贴→数值"方法将实验一中的某地区 2022 年 19 部门投入产出表中的投入产出表、直接消耗系数和列昂惕夫逆系数拷贝到一个新文件(自己命名即可)。

2. 部分部门工资率的变动对各部门价格变动的影响

工资—价格模型的假定:① 除工资(或劳动报酬)变化外,折旧、生产税、盈余和各部门产品生产中各种消耗均不变。② 劳动生产率和劳动消耗不变。工资(或劳动报酬)的变化,必然引起各部门产品成本变化,并使价格随之变动。

第一步,用某地区 2022 年 19 部门投入产出表计算 A_v 行向量,并调出工资率变动部门的 a_{ij} 计算出 ΔA_v,仍为行向量。其中,A_v 为劳动者报酬的投入系数,$A_v = \dfrac{V}{X}$,V 为劳动者报酬(工资)行向量,X 为总投入行向量;$\Delta A_v = \dfrac{\Delta V}{X}$,$\Delta A_v$ 为各部门单位产品所投入的工资变动即工资系数变动行向量。

已知部门 1、部门 2 工资上涨 20%,部门 13、部门 15 工资上涨 10%,根据上式计算出工资系数变动行向量,部门 1、部门 2、部门 13、部门 15 的 Δa_{ij} 分别为 0.119 397 14、0.007 608 87、0.005 391 32、0.012 502 67,其他为 0。

第二步,用 $\Delta T = \Delta A_v (I - A)^{-1}$ 计算各部门价格变动幅度向量,其中,ΔT 为各部门价格变动行向量(见实验表 6 - 2 - 1)。

实验表 6 - 2 - 1　各部门价格变动行向量　　　　单位:%

部　门	1	2	3	4	5	6	7	8	9	10
价格变动	14.65	1.20	6.00	1.42	1.26	0.90	0.68	0.62	0.53	0.51
部　门	11	12	13	14	15	16	17	18	19	
价格变动	0.47	0.58	1.35	0.82	1.68	1.19	0.15	0.10	0.42	

3. 敏感性分析

一般来说,工资提高就会使收入增加。但由于在提高工资的同时,价格也会有所上升,并且消费品价格指数也会变化,使得实际收入提高的幅度低于工资提高的幅度。利用上式和本章实验 6.1 的方法,就能计算出工资提高后,物价总指数和消费品物价指数上升的幅度,并借以了解实际收入可能增加的程度。

（1）进行敏感性分析。

运用 $\Delta T = \Delta A_v (I-A)^{-1}$ 计算每一个部门工资变动10%对其他部门价格的影响，然后把它们按顺序排列到一个新区域。

（2）用矩阵乘法计算对物价总指数和消费品物价指数的影响，方法同实验6.1，见实验表6-2-2。

实验表6-2-2　对物价总指数和消费品物价指数的影响　　单位：%

各部门调价10%	对价格总指数的影响	对消费品价格指数的影响
1	0.48	1.10
2	0.06	0.04
3	0.04	0.10
4	0.23	0.12
5	0.15	0.08
6	0.35	0.23
7	0.07	0.02
8	0.23	0.09
9	0.25	0.12
10	0.06	0.06
11	0.34	0.11
12	0.06	0.02
13	0.12	0.07
14	0.06	0.02
15	0.11	0.08
16	0.18	0.28
17	0.18	0.22
18	0.06	0.11
19	0.49	1.14

从实验表6-2-2中可以看出，其他服务业的工资变动对价格总指数的影响最大的，其次是农林牧渔业，而食品饮料业的工资变动对价格总指数的影响则是最小的。同时，其他服务业的工资变动对消费品价格指数的影响也是最大的，其次是农林牧渔业，而建筑业的工资变动对消费品价格指数的影响则是最小的。

（3）保存退出 Excel。

第三部分

投入产出分析的扩展

第 7 章　多区域投入产出表

起初,投入产出模型的应用是在国家层面上推行的,如评估当第二次世界大战接近尾声时从战争到和平时期生产的变化对美国经济每个部门的影响。随着时间的推移,对区域层面经济分析的兴趣无论是几个州的组合(如在联邦储备区内),还是单独的某个州、某个县或者城市引发了对投入产出模型的修正,以试图反映国内区域问题的特性。

第一,尽管国家投入产出系数表的数据显然是位于具体区域的各个生产者们数据的某种平均,但某个特定区域的生产结构可能与国家投入产出表记录的相同,也可能显著不同。在波士顿灌装的某个特定品牌的软饮料可能与该品牌在堪萨斯、亚特兰大或者美国其他地区生产的软饮料具有基本相同的配方及比例。此外,东部华盛顿水电站Coulee生产的电力与宾夕法尼亚用煤炭生产的电力或者其他地方用核电站或风电站生产的电力相比,具有完全不同的投入结构。因此,早期的区域投入产出应用的方法论——该方法使用略微修正的国家投入系数——给出了基于某区域特定数据而量身定做其系数表的方法。

第二,有一个一般来说是正确的特点,即经济区域越小,该区域对区域外贸易的依赖性就越强。与区域外的贸易指跨越该区域边界的交易,既包括本区域产出的销售,又包括生产所需要的投入的购买。也就是说,前文所描述的模型中外生的最终需求部门项目中的出口项现在将普遍相对重要很多,同时有更高比例的投入将通过从区域外的生产者那里进口来获得。夸张点说,整个世界的经济体没有"对外贸易",因为所有的销售和购买对这个世界范围的"区域"而言都是在内部进行的。反过来,一个城市地区对进口和出口有很强的依赖(如西雅图地区波音客机的出口和航天器生产的零部件进口)。

在本章,我们将研究几类把这些区域经济的特征加入投入产出框架中的尝试。这样的区域投入产出模型可以针对单个区域或者两个及以上的区域,以及它们之间的相互联系。几个区域的情况被称为区域间投入产出分析或多区域投入产出分析。我们将考察这些区域化投入产出模型类别中的每一类,同时也考察所谓的平衡区域模型。此外,我们将会从微观和宏观的不同视角展示一些区域模型空间规划的例子,来说明这一模型的最早的一些应用——小到如市中心街区这样的小区域模型,大到通常被提到的包括几个大国集团的"世界模型"。

7.1　单区域模型

7.1.1　国家系数

一般地，区域投入产出研究试图量化由对某个地区生产的产品产生新的最终需求所引发的对位于该区域的生产部门的影响。早期的区域研究使用国家的技术系数表，并与用来获取区域经济体某些特征的调整方法相配合，因为特定区域的具体系数表不存在。

用上标 r 表示"区域 r"，用下标 i 表示"部门 i"。因此，就如 x_i 表示部门 i 的总产出一样，$x^r = [x_i^r]$ 表示区域 r 中各部门的产出向量。类似地，$f^r = [f_i^r]$ 表示对区域 r 所生产的商品的外生需求向量。例如，如果 r 表示华盛顿州，f^r 的一个元素可能是国外航空公司从华盛顿波音公司订的商业飞机的订单。

早期区域研究中的问题是只有一个国家技术系数矩阵 A 是可获取的。然而，实质上所需要的是体现所研究区域的公司对该区域生产的投入的矩阵。把这个未知的矩阵表示为 $A^{rr} = [a_{ij}^{rr}]$，其中 a_{ij}^{rr} 是区域 r 的部门 i 对区域 r 部门 j 价值 1 美元的产出的投入[这些符号将被用于多个区域的模型，其中我们需要两个上标来鉴别来源和目的（去向）区域，就如 i 和 j 表示来源和目的（去向）部门一样]。假定在没有相反的证据的情况下，地方生产者使用与国家系数表中给出的相同的生产技术配方，这意味着区域 r 中每个部门的生产技术与国家整体都是相同的。然而，为了把区域最终需求转化为区域内公司的产出（x^r），国家系数矩阵必须修正以得到 A^{rr}（地方生产过程中所使用的地方性产品）。

相对成熟的修正方法是通过使用估计的区域供给比例来进行修正。在区域经济中每个部门都有一个比例，用于反映每个部门所需要的产出中预期来自本区域内部的产出的比例。在使用区域层面上通常可以获取的数据来估计这些比例时，一个直接的途径要求的信息有：① 每个部门 i 的区域总产出 x_i^r；② 区域 r 每个部门 i 的产品出口 e_i^r；③ 区域 r 商品 i 的进口 m_i^r。之后，就可以构建区域 r 可提供的由区域 r 所生产的商品 i 占该商品总量的比例（商品 i 的区域供给比例）表达式，用 p_i^r 表示。

$$p_i^r = \frac{x_i^r - e_i^r}{x_i^r - e_i^r + m_i^r}$$

分子表示区域 r 本地生产的本地购买者可以使用的 i 的数量；分母表示区域 r 可以使用的 i 的总数量，不论是本地生产的还是进口的（因此 $p_i^r \times 100$ 是区域 r 部门 i 的区域供给比例的估计值—区域 r 可得到的商品 i 中在本地生产的比例）。

假定我们可以估计经济中每个部门的这种比例，则国家系数矩阵第 i 行的每个元素都乘以 p_i^r，就得到一行本地生产的商品 i 对每个本地生产者的直接消耗系数。如果我们将这些比例放到一个含有 n 个元素的列向量中，即 p^r，则我们所使用的区域矩阵

的估计将是 $A^{rr} = \hat{p}^{r}A$。对于两部门的模型，为：

$$A^{rr} = \hat{p}^{r}A = \begin{bmatrix} p_1^r & 0 \\ 0 & p_2^r \end{bmatrix} \begin{bmatrix} a_{11} & a_{12} \\ a_{21} & a_{22} \end{bmatrix} = \begin{bmatrix} p_1^r a_{11} & p_1^r a_{12} \\ p_2^r a_{21} & p_2^r a_{22} \end{bmatrix}$$

则对任何一个 f^r 我们有 $x^r = (I - \hat{p}^r A)^{-1} f^r$。这种对 A 中某行元素进行的一致修正是一种很强的假定。它意味着，举例来说，如果华盛顿的航天器、厨房设备和游艇部门都使用铝（部门 i）作为投入品，则所有三个部门从位于本州的公司购买的铝占它们各自对铝的总需求的比例相同，即都为 p_i^r。

在前文的两部门例子中，我们有 $A = \begin{bmatrix} 0.15 & 0.25 \\ 0.20 & 0.05 \end{bmatrix}$。假定这是一个国家表，我们想从这个表推出 A^{rr}，且没有证据显示区域的基本生产结构与 A 中所反映的国家平均结构不同。然而，区域的唯一特征体现在区域供给比例中。使用区域产出、出口和进口数据，假定我们估计部门 1 的产品的 80% 来自区域内属于该部门的公司，而部门 2 的产品预期有 60% 由该地区部门 2 的公司所提供，因此 $p^r = \begin{bmatrix} 0.8 \\ 0.6 \end{bmatrix}$。假定该区域计划的（新）最终需求为 $f^r = \begin{bmatrix} 600 \\ 1\,500 \end{bmatrix}$（这是前文中某些数值示例所使用的最终需求向量）。则：

$$\hat{p}^r = \begin{bmatrix} 0.8 & 0 \\ 0 & 0.6 \end{bmatrix}$$

$$A^{rr} = \hat{p}^r A = \begin{bmatrix} 0.8 & 0 \\ 0 & 0.6 \end{bmatrix} \begin{bmatrix} 0.15 & 0.25 \\ 0.20 & 0.05 \end{bmatrix} = \begin{bmatrix} 0.12 & 0.20 \\ 0.12 & 0.03 \end{bmatrix}$$

$$(I - A^{rr})^{-1} = \begin{bmatrix} 1.169 & 0.241 \\ 0.145 & 1.061 \end{bmatrix}$$

直接用这个区域逆矩阵，则：

$$x^r = (I - A^{rr})^{-1} f^r = \begin{bmatrix} 1.169 & 0.241 \\ 0.145 & 1.061 \end{bmatrix} \begin{bmatrix} 600 \\ 1\,500 \end{bmatrix} = \begin{bmatrix} 1\,062.90 \\ 1\,678.50 \end{bmatrix}$$

计算结果告诉我们，所需要的该地区部门 1 和部门 2 生产的总产出分别是 1 062.90 美元和 1 678.50 美元。

在更新的区域投入产出分析中，人们试图更为精确地在模型中描述区域经济的特征，在接下来的部分我们将简要探讨这些工作。

7.1.2 区域系数

我们之前提到，华盛顿所生产的电力有很大的可能性会与宾夕法尼亚州生产的电力有不同的生产配方（技术系数的列）。这些不同区域生产的电力实际上是两种不同的产品——"水力发电的电力"和"煤炭火力发电的电力"。另一个例子是关于飞机部门的。在国家表中,这个部门包括商用飞机、公务飞机和私人飞机等组合的制造。这个部门的一种投入可能是用于波音商用客机的大型喷气式引擎。此外,佛罗里达州区域表中的飞机部门只可能反映小型私人飞机的制造,对这个部门来说,大型喷气式引擎根本不是它的投入;而在华盛顿的表中,喷气式引擎却是一种极为重要的投入。

即使在分类很详细的国家投入产出表中,部门也是由多种产品组成的——正如这个飞机部门的例子一样。该部门中的公司分布在国家的多个区域中,它们通常只生产所有产品中很少的几种——华盛顿的波音公司不生产小型螺旋桨驱动式飞机;佛罗里达的 Piper 公司不生产可以载客达到 300 人的喷气式客机。这说明了投入产出中所谓的产品组合问题;被归类到同一个部门中的公司实际上生产不同系列的产品。避免这个问题的最直截了当的途径是调查该区域的公司,建立基于调查的区域投入产出表。进行这样的调查时,我们实际上可以提出基本问题的两类问法。在询问某个特定区域部门 j 的公司关于其各种投入的使用时,问题可以设为:

(1) 上个年度在生产你们的产出时你们购买了多少部门 i 的产品?(例如,华盛顿的飞机制造公司上年度购买了多少铝?)

(2) 上个年度你们从位于该区域的公司购买了多少部门 i 的产品?(例如,华盛顿的飞机制造商使用的铝有多少是从华盛顿的铝生产商那里购买的?)

在之前的例子中,会编制一个真正的区域技术系数表;与国家表相比,这个表会更好地反映本区域的生产实践。例如,这将去除在佛罗里达州私人飞机制造业中大型喷气式引擎的投入。然而,它无法顾及在所需要的每种投入中有多少来自本区域以及有多少是进口(调入)的。此外,以位于本区域的公司的产出所需要的由本区域公司所提供的投入品为基础的一系列系数可以反映区域生产技术。这些系数可被称为区域投入系数,与区域技术系数相区别,因为它们不是总能准确描述区域公司的技术,相反描述的只是当地公司使用当地投入的方式(区域内投入系数是一个尽管冗长但更为准确的描述)。

有些区域分析者不是通过使用区域供给比例修正国家系数表的,而是试图通过对本区域机构的调查得出区域投入系数表,调查使用问题(2)的提问形式。华盛顿系列表就是这种基于调查的建模尝试的例证,特别是其 1987 年和 2002 年的表。

为考察这种扩展,我们需要引入更为复杂的符号。我们仍旧用上标 r 表示所研究的区域。令表示从区域 r 的部门 i 到区域 r 的部门 j 的产品的价值流量。正如关于部门的下标顺序是"从——到"一样,关于地理位置的上标顺序也表示"从——到"。如果我们有一个对本区域经济体所有 n 个部门的关于 z 的完整数据集,以及该区域每个部门的总产出数据(x_j^r),区域投入系数可以从下式得出:

$$a_{ij}^{rr} = \frac{z_{ij}^{rr}}{x_j^r}$$

令 $\underset{n \times n}{Z^{rr}} = [z_{ij}^{rr}]$,$\underset{n \times 1}{x^r} = [x_j^r]$,则区域投入系数矩阵为:

$$A^{rr} = Z^{rr}(\hat{x}^r)^{-1}$$

（这就是早期区域研究中近似描述为 $\hat{p}^r A$ 的式子。）则区域 r 最终需求的一个变化对区域生产的影响为：

$$x^r = (I - A^{rr})^{-1} f^r$$

7.2　多区域模型：区域间方法

前面所介绍的单区域模型代表了投入产出体系中区域经济建模的一种方法。然而，这类方法无法做到的是以一种可行的途径辨析区域之间的相互联系。所关注的那个区域（上述区域 r）实质上与它所在国家的其他部分"无关联"，在这个意义上它的生产技术配方反映在区域内矩阵 A^{rr} 中。对于一个由几个区域组成的国家，许多重要的问题都牵涉多区域。

下一年的国家安全预算可能包括在加利福尼亚州建造的特定类型飞机的大订单、在弗吉尼亚州一艘或多艘船的大修，以及在新泽西州军用设施的现代化和升级。这些活动中每一个都预期不仅仅在活动所发生的区域（该例中为州）中有影响，而是在其他州中也有。因此总的经济影响可能大于加利福尼亚州、弗吉尼亚州和新泽西州内的区域影响。加利福尼亚州之外的公司会生产将被进口到加利福尼亚州用于飞机生产的产品；那些公司，反过来，也可能进口来自其他州的产品用于自己的生产。船检修需要的材料会从弗吉尼亚州之外的供给方进入弗吉尼亚州。新泽西州的基础设施升级所需要的电子元件可能从其他地方进口，而电子产品公司反过来会需要当地（它们的所在地）投入和进口投入，依此类推。

因此，多区域投入产出建模的基本问题是区域之间交易的估计。一种主流的方法是区域间模型，需要区域内数据以及区域间数据完全的（理想的）集合。

对于两区域的情况，这意味着要知道 $x^r = [x_i^r]$，$x^s = [x_i^s]$，$Z^{rr} = [z_{ij}^{rr}]$，$Z^{ss} = [z_{ij}^{ss}]$，$Z^{rs} = [z_{ij}^{rs}]$ 这个矩阵记录从区域 r 部门 i 到区域 s 部门 j 的交易流量，以及 $Z^{sr} = [z_{ij}^{sr}]$ 这个矩阵体现从 s 到 r 的流量。大多数的麻烦是最后两个矩阵带来的。在实际中，从来不会有那么详细的信息，并且随着区域数量的增加，要求也越来越高——一个三区域的模型需要 6 个区域间矩阵，一个四区域模型需要 12 个，等等。

7.2.1　两区域的区域间投入产出模型的基本结构

为了说明的方便，我们考虑一个两区域的经济体（如意大利分为意大利北部和意大利南部；或者，美国分为新英格兰和美国其他地区）。与之前相同，用 r 和 s 表示 2 个区域，设区域 r 有 3 个生产部门（1，2 和 3），区域 s 有 2 个生产部门（1 和 2）。假设我们有区域 r 的区域内流量 z_{ij}^{rr}，以及区域间流量 z_{ij}^{sr}。前者有 9 个元素，后者有 6 个元素。进一步假设位于区域 s 的公司的投入使用类似的信息也可以获得（可能通过调查获得），为 z_{ij}^{rs} 和 z_{ij}^{ss}。这个完整的区域内和区域间数据的表可以表示为：

$$Z = \begin{bmatrix} Z^{rr} & Z^{rs} \\ Z^{sr} & Z^{ss} \end{bmatrix}$$

在区域模型中,我们只用了区域内信息,现在我们想加入明确得多的区域间联系,即 Z^{rs} 和 Z^{sr} 所包含的信息。表 7-1 给出了完整的数据集。

表 7-1　多区域投入产出信息表

售出部门		购买部门				
		区域 r			区域 s	
		1	2	3	1	2
区域 r	1	z_{11}^{rr}	z_{12}^{rr}	z_{13}^{rr}	z_{11}^{rs}	z_{12}^{rs}
	2	z_{21}^{rr}	z_{22}^{rr}	z_{23}^{rr}	z_{21}^{rs}	z_{22}^{rs}
	3	z_{31}^{rr}	z_{32}^{rr}	z_{33}^{rr}	z_{31}^{rs}	z_{32}^{rs}
区域 s	1	z_{11}^{sr}	z_{12}^{sr}	z_{13}^{sr}	z_{11}^{ss}	z_{12}^{ss}
	2	z_{21}^{sr}	z_{22}^{sr}	z_{23}^{sr}	z_{21}^{ss}	z_{22}^{ss}

这些非对角位置的矩阵不一定是方阵。这里 Z^{rs} 是 3×2 的矩阵,Z^{sr} 是 2×3 的矩阵。处于对角位置的矩阵总是方阵;本例中 Z^{rr} 和 Z^{ss} 分别是 3×3 和 2×2 的。Z^{rs} 的元素表示从区域 r 的出口且同时表示到区域 s 的进口,在区域投入产出研究中常常将这些元素称为区域间贸易(或者简单称为贸易)流量,而在处理跨国的而不仅仅是区域范围的对外贸易时使用术语"出口"和"进口"。

通过调查两个区域的公司对当地生产的投入品的购买以及对来自其他区域的投入品的购买,我们可以搜集表 7-1 所示的不同的列。此外,表 7-1 中的数据也可以通过询问每个区域的公司将它们的多少产品卖给自己区域的各个部门,以及将多少产品卖给其他区域的部门来搜集。这可以形成表 7-1 中所示的不同行的数字。

再次考虑部门 i 产品分配的基本方程:

$$x_i = z_{i1} + z_{i2} + \cdots + z_{ij} + \cdots + z_{in} + f_i$$

最终需求项的一个部分记录的是部门 i 产品的出口。在两区域的区域间投入产出模型中,f_i 表示部门 i 用于其他区域生产部门(但不是其他区域的消费者)的产品销售量的部分从最终需求类别中移走,并被清晰具体地给出。对于两区域的例子来讲,区域 r 部门 1 的产出可以表示为:

$$x_1^r = \underbrace{z_{11}^{rr} + z_{12}^{rr} + z_{13}^{rr}}_{\substack{\text{部门1的区域内} \\ \text{部门间销售}}} + \underbrace{z_{11}^{rs} + z_{12}^{rs}}_{\substack{\text{部门1的区域间} \\ \text{部门间销售}}} + \underbrace{f_1^r}_{\substack{\text{部门1的区域内} \\ \text{最终需求销售}}}$$

对 x_2^r, x_3^r 以及 x_1^s, x_2^s 也有类似的方程。区域 r 的区域投入系数由上式给出。对于区域 s 也有同样的设定:

$$a_{ij}^{ss} = \frac{z_{ij}^{ss}}{x_j^s}$$

区域间贸易系数用同样的方式得到,其中分母是贸易流入区域的部门总产出。这里,区域间贸易系数为:

$$a_{ij}^{rs} = \frac{z_{ij}^{rs}}{x_j^s} \text{ 和 } a_{ij}^{sr} = \frac{z_{ij}^{sr}}{x_j^r}$$

使用这些区域投入和贸易系数,上式可以重新表示为:

$$x_1^r = a_{11}^r x_1^r + a_{12}^r x_2^r + a_{13}^r x_3^r + a_{11}^{rs} x_1^s + a_{12}^{rs} x_2^r + f_1^r$$

对于 x_2^r, x_3^r, x_1^s 和 x_2^s 也有类似的表达式。按照前文的处理方式做同样的工作,将包括 x^r 或 x^s 的所有项都移到左边,变为:

$$(1 - a_{11}^{rr})x_1^r - a_{12}^{rr}x_2^r - a_{13}^{rr}x_3^r - a_{11}^{rs}x_1^s - a_{12}^{rs}x_2^r = f_1^r$$

对于右侧的 f_2^r, f_3^r, f_1^s 和 f_2^s 有类似的式子。

对我们这里的例子来说,A^{rr} 为:

$$A^{rr} = \begin{bmatrix} a_{11}^{rr} & a_{12}^{rr} & a_{13}^{rr} \\ a_{21}^{rr} & a_{22}^{rr} & a_{23}^{rr} \\ a_{31}^{rr} & a_{32}^{rr} & a_{33}^{rr} \end{bmatrix}$$

同样,在本例中,$A^{ss} = Z^{ss}(x^s)^{-1}$,两个贸易系数矩阵为 $A^{rs} = Z^{rs}(x^s)^{-1}$ 和 $A^{sr} = Z^{sr}(x^r)^{-1}$。用这 4 个矩阵,5 个方程式可以用矩阵形式统一表达为:

$$(I - A^{rr})x^r - A^{rs}x^s = f^r$$
$$-A^{rs}x^r + (I - A^{ss})x^s = f^s$$

式中,f^r 是区域 r 产品的三元素最终需求向量,f^s 是区域 s 产品的二元素最终需求向量。我们定义两区域的区域间模型完整的系数矩阵包含 4 个子矩阵:

$$A = \begin{bmatrix} A^{rr} & A^{rs} \\ A^{sr} & A^{ss} \end{bmatrix}$$

在本例中,A 会是 5×5 的矩阵。类似地,令:

$$x = \begin{bmatrix} x^r \\ x^s \end{bmatrix}, \quad f = \begin{bmatrix} f^r \\ f^s \end{bmatrix}, \quad I = \begin{bmatrix} \underset{(3\times3)}{I} & \underset{(3\times2)}{0} \\ \underset{(2\times3)}{0} & \underset{(2\times2)}{I} \end{bmatrix}$$

则有:

$$(I - A)x = f$$

为了强调 $(I - A)x = f$ 的结构,可以表示得不那么紧凑:

$$\left\{\begin{bmatrix} I & 0 \\ 0 & I \end{bmatrix} - \begin{bmatrix} A^{rr} & A^{rs} \\ A^{sr} & A^{ss} \end{bmatrix}\right\}\begin{bmatrix} x^r \\ x^s \end{bmatrix} = \begin{bmatrix} f^r \\ f^s \end{bmatrix}$$

注意:在使用这类区域间模型进行分析时,不但区域(区域内)的投入系数(元素 A^{rr} 和 A^{ss})必须稳定,A^{rs} 和 A^{sr} 中的区域间投入系数也被假定不随时间变化。因此,在该模型中,每个区域的生产和区域间贸易模式都是固定的。对于某个区域或两个区域给定的最终需求水平,2 个区域所需要的总产出都能用通常的投入产出方程 $x = (I-A)^{-1}f$ 计算出。

完整的 $(I-A)$ 矩阵比单区域模型要大——如果 2 个区域都分为 n 个部门,单区域矩阵的规模为 $n \times n$,完整的两区域的区域间模型规模为 $2n \times 2n$,这意味着(可能)需要 4 倍的元素信息(当然可能许多元素为 0)。然而,除了这些维度上的影响,分析过程的路径是相似的。

好处是这类模型抓住了每个区域每个部门受到的影响的量;区域间关联由供给区域的部门和接受区域的部门具体描述。伴随的不足是数据要求的大大增加和区域间贸易关系不变的必要假定。如果在国家投入产出模型中一般并不总是那么容易接受固定投入系数的思想,那么相信给定区域部门 j 不论产出如何变化,在其价值 1 美元的产出中商品 i 的进口保持不变就更加困难了。

7.2.2 两区域模型的区域间反馈

考虑一家外国航空公司对华盛顿(区域 r)生产的商用飞机的需求有所提高。某些配件和零件将从区域外的部门购买,如喷气式引擎从康涅狄格州(区域 s)购买。这个由于华盛顿的新产出而导致的对康涅狄格州的新产出的刺激通常被称为区域间溢出。对飞机需求的提高将会提高对引擎的需求,继而提高对所有喷气式引擎制造中的直接和间接投入需求,其中某项就可能是华盛顿制造并输出的铝配件。这个思想在图 7-1 中说明。

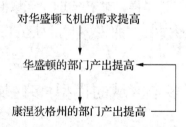

图 7-1 华盛顿最终需求的增加通过康涅狄格州影响华盛顿的产出

向下的连接华盛顿产出和康涅狄格州产出的箭头代表区域间的溢出效应;向上的从康涅狄格州到华盛顿的箭头也代表区域间的溢出,第一个源自华盛顿($r \to s$),第二个源自康涅狄格州($s \to r$)。两个箭头组成的环通过康涅狄格州的产出连接华盛顿自身的产出,表示区域间的反馈效应($r \to r$);换句话说,华盛顿需要更多来自康涅狄格州的投入,从而康涅狄格州需要更多来自各地的投入,包括华盛顿的。两矩阵方程形式的区域间模型使得我们能够把这种区域间溢出的量确切地分离出来。

将 x^r, x^s, f^r 和 f^s 读为"……的增量"——即 $\Delta x^r, \Delta x^s, \Delta f^r$ 和 Δf^s。给定 2 个区域最终需求变化的向量,我们能够找出总产出的相应变化。为简化起见,假设 $\Delta f^s = 0$,我们只确定区域最终需求变化对 2 个区域的影响。在这些条件下,求解 x 得到:

$$x^s = (I - A^{ss})^{-1} A^{sr} x^r$$

将上式代入第一个方程,得到:

$$(I - A^{rr}) x^r - A^{rs}(I - A^{ss})^{-1} A^{sr} x^r = f^r$$

注意,如果是单区域模型(区域 r),则方程为 $(I - A^{rr}) x^r = f^r$。减去的额外附加的项(第二项):

$$A^{rs}(I - A^{ss})^{-1} A^{sr} x^r$$

确切地表示了由于区域间的贸易联系而对区域的产出增加的需求;它是区域间的反馈项。考虑从右侧开始的不同部分:① $A^{sr} x^r$ 计算出由区域 r 的产出增加引起的从 s 到 r 的流量规模(为了新飞机的装配从康涅狄格州输送到华盛顿的引擎的价值);② $(I - A^{ss})^{-1} A^{sr} x^r$ 则将这些流量在区域 s 转化为直接和间接的生产来自 s 的输出量所需要的产出(提供输送到华盛顿的引擎所需要的康涅狄格州所有部门的产出);③ $A^{rs}(I - A^{ss})^{-1} A^{sr} x^r$ 表示为了维持②中所得出的 s 的总产出所必需的从 r 到 s 的额外销售量(用于满足②中的康涅狄格州生产量所产生的康涅狄格州的投入需求,即来自华盛顿各个部门的新产出)。

因此,区域间关联的强度和重要性不仅依赖于区域间的投入系数矩阵——本例中为的 A^{rs} 和 A^{sr},而且依赖于其他区域的完全的区域投入系数,即由 $(I - A^{ss})^{-1}$ 所代表。正是这类区域间联系将区域间模型和单区域模型完全区分开来。因为反馈项从 $(I - A^{rr}) x^r - A^{rs}(I - A^{ss})^{-1} A^{sr} x^r = f^r$ 的 $(I - A^{rr}) x^r$ 中被减去了,给定 f^r 的数值,与单区域分析相比将会产生一个更大的 x^r,以满足所需要的对区域 s 的输送量,就如同通常的区域内货物需求 $A^{rr} x^r$ 一样。对于产出,单区域模型和两区域模型将分别为 $x^r = (I - A^{rr})^{-1} f^r$ 和 $x^r = (I - A^{rr} - A^{rs} L^{ss} A^{sr})^{-1} f^r$。

7.3 多个区域的模型:多区域方法

虽然前文所描述的那类完全的区域间模型因为所需要的数据量巨大,通常不可能应用于很多区域和/或很多部门的情况,但这个方法在可操作性更大的框架上发展出了具有启发性的令人鼓舞的改进和简化。在这个方向上的一种尝试是使用"钱纳里-摩西"方法来得到区域间模型所要求的区域内和区域间交易的一致性估计。这种方法作为多区域投入产出模型而被人熟知。它包含区域投入系数矩阵的相应部分(如矩阵 A^{rr})和区域间投入(贸易)系数矩阵(如矩阵 A^{rs})。在所有的两种情况下,该尝试具体给出了一个数据更容易获取的模型。

7.3.1　区域表

多区域投入产出模型使用区域技术系数矩阵 A^r 代替区域投入系数矩阵 A^{rr}。这些区域技术系数 a_{ij}^r 能够通过回答"在制造你的产出时你上个年度购买了多少部门 i 的产品"来得到,此处它们与区域投入系数 a_{ij}^{rr} 不同。关于一个给定投入的来源区域的信息被忽略了;我们只需要区域 r 部门 j 使用的部门 i 的投入的价值量信息。这些交易通常被记为 z_{ij}^{*r},其中的点表示所有的部门 i 可能所在的地理位置被总括在一起。这些系数被定义为 $a_{ij}^r = \dfrac{z_{ij}^{*r}}{x_j^r}$ 及 $A^r = [a_{ij}^r]$。

在实践中,当实际的区域技术数据无法获得时,有时会使用叫作产品组合方法的途径来进行区域技术系数矩阵的估计。其基本假定是一单位产出的投入需求在非常细的部门分类水平下在区域之间是不变的,但是在区域水平上生产的重要识别特征是当我们面对更为综合的部门时部门产出的构成。返回到我们对产品组合问题的较早说明,当双引擎商用飞机在华盛顿(或其他任何地方)被制造时,除了其他投入品,它们使用 2 个引擎作为投入;当佛罗里达州或任何其他州制造单引擎螺旋桨推进式私人飞机时,它们使用 1 个螺旋桨引擎作为生产中的投入品之一。但是需要引起注意的重要事实是,华盛顿表中叫作"飞机"的部门的产出与佛罗里达州(私人/公司飞机)的"飞机"部门的产出相比有着非常不同的产品构成。

作为说明,假设部门 2 是食品及同类产品,且只包含 3 个子部门,可以用它们的产出来命名部门:番茄汤(部门 2.1)、巧克力棒(部门 2.2)和番石榴果冻(部门 2.3)。假设从部门 8(纸及同类产品)到这 3 个子部门中每一个子部门的国家技术系数分别为 0.005、0.009 和 0.003(这些代表了包装标签、包装纸等的各种条目)。假设我们想推导出新泽西州(区域 J)和佛罗里达州(区域 F)从部门 8 到部门 2 的投入系数 a_{82}。我们需要的数据见表 7-2,其中 N 表示国家数据。在新泽西州,食品及同类产品部门仅仅由番茄汤(700 000 美元)和巧克力棒(300 000 美元)组成——没有番石榴果冻;而在佛罗里达州,这个部门则由番茄汤(80 000 美元)和番石榴果冻(420 000 美元)组成——没有巧克力棒。

表 7-2　用产品组合方法将国家系数转化为区域系数所需要的数据

国家数据			
对部门 2:食品及同类产品			
子部门	2.1	2.2	2.3
	番茄汤	巧克力棒	番石榴果冻
来自部门 8:纸及同类产品			
	$a_{8,2.1}^N = 0.005$	$a_{8,2.2}^N = 0.009$	$a_{8,2.3}^N = 0.003$
区域数据			
部门 2 的子部门产出(千美元)			

新泽西州	佛罗里达州
$x^J_{2,1}=700$	$x^F_{2,1}=80$
$x^J_{2,2}=300$	$x^F_{2,2}=0$
$x^J_{2,3}=0$	$x^F_{2,3}=420$
部门2的总产出(千美元)	
$x^J_2=1\,000$	$x^F_2=500$

在表7-2中的产出数值所属的时期中,作为投入的纸及同类产品的购买,在新泽西州食品及同类产品的生产过程中,被假设为以下项的合计:

$$a^N_{8,2.1}x^J_{2.1}=(0.005)(700\,000)=3\,500$$

$$a^N_{8,2.2}x^J_{2.2}=(0.009)(300\,000)=2\,700$$

$$a^N_{8,2.3}x^J_{2.3}=(0.003)(0)=0$$

在新泽西州部门2的生产中来自部门8的必需投入量总计为6 200美元。因为 $x^J_2=x^J_{2.1}+x^J_{2.2}+x^J_{2.3}=1\,000\,000$,所以:

$$a^J_{82}=6\,200\div1\,000\,000=0.006\,2$$

类似地,对于佛罗里达州,有:

$$a^N_{8,2.1}x^F_{2.1}=(0.005)(80\,000)=400$$

$$a^N_{8,2.2}x^F_{2.2}=(0.009)(0)=0$$

$$a^N_{8,2.3}x^F_{2.3}=(0.003)(420\,000)=1\,260$$

佛罗里达州部门2来自部门8的总投入估计为1 660美元。因为 $x^F_2=500\,000$,我们有:

$$a^F_2=1\,660\div500\,000=0.003\,3$$

正式地:

$$a^J_{82}=\frac{a^N_{8,2.1}x^J_{2.1}+a^N_{8,2.2}x^J_{2.2}+a^N_{8,2.3}x^J_{2.3}}{x^J_2}$$

$$=a^N_{8,2.1}\left(\frac{x^J_{2.1}}{x^J_2}\right)+a^N_{8,2.2}\left(\frac{x^J_{2.2}}{x^J_2}\right)+a^N_{8,2.3}\left(\frac{x^J_{2.3}}{x^J_2}\right)$$

$$a^F_{82}=\frac{a^N_{8,2.1}x^F_{2.1}+a^N_{8,2.2}x^F_{2.2}+a^N_{8,2.3}x^F_{2.3}}{x^F_2}$$

$$=a^N_{8,2.1}\left(\frac{x^F_{2.1}}{x^F_2}\right)+a^N_{8,2.2}\left(\frac{x^F_{2.2}}{x^F_2}\right)+a^N_{8,2.3}\left(\frac{x^F_{2.3}}{x^F_2}\right)$$

用这种方法推导出的区域系数是国家的细分类系数的加权平均,其中权重为各州的子部门产出占部门总产出的比例$\left(如\dfrac{x^J_{2.1}}{x^J_2}\right)$。

7.3.2　区域间表

在多区域投入产出模型中,区域之间的相互联系通过与区域间投入产出框架完全不同的途径来反映。多区域模型中的贸易流量分部门进行估计,这仍然是通过利用可能获取的多种数据来进行的。对于部门 i,令 z_i^{rs} 表示从区域 r 到区域 s 的商品 i 的价值流量,不论接受区域的最终使用部门是什么。这些流量包括到区域 s 的生产部门以及最终需求部门的输送量。因此,对每个部门,这类输送量矩阵见表 7-3。

表 7-3　商品 i 的区域间输送量

来源区域	接受区域					
	1	2	$\cdots$	s	$\cdots$	p
1	z_i^{11}	z_i^{12}	$\cdots$	z_i^{1s}	$\cdots$	z_i^{1p}
2	z_i^{21}	z_i^{22}	$\cdots$	z_i^{2s}	$\cdots$	z_i^{2s}
$\cdots$	$\cdots$	$\cdots$	$\cdots$	$\cdots$	$\cdots$	$\cdots$
r	z_i^{r1}	z_i^{r2}	$\cdots$	z_i^{rs}	$\cdots$	z_i^{rp}
$\cdots$	$\cdots$	$\cdots$	$\cdots$	$\cdots$	$\cdots$	$\cdots$
p	z_i^{p1}	z_i^{p2}	$\cdots$	z_i^{ps}	$\cdots$	z_i^{pp}
总　计	T_i^1	T_i^2	$\cdots$	T_i^s	$\cdots$	T_i^p

注意:该表中的每个列和表示模型中从所有区域到该区域的商品 i 的总输送量;对于表中商品 i 第 s 列的合计,用 T_i^s 表示:

$$T_i^s = z_i^{1s} + z_i^{2s} + \cdots + z_i^{rs} + \cdots + z_i^{ps}$$

如果第 s 列中的每个元素都用这个合计来除,我们就得到表示区域 s 中使用的来自每个区域 $r(r=1,\cdots,p)$ 的商品 i 的比例。这些比例用 c_i^{rs} 表示:

$$c_i^{rs} = \frac{z_i^{rs}}{T_i^s}$$

为了之后的应用,这些系数按照如下方式安排。对每个可能的来源和目的地对组,用 n 个元素的列向量 c^{rs} 表示:

$$c^{rs} = \begin{bmatrix} c_1^{rs} \\ \vdots \\ c_n^{rs} \end{bmatrix}$$

这些元素表明了在区域 s 使用的每一种商品的总量中来自区域 r 的部分所占的比例有多大。之后,建立 $\hat{c}^{rs}$:

$$\hat{c}^{rs} = \begin{bmatrix} c_1^{rs} & 0 & \cdots & 0 \\ 0 & c_2^{rs} & \cdots & 0 \\ \vdots & & \ddots & \\ 0 & 0 & \cdots & c_n^{rs} \end{bmatrix}$$

对于 $r,s = 1,\cdots,p$。注意：在这个序列中，会包含区域内矩阵。例如，它会包含矩阵 $\hat{c}^{ss}$，即：

$$\hat{c}^{ss} = \begin{bmatrix} c_1^{ss} & 0 & \cdots & 0 \\ 0 & c_2^{ss} & \cdots & 0 \\ \vdots & & \ddots & \\ 0 & 0 & \cdots & c_n^{ss} \end{bmatrix}$$

其元素 $c_i^{ss} = \dfrac{z_i^{ss}}{T_i^s}$，表示区域 s 所使用的商品 i 中来自本区域的比例。

7.3.3　多区域模型

考虑一个小的两部门、两区域的例子，其中：

$$A^r = \begin{bmatrix} a_{11}^r & a_{12}^r \\ a_{21}^r & a_{22}^r \end{bmatrix}, \quad A^s = \begin{bmatrix} a_{11}^s & a_{12}^s \\ a_{21}^s & a_{22}^s \end{bmatrix}$$

$$\hat{c}^{rs} = \begin{bmatrix} c_1^{rs} & 0 \\ 0 & c_2^{rs} \end{bmatrix}, \quad \hat{c}^{ss} = \begin{bmatrix} c_1^{ss} & 0 \\ 0 & c_2^{ss} \end{bmatrix}$$

则多区域投入产出模型使用矩阵：

$$\hat{c}^{rs} A^s = \begin{bmatrix} c_1^{rs} a_{11}^s & c_1^{rs} a_{12}^s \\ c_2^{rs} a_{21}^s & c_2^{rs} a_{22}^s \end{bmatrix}$$

作为区域间投入产出模型中 A^{rs} 的一个估计。类似地，有：

$$\hat{c}^{ss} A^s = \begin{bmatrix} c_1^{ss} a_{11}^s & c_1^{ss} a_{12}^s \\ c_2^{ss} a_{21}^s & c_2^{ss} a_{22}^s \end{bmatrix}$$

在多区域模型中代替区域间模型中的 A^{ss}。因此，多区域投入产出模型与使用估计的供给百分比的早期区域模型包含相同的假设。看 $c^{rs} A^s$ 和 $\hat{c}^{ss} A^s$ 矩阵最上面的行，注意这里假设区域 s 的部门 1 和部门 2 使用相同比例的由区域 r 所供给的产品 1，即 c_1^{rs}，以及相同比例的由区域 s 自己所供给的产品 1——c_1^{ss}。

假设区域 r 和区域 s 的部门 1 都是电力生产，区域 s 的部门 2 是汽车制造，则如果 $c_1^{rs} = 0.6$，表示区域 s 发电用的所有电有 60% 来自区域 r，区域 s 汽车制造中使用的所有电力也有 60% 来自区域 r。类似地，因为在这个两区域模型中，$c_1^{ss} = 0.4$ 可能是正确的，区域 s 在电力生产和汽车生产中所用的电力都有 40% 来自本区域内部。

因为表 7-3 中的区域间输送量在接受区域中，既包括对生产部门的销售量，也包括对最终需求使用者的销售量，因此区域 s 中的最终需求一部分由本区域的公司来满足（$\hat{c}^{ss}f^s$），一部分由从区域外的公司处购买来满足（$\hat{c}^{rs}f^s$）。继续用 $c_1^{rs}=0.6$ 的例子来说明，其中部门 1 是电力生产，区域 s 的电力最终需求也有 60% 由区域 r 的生产者来满足。因此，多区域模型中与 $(I-A^{rr})x^r-A^{rs}x^s=f^r$；$-A^{rs}x^r+(I-A^{ss})x^s=f^s$

两式相对应的区域间模型部分为：

$$(I-\hat{c}^{rr}A^r)x^r-\hat{c}^{rs}A^sx^s=\hat{c}^{rr}f^r+\hat{c}^{rs}f^s$$

$$-\hat{c}^{sr}A^rx^r+(I-\hat{c}^{ss}A^s)x^s=\hat{c}^{sr}f^r+\hat{c}^{ss}f^s$$

令：

$$A=\begin{bmatrix}A^r&0\\0&A^s\end{bmatrix},C=\begin{bmatrix}\hat{c}^{rr}&\hat{c}^{rs}\\\hat{c}^{sr}&\hat{c}^{ss}\end{bmatrix},x=\begin{bmatrix}x^r\\x^s\end{bmatrix},f=\begin{bmatrix}f^r\\f^s\end{bmatrix}$$

则：

$$(I-\hat{c}^{rr}A^r)x^r-\hat{c}^{rs}A^sx^s=\hat{c}^{rr}f^r+\hat{c}^{rs}f^s$$

$$-\hat{c}^{sr}A^rx^r+(I-\hat{c}^{ss}A^s)x^s=\hat{c}^{sr}f^r+\hat{c}^{ss}f^s$$

可以记为：

$$(I-CA)x=Cf$$

给出的解为：

$$x=(I-CA)^{-1}Cf$$

可以直接扩展到多于两个区域的模型。三区域模型的方程为：

$$(I-\hat{c}^{11}A^1)x^1-\hat{c}^{12}A^2x^2-\hat{c}^{13}A^3x^3=\hat{c}^{11}f^1+\hat{c}^{12}f^2+\hat{c}^{13}f^3$$

$$-\hat{c}^{21}A^1x^1+(I-\hat{c}^{22}A^2)x^2-\hat{c}^{23}A^3x^3=\hat{c}^{21}f^1+\hat{c}^{22}f^2+\hat{c}^{23}f^3$$

$$-\hat{c}^{31}A^1x^1-\hat{c}^{32}A^2x^2+(I-\hat{c}^{33}A^3)x^3=\hat{c}^{31}f^1+\hat{c}^{32}f^2+\hat{c}^{33}f^3$$

对矩阵 A,C,x 和 f 做恰当扩展，使其包括 3 个区域，基本模型仍然为 $(I-CA)x=Cf$，其解为 $x=(I-CA)^{-1}Cf$。

最后，当有 p 个区域时，令：

$$A = \begin{bmatrix} A^1 & 0 & \cdots & 0 \\ 0 & A^2 & \cdots & 0 \\ \vdots & & \ddots & \\ 0 & 0 & \cdots & A^p \end{bmatrix}, C = \begin{bmatrix} \hat{c}^{11} & \cdots & \hat{c}^{1p} \\ \hat{c}^{21} & \cdots & \hat{c}^{2p} \\ \vdots & \ddots & \\ \hat{c}^{p1} & \cdots & \hat{c}^{pp} \end{bmatrix}, x = \begin{bmatrix} x^1 \\ x^2 \\ \vdots \\ x^p \end{bmatrix}, f = \begin{bmatrix} f^1 \\ f^2 \\ \vdots \\ f^p \end{bmatrix}$$

则 $(I-CA)x=Cf$ 和 $x=(I-CA)^{-1}Cf$ 仍旧表示这个系统和它的解；只有矩阵的维度改变了。

算例7.1 中国2000年多区域模型

2003年,发展经济研究所(东京)联合日本外部贸易组织出版了一个雄心勃勃的中国2000年多区域投入产出数据集,包括30个部门,共8个区域。

算例表7-1-1至算例表7-1-3给出了这个关于中国的研究工作高度综合的数据版本,有3个部门和3个区域(仅仅是为了说明)。交易量的单位是万元(元即CYN)。在这个三区域的例子中,我们可以在遍及中国各部门和各区域的范围内,很容易地追踪假设的最终需求变化的影响。例如,假设北方制造业产品的出口需求增加了10万元,我们可以用：$(\Delta f^N)'=\begin{bmatrix} 0 & 100 & 0 & 0 & 0 & 0 & 0 & 0 & 0 \end{bmatrix}$表示。

结合表7-1-3的完全需求系数矩阵来评估这个最终需求变化在整个经济体中的影响。我们可以研究在其他区域中每个区域制造业产品出口需求增加同样数量的类似含义：

用 $(\Delta f^S)'=\begin{bmatrix} 0 & 0 & 0 & 0 & 100 & 0 & 0 & 0 & 0 \end{bmatrix}$ 表示南方的出口需求；

用 $(\Delta f^R)'=\begin{bmatrix} 0 & 0 & 0 & 0 & 0 & 0 & 0 & 100 & 0 \end{bmatrix}$ 表示中国其他区域的出口需求。

依次对这些向量左乘表7-1-3中的完全需求系数矩阵,就产生了表7-1-4中的结果。

新增的出口需求产生对自己区域的不同的经济影响,依赖于产生新增出口需求的制造部门所在的区域。当对北方制造的产品有需求时,北方所有部门的总产出增加了215 300元。如果需求是针对南方生产的产品,则该区域新产出的总价值为236 100元;如果新需求是针对中国其他区域生产的产品,则该区域所有部门的产出增加203 900元。对其他区域的区域间溢出由算例表7-1-4底部行除本区域之外的其他单元格给出。当我们分别对北方、南方和中国其他区域给予刺激时,将溢出和区域自身影响加起来,我们看到对制造业的100 000元刺激的全国总效应分别为259 800元、268 500元和240 200元。

算例表 7－1－1　中国 2000 年区域间和区域内交易

单位：万元

		北　方			南　方			其他区域	
		自然资源	制造业和建筑业	服务业	自然资源	制造业和建筑业	服务业	自然资源	制造业和建筑业	服务业
北方	自然资源	1 724	6 312	406	188	1 206	86	14	49	4
	制造业和建筑业	2 381	18 458	2 987	301	3 331	460	39	234	57
	服务业	709	3 883	1 811	64	432	138	5	23	5
南方	自然资源	149	656	42	3 564	8 828	806	103	178	15
	制造业和建筑业	463	3 834	571	3 757	34 931	5 186	202	1 140	268
	服务业	49	297	99	1 099	6 613	2 969	31	163	62
其他区域	自然资源	9	51	3	33	254	18	1 581	3 154	293
	制造业和建筑业	32	272	41	123	1 062	170	1 225	6 704	1 733
	服务业	4	25	7	25	168	47	425	2 145	1 000
	总产出	16 651	49 563	15 011	27 866	81 253	23 667	11 661	21 107	8 910

算例表 7－1－2　中国 2000 年多区域经济的直接消耗系数

		北　方			南　方			其他区域	
		自然资源	制造业和建筑业	服务业	自然资源	制造业和建筑业	服务业	自然资源	制造业和建筑业	服务业
北方	自然资源	0.103 5	0.127 4	0.027 0	0.006 7	0.014 8	0.003 6	0.001 2	0.002 3	0.000 4
	制造业和建筑业	0.143 0	0.372 4	0.199 0	0.010 8	0.041 0	0.019 4	0.003 3	0.011 1	0.006 4
	服务业	0.042 6	0.078 3	0.120 6	0.002 3	0.005 3	0.005 8	0.000 4	0.001 1	0.000 6

投入产出经济学

续 表

		北方			南方			其他区域		
		自然资源	制造业和建筑业	服务业	自然资源	制造业和建筑业	服务业	自然资源	制造业和建筑业	服务业
南方	自然资源	0.008 9	0.013 2	0.002 8	0.127 9	0.108 6	0.034 1	0.008 8	0.008 4	0.001 7
	制造业和建筑业	0.027 8	0.077 4	0.038 0	0.134 8	0.429 9	0.219 1	0.017 3	0.054 0	0.030 1
	服务业	0.002 9	0.006 0	0.006 6	0.039 4	0.081 4	0.125 4	0.002 7	0.007 7	0.007 0
其他区域	自然资源	0.000 5	0.001 0	0.000 2	0.001 2	0.003 1	0.000 8	0.135 6	0.149 4	0.032 9
	制造业和建筑业	0.001 9	0.005 5	0.002 7	0.004 4	0.013 1	0.007 2	0.105 1	0.317 6	0.194 5
	服务业	0.000 2	0.000 5	0.000 5	0.000 9	0.002 1	0.002 0	0.036 4	0.101 6	0.112 2

算例表 7－1－3 中国 2000 年多区域经济的列昂惕夫逆矩阵

		北方			南方			其他区域		
		自然资源	制造业和建筑业	服务业	自然资源	制造业和建筑业	服务业	自然资源	制造业和建筑业	服务业
北方	自然资源	1.163 1	0.256 1	0.096 6	0.022 7	0.058 2	0.026 8	0.006 5	0.016 1	0.008 5
	制造业和建筑业	0.300 8	1.727 5	0.408 1	0.053 6	0.159 7	0.085 0	0.019 1	0.052 8	0.031 3
	服务业	0.084 1	0.168 6	1.179 5	0.011 6	0.030 6	0.020 2	0.003 5	0.009 3	0.005 4
南方	自然资源	0.032 5	0.068 1	0.032 0	1.191 9	0.250 4	0.111 5	0.024 4	0.045 9	0.023 1
	制造业和建筑业	0.119 4	0.294 3	0.158 8	0.325 7	1.919 3	0.503 6	0.074 1	0.201 0	0.118 7
	服务业	0.019 3	0.044 7	0.028 4	0.084 8	0.192 0	1.196 5	0.014 2	0.037 5	0.025 1
其他区域	自然资源	0.003 4	0.007 9	0.003 9	0.006 2	0.016 4	0.008 1	1.195 7	0.279 3	0.106 2
	制造业和建筑业	0.009 9	0.024 5	0.013 3	0.017 6	0.047 7	0.027 2	0.206 8	1.568 1	0.353 3
	服务业	0.002 2	0.005 1	0.003 0	0.004 5	0.011 4	0.007 5	0.073 0	0.191 6	1.171 6

算例表 7-1-4 中国 2000 年制造业产品的最终需求增加 10 万元的分区域分部门影响

单位:千元

部 门	北方生产			南方生产			其他区域生产		
	北方	南方	其他区域	北方	南方	其他区域	北方	南方	其他区域
自然资源	25.6	6.8	0.8	5.8	25.0	1.6	1.6	4.6	27.9
制造业和建筑业	172.8	29.4	2.5	16.0	191.9	4.8	5.3	20.1	156.8
服务业	16.9	4.5	0.5	3.1	19.2	1.1	0.9	3.8	19.2
总 计	215.3	40.7	3.8	24.9	236.1	7.5	7.8	28.5	203.9

算例 7.2 虚拟的两区域区域间模型

为了说明两区域的情况,区域 r 和区域 s 间的产业间商品流量数据如算例表 7-2-1 所示。

算例表 7-2-1 区域 r 和区域 s 间的产业间商品流量数据

售出部门		购买部门				
		区域 r			区域 s	
		1	2	3	1	2
区域 r	1	150	500	50	25	75
	2	200	100	400	200	100
	3	300	500	50	60	40
区域 s	1	75	100	60	200	250
	2	50	25	25	150	100

同时,令:

$$f^r = \begin{bmatrix} 200 \\ 1\,000 \\ 50 \end{bmatrix} \text{ 且 } f^s = \begin{bmatrix} 515 \\ 450 \end{bmatrix}$$

故,

$$f = \begin{bmatrix} f^r \\ f^s \end{bmatrix} = \begin{bmatrix} 200 \\ 1\,000 \\ 50 \\ 515 \\ 450 \end{bmatrix}$$

因此：

$$x^r = \begin{bmatrix} 1\ 000 \\ 2\ 000 \\ 1\ 000 \end{bmatrix}, \quad x^s = \begin{bmatrix} 1\ 200 \\ 800 \end{bmatrix}, \quad x = \begin{bmatrix} x^r \\ x^s \end{bmatrix} = \begin{bmatrix} 1\ 000 \\ 2\ 000 \\ 1\ 000 \\ 1\ 200 \\ 800 \end{bmatrix}$$

A^{rr} 为：

$$A^{rr} = \begin{bmatrix} 0.150 & 0.250 & 0.050 \\ 0.200 & 0.050 & 0.400 \\ 0.300 & 0.250 & 0.050 \end{bmatrix}$$

类似地，

$$A^{ss} = \begin{bmatrix} 0.166\ 7 & 0.312\ 5 \\ 0.125\ 0 & 0.125\ 0 \end{bmatrix}, \quad A^{rs} = \begin{bmatrix} 0.020\ 8 & 0.093\ 8 \\ 0.166\ 7 & 0.125\ 0 \\ 0.050\ 0 & 0.050\ 0 \end{bmatrix},$$

$$A^{sr} = \begin{bmatrix} 0.075\ 0 & 0.050\ 0 & 0.060\ 0 \\ 0.050\ 0 & 0.012\ 5 & 0.025\ 0 \end{bmatrix}$$

从而：

$$A = \begin{bmatrix} A^{rr} & A^{rs} \\ A^{sr} & A^{ss} \end{bmatrix} = \begin{bmatrix} 0.150\ 0 & 0.250\ 0 & 0.050 & 0.020\ 8 & 0.093\ 8 \\ 0.200\ 0 & 0.050\ 0 & 0.400 & 0.166\ 7 & 0.125\ 0 \\ 0.300\ 0 & 0.250\ 0 & 0.050 & 0.050\ 0 & 0.050\ 0 \\ 0.075\ 0 & 0.050\ 0 & 0.060 & 0.166\ 7 & 0.312\ 5 \\ 0.050\ 0 & 0.012\ 5 & 0.025 & 0.125\ 0 & 0.125\ 0 \end{bmatrix}$$

定义：

$$L = \begin{bmatrix} L_{11} & L_{12} \\ L_{21} & L_{22} \end{bmatrix} = \begin{bmatrix} 1.423 & 0.465 & 0.291 & 0.192 & 0.304 \\ 0.635 & 1.424 & 0.671 & 0.409 & 0.456 \\ 0.638 & 0.537 & 1.336 & 0.250 & 0.311 \\ 0.267 & 0.200 & 0.197 & 1.341 & 0.547 \\ 0.147 & 0.091 & 0.093 & 0.216 & 1.254 \end{bmatrix}$$

我们用 L_{11}, L_{12} 等，是因为之后我们将必须引用这些 L 中的单个子矩阵。它们不同于 $L^{rr} = (I - A^{rr})^{-1}$ 和 $L^{ss} = (I - A^{ss})^{-1}$，后者常常用于表示与区域直接消耗系数矩阵相关联的列昂惕夫逆矩阵。

某个区域或者所有两个区域的不同的新最终需求向量对两个区域的部门的影响就可以计算出来了。例如，如果区域 r 部门 1 产出的新最终需求为 100，$(f^{new})' =$

$[100\ \ 0\ \ 0\ \ 0\ \ 0]$,使用上面的矩阵 L,得到:

$$x^{new}=\begin{bmatrix}(x^r)^{new}\\(x^s)^{new}\end{bmatrix}=Lf^{new}=\begin{bmatrix}142.34\\63.46\\63.83\\26.72\\14.68\end{bmatrix}$$

由区域 r 的新需求而产生的区域 s 部门1的新产出(为26.72)和部门2的新产出(为14.68)反映了区域间的溢出效应,即除了发生外生变化的区域之外,另一个区域受到的经济刺激(在本例中,溢出从区域 r 到区域 s)。

要强调的是,区域间投入产出模型的最终需求是针对特定区域生产的产出。即,$f_1^r=100$ 意味着有100个单位的部门1商品的最终需求在区域 r 被生产出来。如果部门是飞机生产,区域 r 是华盛顿,则一家外国航空公司对波音商用飞机的新订单就包含在 f_1^r 的数值当中。

使用这些虚拟的数据,我们可以说明区域 r 单区域模型的结果和这个两区域的区域间模型的结果之间的差异。从单独的 A^{rr} 的信息,我们得到:

$$L^{rr}=(I-A^{rr})^{-1}=\begin{bmatrix}1.365&0.425&0.251\\0.527&1.348&0.595\\0.570&0.489&1.289\end{bmatrix}$$

利用单区域模型,且 $(f^r)^{new}=\begin{bmatrix}100\\0\\0\end{bmatrix}$,我们有:

$$x_S^r=L^{rr}f^r=\begin{bmatrix}1.365&0.425&0.251\\0.527&1.348&0.595\\0.570&0.489&1.289\end{bmatrix}\begin{bmatrix}100\\0\\0\end{bmatrix}=\begin{bmatrix}136.51\\52.73\\56.99\end{bmatrix}$$

我们用大写的下标 S 来清晰地说明这些是单区域模型的产出,并且去掉上标"new"。使用完整的两区域模型,对于区域 r,我们有:

$$x_T^r=\begin{bmatrix}142.34\\63.46\\63.83\end{bmatrix}$$

其中,x_T^r 提醒我们这些是两区域的区域间模型的产出结果。针对区域 r 的两个模型的产出结果差异为:

$$x_T^r-x_S^r=\begin{bmatrix}142.34\\63.46\\63.83\end{bmatrix}-\begin{bmatrix}136.51\\52.73\\56.99\end{bmatrix}=\begin{bmatrix}5.83\\10.73\\6.84\end{bmatrix}$$

区域 r 的每个产出在区域间模型中都要大一些,因为这种模型包括区域间的反馈效应。衡量这种"误差"的一个方法是忽略这些反馈——不使用区域间模型,而使用单区域模型,这样可以由仅仅使用单区域模型时无法包括在内的区域 r 产出的百分比来给出"误差"。两区域模型中区域 r 所有部门的总产出为 $i'x_T^r = 269.63$。单区域模型所计算的总产出为 $i'x_S^r = 246.23$。用这种度量方法,使用单区域模型产生的低估量为 $i'x_T^r - i'x_S^r = 23.40$,或者 $(23.40/269.63) \times 100 = 8.7$,为总的真实产出(两区域模型)的 8.7%。正式地,总的度量误差可以计算如下:

$$OPE = [(i'x_T^r - i'x_S^r)/i'x_T^r] \times 100 = [i'(x_T^r - x_S^r)/i'x_T^r] \times 100$$

因此,在真实世界的区域投入产出模型中,评价区域间反馈的重要性成为一个有趣的实证问题。如果结果表明当估计新的区域 r 最终需求对区域 r 产出的影响时,忽略区域间的联系所导致的误差非常小,则人们可能会争辩说(至少对这类问题)区域间模型工具是不必要的。答案部分依赖于区域间联系的相对强度;在两区域模型中,这就意味着依赖于 A^{rs} 和 A^{sr} 中元素的大小。这个问题被严格地研究过,然而,结果是不确定的。

早期的一系列尝试的结论是区域间反馈效应大多非常小(用上面给出的测量误差的总体百分比指标来验证,小于一个百分点的一半)。其他的研究倾向于通过比较单区域和多区域投入产出模型的产出乘数来证实区域间反馈效应相对较小。有的工作致力于推导在某些区域间投入产出模型中忽略反馈效应可能带来的预期误差百分比的上限。

区域 r 的自给水平对忽略区域间反馈所导致的误差有很强的影响——区域 r 是否相对依赖于从区域 s 输入的投入。这是因为更高依赖度反映在更大的系数 A^{sr} 中,就如 $A^{rs}(I - A^{ss})^{-1}A^{sr}x^r$ 所示,将反过来产生更大的反馈项。自给率也是区域地理规模的一个函数。在一个包括内布拉斯加州(区域 r)和美国其他地区(区域 s)的两区域模型中,A^{sr} 中元素的平均水平,大于区域 r 为密西西比州西部美国区域而区域 s 为密西西比州东部美国区域的两区域模型。然而,在内布拉斯加州(r)/美国其他地区(s)的例子中,A^{rs}(反映了美国其他地区对来自内布拉斯加州的投入的依赖度)通常会比美国西部(r)/美国东部(s)例子中的要小很多。因此,要归纳出相应区域的地理规模最终将会如何影响区域反馈的大小并不是件容易的事

在任何情况下,单区域模型,根据定义,都不能给出细到区域/部门的区域外效应(溢出),而有许多类型的经济效应问题都对一个国家经济中多于一个的区域产生影响。在这些情况下,某些类型的区域连接模型是必需的。区域间投入产出框架为我们提供了这样的方法。

有些研究者建议更应该基于间接效应的百分比来构建反馈效应的测算方法,而不是基于总效应(直接加上间接),即在 $OPE = [(i'x_T^r - i'x_S^r)/i'x_T^r] \times 100$ 中,从指数系列中去掉第一项,或者从总产出中减去 f。这就是说:

$$OPE^n = \{[(i'x_T^r - i'f) - (i'x_S^r - i'f)]/(i'x_T^r - i'f)\} \times 100$$
$$= [(i'x_T^r - i'x_S^r)/(i'x_T^r - i'f)] \times 100$$

这个"净"指标的值比 OPE 大（除了无意义的 $f=0$ 的情况）；也就是说 $OPE^n =$ $(OPE)\left(\dfrac{i'x_T^r}{i'x_T^r - i'f}\right)$。在我们的数值例子中，$\dfrac{i'x_T^r}{i'x_T^r - i'f} = 1.59, OPE^n = 13.8$。另外，

$100 \times (OPE/OPE^n) = 100 \times \left(\dfrac{i'x_T^r - i'f}{i'x_T^r}\right)$ 表示净指标的数值占原指标的数值的百分比。在本例中，这个百分比是 63%。

　　区域间投入产出模型需要大量详细的数据，这一点很显然。由于这个原因，该模型在现实世界中的应用很少。可能应用中最为雄心勃勃的尝试是令人印象深刻的日本基于调查的区域间序列表的编制，（最终）有 9 个区域 25 个部门，从 1960 年开始，每 5 年更新一次。这个非常丰富的数据资源促进了大量日本区域比较的研究。

第8章　资源环境问题

8.1　投入产出分析模型的外向延长

8.1.1　自然资源的生产性使用——基于列昂惕夫型初始要素存量需求函数

1. 土地存量需求函数

在前文里,我们以列昂惕夫生产函数为基础,构建了包含土地要素在内的列昂惕夫型初始要素存量需求函数:

资本存量需求函数: $K = \bar{K}BF$。

劳动力存量需求函数: $L = \bar{L}BF$。

土地存量需求函数: $S = \bar{S}BF$。

其特点集中于 $\bar{K}B, \bar{L}B$ 和 $\bar{S}B$ 这三个正方矩阵上,以此来专门反映垂直分工之下的生产波及效果,同时也是产出乘数效果 B 对初始要素存量需求的影响。

换言之,其特点是反映了满足单位最终需求所需的直接乃至间接的全部的要素存量。上述关于土地要素的需求函数,可直接应用于对土地资源的生产性使用问题。

2. 最终需求与生产性土地的使用

(1) 生产性土地使用的最终需求诱发依存度。

根据最终需求项目细分的土地存量需求函数:

$$S = \bar{S}B(F^{*C} + F^{*I} + E) = \bar{S}BF^{*C} + \bar{S}BF^{*I} + \bar{S}BE$$

这里, $\bar{S}B$ 将称为土地使用乘数。

由于各项最终需求的总量及其内部结构各有不同,加之列昂惕夫逆矩阵中各要素的数值一般并不均一,各产业的土地使用率也不相同,因此,上式中的 $\bar{S}BF^{*C}, \bar{S}BF^{*I}$, $\bar{S}BE$ 也就各不相同,进而由其加总而来的总的生产性土地使用量 S 中的份额也就各有不同。

于是,可有如下与前述最终需求的生产诱发依存度相似的关于生产性土地使用的最终需求诱发依存度指标,对其进行相互比较。

i 产业生产性土地使用的消费需求诱发依存度：$s'bf_i^{*C}/s_i$。

i 产业生产性土地使用的资本形成诱发依存度：$s'bf_i^{*I}/s_i$。

i 产业生产性土地使用的出口需求诱发依存度：$s'be_i/s_i$。

这里，$s'bf_i^{*C}/s_i$，$s'bf_i^{*I}/s_i$，$s'be_i/s_i$ 分别为 $\bar{S}BF^{*C}$，$\bar{S}BF^{*I}$ 和 $\bar{S}BE$ 中的要素。

（2）最终需求的土地使用率。

我们还可以利用如下相似于生产诱发系数的土地利用系数——1 单位该最终需求总额使用多少土地存量，从强度的层面上比较各项最终需求的土地使用率。

消费需求的土地使用率：$\bar{S}BF^{*C}/\bar{F}^{*C}$。

资本形成的土地使用率：$\bar{S}BF^{*I}/\bar{F}^{*I}$。

出口需求的土地使用率：$\bar{S}BE/\bar{E}$。

这里，$\bar{F}^{*C}=\sum\limits_i bf_i^{*C}$，即消费需求总额；$\bar{F}^{*I}=\sum\limits_i bf_i^{*I}$，即资本形成总额；$\bar{E}=\sum\limits_i e_i$，即出口需求总额。

3. 垂直分工与生产性土地的使用

（1）垂直分工各层级与土地使用。

基于对土地使用乘数 $\bar{S}B$ 中的列昂惕夫逆矩阵进行级数展开，基于列昂惕夫逆矩阵的级数展开，我们可以依次对直接乃至间接的垂直分工各层级的生产性土地使用情况加以考察。

（2）垂直分工下的产业链横向及纵向联系与土地使用。

如表 8-1 所示，基于土地使用乘数 $\bar{S}B$ 的含义及其矩阵形式的特点，可从如下两方面的指标来反映垂直分工产业链上的土地使用情况。

表 8-1 对土地使用乘数的指标化

$s'b_{11}$	$s'b_{12}$	$s'b_{13}$	$\rightarrow$	$s'b_{11}+s'b_{12}+s'b_{13}$	横向指标：$\sum\limits_i s'd_{ij}$，各产业各有一单位最终品产出直接和间接需要的全部的 i 产业所使用的生产性土地合计
$s'b_{21}$	$s'b_{22}$	$s'b_{23}$	$\rightarrow$	$\cdots$	
$s'b_{31}$	$s'b_{32}$	$s'b_{33}$	$\rightarrow$	$\cdots$	
$\downarrow$ $s'b_{11}+s'b_{21}+s'b_{31}$	$\downarrow$ $\cdots$	$\downarrow$ $\cdots$			
纵向指标：$\sum\limits_j s'd_{ij}$，第 j 产业 1 单位最终品产出直接和间接需要的各垂直分工产业所使用的生产性土地合计					

（3）垂直分工国际化与土地使用。

在进口竞争型均衡进口模型中引入土地生产率，我们可以得到理论上因进口而节省的本国生产性土地。

进口的土地节省模型：$S^M=\bar{S}M=\bar{S}M^M[(I-M'_F)(F_C+F_I)+E]+M'_F(F_C+F_I)$。

其中的 $\bar{S}B^M$ 专门反映了垂直分工的国际化所节省的生产性土地。

垂直分工国际化的土地节省模型：$\bar{S}B^M$。

4. 土地使用量变动的 SDA 分析

基于土地存量需求函数，可对不同时点间生产性土地使用量的变动 $S_1 - S_0$ 进行比较静态的 SDA 分析。

$$\Delta = S_1 - S_0 = \bar{S}_1 B_1 F_1 - \bar{S}_0 B_0 F_0$$

$$= (\bar{S}_1 - \bar{S}_0) B_0 F_0 + \longrightarrow \text{土地投入系数（土地生产率）变动的结果}$$

$$\bar{S}_1 (B_1 - B_0) F_0 + \longrightarrow \text{列昂惕夫逆矩阵（产出乘数）变动的结果}$$

$$\bar{S}_1 B_1 (F_1 - F_0) \longrightarrow \text{最终需求变动的结果}$$

更进一步细分因素的模型：

$$\Delta = S_1 - S_0$$

$$= (\bar{S}_1 - \bar{S}_0) B_0 F_0 + \longrightarrow \text{土地投入系数（土地生产率）变动的结果}$$

$$\bar{S}_1 B_1 (I - M_{F1}') \Delta F_C + \longrightarrow \text{消费需求变动的结果}$$

$$\bar{S}_1 B_1 (I - M_{F1}') \Delta F_I + \longrightarrow \text{资本形成变动的结果}$$

$$\bar{S}_1 B_1 \Delta E + \longrightarrow \text{出口需求变动的结果}$$

$$\bar{S}_1 B_1 (I - M_{A1}') \Delta A X_0 \longrightarrow \text{投入系数（技术结构）变动的结果}$$

$$\bar{S}_1 B_1 \Delta M_A' A_0 X_0 + \longrightarrow \text{垂直分工国际化（中间品进口替代）的结果}$$

$$\bar{S}_1 B_1 \Delta M_F' F_0 \longrightarrow \text{水平分工国际化（最终品进口替代）的结果}$$

8.1.2 生态足迹——均衡产出模型的延长

1. 生产性排放函数——生态足迹函数

源于排放物的产生机制的不同，生产性排放与生产活动的关系较为复杂。一种最为简明的处理方式是通过排放系数 $q_i' = q_i / x_i$ 将排放量联系于总产出，得到如下排放函数：

$$Q = \bar{Q} X$$

这样一来，我们便可以引入投入产出分析的均衡产出函数 $X = BF$，丰富环境排放函数的内容：

$$Q = \bar{Q} X = \bar{Q} B F$$

在环境研究领域，这一排放函数属于生态足迹函数的一种。这里，将 $\bar{Q}B$ 称为排放乘数。

可以看出,尽管理论出发点不同,但这里的排放函数与要素存量需求函数和中间进口函数等有同样的形式。实际上,我们几乎可以完全参照相关模型的各种应用来构建关于生产性排放的各种分析模型。

2. 最终需求与生产性排放

(1) 生产性排放的最终需求诱发依存度。

根据最终需求项目细分的生产性排放函数:

$$Q = \bar{Q}B(F^{*C} + F^{*I} + E) = \bar{Q}BF^{*C} + \bar{Q}BF^{*I} + \bar{Q}BE$$

式中,$\bar{Q}BF^{*C}$,$\bar{Q}BF^{*I}$ 和 $\bar{Q}BE$ 分别被称为消费生态足迹(如碳足迹)、投资生态足迹和出口生态足迹。

由于各项最终需求的总量及其内部结构各有不同,加之列昂惕夫逆矩阵中的各要素的数值一般并不均一,各产业的排放系数也不相同,因此,上式中的 $\bar{S}BF^{*C}$,$\bar{S}BF^{*I}$ 和 $\bar{S}BE$ 也就各不相同,进而由其加总而来的总的生产性排放量 S 中的份额也就各有不同。于是,可有如下与前述最终需求的生产诱发依存度相似的关于生产性排放的最终需求诱发依存度指标:

i 产业生产性排放的消费需求诱发依存度:$q'bf_i^{*C}/s_i$。

i 产业生产性排放的资本形成诱发依存度:$q'bf_i^{*I}/s_i$。

i 产业生产性排放的出口需求诱发依存度:$q'be_i/s_i$。

这里,$q'bf_i^{*C}$,$q'bf_i^{*I}$ 和 $q'be_i$ 分别为 $\bar{Q}BF^{*C}$,$\bar{Q}BF^{*I}$ 和 $\bar{Q}BE$ 中的要素。

(2) 最终需求的生产性排放率。

我们还可以利用如下相似于生产诱发系数的生产性排放系数——1 单位该最终需求总额使用产生多少生产性排放,从强度的层面上比较各项最终需求的生产性排放率。

消费需求的生产性排放率:$\bar{Q}BF^{*C}/\bar{F}^{*C}$。

资本形成的生产性排放率:$\bar{Q}BF^{*I}/\bar{F}^{*I}$。

出口需求的生产性排放率:$\bar{Q}BE/\bar{E}$。

这里,$\bar{F}^{*C} = \sum_i bf_i^{*C}$ 为消费需求总额;$\bar{F}^{*I} = \sum_i bf_i^{*I}$ 为资本形成总额;$\bar{E} = \sum_i e_i$ 为出口需求总额。

3. 生产性排放量变动的 SDA 分析

基于生产性排放函数,可对不同时点(1,0)间生产性排放量的变动 $S_1 - S_0$ 进行比较静态的 SDA 分析。

$$\Delta = Q_1 - Q_0 = \bar{Q}_1 B_1 F_1 - \bar{Q}_0 B_0 F_0$$

$$= (\bar{Q}_1 - \bar{Q}_0)B_0 F_0 + \longrightarrow 环境排放系数变动的结果$$

$$\bar{Q}_1(B_1 - B_0)F_0 + \longrightarrow 列昂惕夫逆矩阵(产出乘数)变动的结果$$

$$\bar{Q}_1 B_1 (F_1 - F_0) \longrightarrow 最终需求变动的结果$$

更进一步细分因素的模型：

$$\Delta = Q_1 - Q_0$$

$$= (\bar{Q}_1 - \bar{Q}_0)B_0 F_0 + \longrightarrow \text{环境排放系数变动的结果}$$

$$\bar{Q}_1 B_1 (I - M_{F1}')\Delta F_C + \longrightarrow \text{消费需求变动的结果}$$

$$\bar{Q}_1 B_1 (I - M_{F1}')\Delta F_I + \longrightarrow \text{资本形成变动的结果}$$

$$\bar{Q}_1 B_1 \Delta E + \longrightarrow \text{出口需求变动的结果}$$

$$\bar{Q}_1 B_1 (I - M_{A1}')\Delta A X_0 + \longrightarrow \text{投入系数（技术结构）变动的结果}$$

$$\bar{Q}_1 B_1 \Delta M_A' A_0 X_0 + \longrightarrow \text{垂直分工国际化（中间品进口替代）的结果}$$

$$\bar{Q}_1 B_1 \Delta M_F' F_0 \longrightarrow \text{水平分工国际化（最终品进口替代）的结果}$$

表 8-2 对某国家 CO_2 的排放量变动进行了 SDA 分析。可以看出，2000—2015 年间，中间投入结构（生产技术结构）的改善成为该国家降低 CO_2 排放的主要因素，具体分析中间投入结构可以挖掘现象背后的本质成因。

表 8-2　某国家的 CO_2 排放量的变化和 SDA 分析

年　份	家庭消费	政府消费	公共固定资产形成	民间固定资产形成	其他国内最终需求	出口	中间投入结构	进口	合计
2000—2005	1 734	198	622	689	176	848	−3 847	−30	391
2005—2010	1 505	116	−134	506	151	840	−4 099	−22	1 136
2010—2015	2 616	247	658	2 462	215	−321	−848	−194	4 836
2015—2020	1 584	354	564	−1 099	18	203	458	−171	1 911

8.1.3　垂直分工与生产性排放——单位产品生态(碳)足迹

1. 垂直分工各层级与生产性排放

首先，结合列昂惕夫逆矩阵的含义，排放乘数 $\bar{Q}B$ 的要素表示，产业单位最终品生产过程中 j 产业承担直接乃至间接分工生产进而产生的排放总量。在环境问题领域，这对应的是单位最终品的生态（如碳）足迹的生态（碳）核算。基于对排放乘数 $\bar{Q}B$ 中的列昂惕夫逆矩阵进行级数展开，我们可以依次对直接乃至间接的垂直分工各层级（生态足迹）的生产性排放情况加以考察：

$$\bar{Q}B = \bar{Q}(I - A)^{-1} = \bar{Q} + \bar{Q}A + \bar{Q}A^2 + \cdots + \bar{Q}A^n, \quad n = \infty$$

2. 垂直分工下的产业链横向及纵向联系与生产性排放

如表 8-3 所示，基于生产性排放乘数 $\bar{Q}B$ 的含义及其矩阵形式的特点，可从如下两方面的指标来反映垂直分工产业链上的生产性排放情况。

表 8 - 3　对排放乘数的指标化

$q'b_{11}$	$q'b_{12}$	$q'b_{13}$	$\rightarrow$	$q'b_{11}+q'b_{12}+q'b_{13}$	横向指标:$\sum\limits_{i} q'd_{ij}$,各产业各有 1 单位最终品产出直接和间接形成的全部的 i 产业所使用的生产性排放合计
$q'b_{21}$	$q'b_{22}$	$q'b_{23}$	$\rightarrow$	$\cdots$	
$q'b_{31}$	$q'b_{32}$	$q'b_{33}$	$\rightarrow$	$\cdots$	
$\downarrow$	$\downarrow$	$\downarrow$			
$q'b_{11}+q'b_{21}+q'b_{31}$	$\cdots$	$\cdots$			
纵向指标:$\sum\limits_{j} q'd_{ij}$,第 j 产业 1 单位最终品产出直接和间接形成的各垂直分工产业的生产性排放合计					

3. 垂直分工国际化与生产性排放

在进口竞争型均衡进口模型中引入排放系数,我们可以得到理论上因进口而减少的本国生产性排放。

进口的排放减少模型:$Q^M = \bar{Q}M = \bar{Q}B^M[(I-M'_F)(F_C+F_I)+E]+M'_F(F_C+F_I)$。

其中 $\bar{Q}B^M$ 专门反映了垂直分工的国际化所减少的生产性排放。

垂直分工国际化的排放减少模型:$\bar{Q}B^M$。

8.2　能源投入产出分析

列昂惕夫最初的投入产出框架所设想的产业生产函数经常指的是生产的"配方"按照实物单位衡量,如指定技术系数为某个产业单位美元产出或每吨钢铁产出所需要的作为投入的煤炭吨数或者小麦的蒲式耳数。然而,数据搜集的需求和许多其他的约束使得该框架用实物单位太不方便,在当时甚至今天都无疑被限制在更小的范围中。因此,投入产出分析基本方法,无论理论还是应用的发展,都用具有隐含固定价格的价值单位计量所有数量。然而,即使在他生命的晚期,列昂惕夫教授都在持续研究使得该框架能够以实物单位而不是价值单位得到更广泛使用的途径。许多研究者,持续进行该项研究并发展该框架,主要贡献在于在运用实物单位计量的方向上逐步拓展了投入产出框架,在此过程中,帮助新的研究领域(如工业生态和生态经济学等)奠定了基础。此外,该框架在相关的研究领域也有了很大的发展,在这些研究领域中,公共政策的关注鼓励这种发展,数据的搜集也有助于该框架的应用。

投入产出分析技术在广泛得多的概念层次上有很多推广,如在所谓的社会核算矩阵以及其他描述与部门间活动相关联的不同经济体社会经济特征的有关框架中核算社会指标。类似推广都是从更简单的将投入产出模型与其他同样描述部门间活动的可衡量数量指标的国民收入核算技术联系起来的方法开始的,如能源使用及环境污染。

8.2.1　能源投入产出分析概述

在 20 世纪 60 年代后期及 70 年代,美国经济的发展越来越依赖于国外石油资源,因而必须解决 20 世纪 70 年代由石油输出国组织(OPEC)的禁运带来的供给短缺问题。同时,人们也越来越关注由于能源使用而带来的环境问题,特别是使用煤炭带来的空气污染问题。由于能源是许多地区许多产业生产的关键要素,政府的政策制定者和学者们开始集中研究能源在经济中的地位。特别地,集中研究能源使用的投入产出模型在 20 世纪 70 年代的石油危机中得到了广泛的发展,而近年来,这些模型又重新被用于分析能源使用和气候变化的关系。

对列昂惕夫框架最为简单和直接的能源上的扩展是简单地加上一系列线性能源系数来明确地核算能源使用,这些能源系数定义了各产业部门单位美元产出所使用的能源量。这种在 20 世纪 70 年代早期发展起来并被广泛使用的方法虽然有许多方法论和实用上的限制,但今天仍然被经常使用,很大程度上是因为获取必要的额外数据来解决一个关键不足经常是困难的,这个关键不足就是核算整个经济中能源供给和使用的时候保证内在一致性。

能源投入产出分析的混合单位模型定义了能源系数,这些能源系数自然地符合一系列"能量守恒条件"。能够证明这些条件从分析上等价于保证经济中核算能源物理流量的内在一致性。另一种方法,由于数据获取的局限性而更为普遍使用的模型,都只有在所有能源使用部门的部门间能源价格一致时才能满足这些条件。部门间能源价格相同的条件可以在某些应用中设定,如某些区域经济或者发展中经济体。但是,这样的条件对于其他情况特别是大的现代经济体则不是普遍的。

我们先从如何扩展基本投入产出框架来核算部门间能源流量开始,如前所述,其应用在 20 世纪 70 年代后期和 20 世纪 80 年代早期的阿拉伯石油禁运以及对美国经济的影响中尤其广泛。这些扩展的数学框架几乎都反映了我们在前面章节中所讨论过的经典的列昂惕夫模型。然而,当我们追求保证,如能源消费的测度水平(用实物单位表示)和经济活动(通常用货币单位计量)之间的一致性时,我们必须在基本的分析框架之上做扩展。

一般地,典型的能源投入产出分析决定了对最终需求交付一单位产品需要的完全能源使用量,既包括一个产业生产过程中直接消耗的能源量,也包括包含在这个产业投入中的间接能源使用量。

用工程的说法,计算能源完全需要量是常常被称为过程分析的结果:选定一种目标产品,或者是商品或者是服务,然后列出一系列提供这种产品所直接需要的商品或者服务。在目标生产过程中的这些投入包括燃料(直接的能源投入),以及其他非能源商品和服务。之后分析确定这些非能源投入在其生产过程中的投入,这些投入又包括一些燃料和非能源商品和服务。这种过程分析可将投入品追溯至初始资源;第一轮的能源投入是直接能源需求,接下来一系列轮次的能源投入构成了间接能源需求。直接和所有间接能源需求的合计为完全能源需求。例如,在汽车装配过程中直接使用的能源为能源直接需求,而包含在装配厂所使用的原材料等投入中的(提供这些材料所使用的)能源会构成间接能源需求。当一个生产过程的投入的很大比例为进口时,就出现了额外的复杂性,而这类情况在这些方法的历史应用中是重要的。此外,某些部门将能源作为副产品或者联合产品来生产——与前面章节中使用的次要生产相同的概念。副产品的例子包括电力生产作为石油冶炼活动的副产品,或者沼气生产作为垃圾填埋活动的副产品。联合生产的例子可以是电力和蒸汽的联合生成,其中电力提供给电网设施或者可能在当地被用于制造业企业中,蒸汽被用作工业加工热力源。这些情况的协调也将需要扩展基本框架。

在能源投入产出框架中,计算产业的完全能源需求,有时被称为能源强度,类似于计算完全的货币需求或传统投入产出模型中的列昂惕夫逆。然而,在能源投入产出分析中,我们常常最关心用实物单位计量的能源——如英制热量单位(BTU)或者千兆英制热量单位(Quad),如原油桶、煤炭吨等,而不是用美元或价值单位。可以预期,得到用这些实物单位计量的数量的一个方法是先用传统的投入产出分析计算完全的货币需求,然后用联系了货币产出与能源产出的价格工具将这些价值转化为英制热量单位或者其他合适的实物单位。但是我们最终将看到,该方法在所得到的能源消费核算中导致了不一致性,在某些情况下为保证结果的合理性必须在该方法过程中做调整。

为了说明刚刚描述的潜在问题,在计算一种产品的能源强度时,我们将区分一次能源部门(如原油、煤炭开采或者太阳能)和二次能源部门(如石油冶炼或电力)。二次能源部门接受一次能源作为投入并将其转化为二次能源的形式。因此,如果我们同时计算生产某个产业产出所需要的一次能源总量和生产同样产出所需要的二次能源数量,它们必须是相等的,扣除从一次能源到二次能源形式转化中的能源损失,例如从煤炭生产中扣除电力能源损失。当然,不同的技术有不同的能源转化效率,某些能源,如核能或者太阳能,具有其他复杂的特征。然而一般地,我们的能源投入产出公式应该包括这个条件,即某种产品的完全一次能源强度等于该产品的完全二次能源强度加能源转化中的能源损失量或用作其他目的的量。我们把这个条件叫作能量守恒条件。

这个条件在评估一个特定的能源投入产出模型公式是否准确刻画了经济中的能源流量时是一个基本的决定因素。

8.2.2　能源投入产出分析建模

我们从最为现代的能源投入产出框架开始,其中我们建立了使用"混合单位"的交易表。也就是,我们对经济中的能源流量用英制热量单位(BTU)(或者其他方便的能源单位)来描述,而非能源流量使用价值单位(如美元)。我们将探讨该框架的使用很重要,而同时其他选择也合适或者也可以被接受时的情况。

在能源投入产出分析中,我们想要建立类似 Z、A 和 L 的矩阵,即能源交易或流量矩阵(这次用能源的实物投入衡量,如 BTU)、直接能源需求系数矩阵,以及完全能源需求系数矩阵。将之前我们在前文的基本投入产出框架中建立部门间交易矩阵时的方法做微小改变,我们就能建立这些能源投入产出矩阵。

我们从传统的投入产出核算等式开始，$Zi+f=x$，这里，Z 是部门间交易，f 是总最终需求向量，x 是总产出向量，都用价值单位计量。我们感兴趣的是用实物单位衡量能源流量，因此假设我们有类似的等式为：$Ei+q=g$。这里，E 是从能源生产部门到所有部门（作为能源消耗者）的能源流量矩阵，q 是最终需求的能源使用向量，g 是能源总消耗量向量，所有向量和矩阵仍然都用实物单位计量。注意：如果经济中有 n 个部门，其中 m 个为能源部门，则 Z 为 $n\times n$ 矩阵，而 E 的维度将是 $m\times n$。

类似地，f 和 x 为维度 $n\times 1$ 的向量，而 q 和 g 为维度为 $m\times 1$ 的向量。如果与之前相同，仍旧设 A 为技术系数矩阵，则 $Z=A\hat{x}$，结果有 $L=(I-A)^{-1}$，这是我们熟悉的列昂惕夫逆。因此完全需求可以表示为我们期望有类似于 L 的能在方程 $g=\alpha f$ 中产生完全能源需求的矩阵，其中 α 为 $m\times n$ 的矩阵。

如果我们假定在某一时刻矩阵 α 已经存在，则一般地，我们可以在能源投入产出模型中界定体现一次和二次能源部门之间关系的能量守恒条件。这些条件最初由海伦丁表达出来，这里做了一些调整，这些条件如下：

$$\alpha_{kj}x_j=\sum_i\alpha_{ki}z_{ij}+g_{kj}$$

式中，α_{kj} 表示生产部门 j 单位美元产出对第 k 种类型能源的完全需要量；x_j 表示部门 j 的总产出；z_{ij} 表示部门 j 生产中使用部门 i 以价值单位表示的产品量；g_{kj} 表示能源部门的能源产出量，当 $k=j$ 时，$g_{kj}=g_k$，否则 $g_{kj}=0$，令 $G_{m\times n}=[g_{kj}]$。除了对应能源部门的为能源总产出外，G 的大多数元素都为零。为了描述的方便，如果能源部门 $k=1,\cdots,m$ 被置于产业部门标记 $j=1,\cdots,n$ 的前面部分，也即序列 $k=1,\cdots,m$ 和 $j=1,\cdots,m$ 都指的是同样的产业部门集，则非零元素出现在 G 的主对角上，或者等价地，G 中非零元素的位置位于 $k=j$ 处。

从概念上看，对所有经济部门 $j(j=1,\cdots,n)$ 来说，能量守恒条件可以被描述为：某一部门产出 x_j 中包含的能源量等于它所消耗的所有投入 $z_{ij}(i=1,\cdots,n)$ 中包含的能源量再加上初始能源投入 g_{kj}，该变量只有一次能源部门非零。转化为矩阵形式，$\alpha_{kj}x_j=\sum_i\alpha_{ki}z_{ij}+g_{kj}$ 变为：

$$\alpha\hat{x}=\alpha Z+G$$

我们以三部门经济 $(i,j=1,2,3)$ 的情况为例来说明，其中三个部门中的前两个部门被指定为能源部门 $(k=1,2)$。则式 $\alpha\hat{x}=\alpha Z+G$ 被表示为：

$$\begin{bmatrix}\alpha_{11}&\alpha_{12}&\alpha_{13}\\\alpha_{21}&\alpha_{22}&\alpha_{23}\end{bmatrix}\begin{bmatrix}x_1&0&0\\0&x_2&0\\0&0&x_3\end{bmatrix}=\begin{bmatrix}\alpha_{11}&\alpha_{12}&\alpha_{13}\\\alpha_{21}&\alpha_{22}&\alpha_{23}\end{bmatrix}\begin{bmatrix}\alpha_{11}&\alpha_{12}&\alpha_{13}\\z_{21}&z_{22}&z_{23}\\z_{31}&z_{32}&z_{33}\end{bmatrix}+\begin{bmatrix}g_{11}&0&0\\0&0&0\end{bmatrix}$$

注意到在本例中矩阵 G 中只有一个非零元素，这表明只有一个一次能源部门。将该式展开得到：

$$\begin{bmatrix} \alpha_{11}x_1 & \alpha_{12}x_2 & \alpha_{13}x_3 \\ \alpha_{21}x_1 & \alpha_{22}x_2 & \alpha_{23}x_3 \end{bmatrix}$$

$$=\begin{bmatrix} \alpha_{11}z_{11}+\alpha_{12}z_{21}+\alpha_{13}z_{31} & \alpha_{11}z_{12}+\alpha_{12}z_{22}+\alpha_{13}z_{32} & \alpha_{11}z_{13}+\alpha_{12}z_{23}+\alpha_{13}z_{33} \\ \alpha_{21}z_{11}+\alpha_{22}z_{21}+\alpha_{23}z_{31} & \alpha_{21}z_{12}+\alpha_{22}z_{22}+\alpha_{23}z_{32} & \alpha_{21}z_{13}+\alpha_{22}z_{23}+\alpha_{23}z_{33} \end{bmatrix}$$

$$+\begin{bmatrix} g_{11} & 0 & 0 \\ 0 & 0 & 0 \end{bmatrix}$$

该矩阵的每一项一般由式 $\alpha_{kj}x_j=\sum_i \alpha_{ki}z_{ij}+g_{kj}$ 定义；例如,位于左上角的项是 $\alpha_{11}x_1=(\alpha_{11}z_{11}+\alpha_{12}z_{21}+\alpha_{13}z_{31})+g_{11}$,与 $k=1,j=1$ 以及 $i=1,2,3$ 时的 $\alpha_{kj}x_j=\sum_i \alpha_{ki}z_{ij}+g_{kj}$ 相等。因为 $Z=A\bar{x}$,我们能够根据式 $\alpha\hat{x}=\alpha Z+G$ 直接写出 $\alpha\hat{x}=\alpha A\hat{x}+G$。重新整理这些项,我们推出 $\alpha(I-A)\hat{x}=G$ 和 $\alpha(I-A)=G\hat{x}^{-1}$,或者:

$$\alpha=G\hat{x}^{-1}(I-A)^{-1}$$

该式定义了完全能源需求系数矩阵。

至此,我们还没有明确完全能源系数满足式 $\alpha_{kj}x_j=\sum_i \alpha_{ki}z_{ij}+g_{kj}$ 定义的能量守恒条件的条件,但是当我们在后面用所谓的"混合"单位定义部门间交易流量矩阵的时候,这一点就很清晰了。用混合单位来描述部门间交易流量实际上使用初始的部门间交易矩阵 Z,并用实物单位的能源流量矩阵 E 来代替矩阵 Z 中对应能源部门的行。

我们定义了新的交易矩阵 Z^*:其中能源行用实物单位计量,非能源行如往常一样用价值单位计量。当然,我们必须相应地重新定义总产出向量 x^*,以及最终需求向量 f^*,它们中对应的能源部门数量和非能源部门数量也类似地分别用能源实物单位和价值单位计量。使用我们前面的符号,这些数量定义如下:

$$Z^*=[z_{ij}^*]=\begin{cases} z_{ij} & \text{其中 } i \text{ 为非能源部门} \\ e_{kj} & \text{其中 } k \text{ 为能源部门} \end{cases}$$

Z^* 的维度是 $n\times n$;

$$f^*=[f_i^*]=\begin{cases} f_i & \text{其中 } i \text{ 为非能源部门} \\ q_k & \text{其中 } k \text{ 为能源部门} \end{cases}$$

f^* 的维度是 $n\times 1$;

$$x^*=[x_i^*]=\begin{cases} x_i & \text{其中 } i \text{ 为非能源部门} \\ q_k & \text{其中 } k \text{ 为能源部门} \end{cases}$$

x^* 的维度是 $n\times 1$;最后我们定义 g^*:

$$g^*=[g_i^*]=\begin{cases} 0 & \text{其中 } i \text{ 为非能源部门} \\ q_k & \text{其中 } k \text{ 为能源部门} \end{cases}$$

g^* 的维度是 $n \times 1$。

相应的矩阵 $A^* = Z^*(\bar{X}^*)^{-1}$，$L^* = (I - A^*)^{-1}$，根据上述条件直接可以得到。然而，其特点与传统投入产出模型不同。例如，A^* 的列和不一定如传统投入产出模型中那样小于 1，实际上由于计量单位不同，列求和也没有意义——将每 1 美元产出的英制热量单位(BTU)与每 1 美元产出的美元价值的投入加起来没有意义。

注意：直接需要系数矩阵 A^* 的单位和完全需要系数矩阵 L^* 的单位都反映的是混合单位。例如，考虑两个部门的情况，其中第一个部门为能源部门，第二个部门为非能源部门。对矩阵中的每个元素，该模型的单位为混合单位，表示为：

$$Z^* = \begin{bmatrix} \text{BTU} & \text{BTU} \\ \text{美元} & \text{美元} \end{bmatrix}, \quad f^* = \begin{bmatrix} \text{BTU} \\ \text{美元} \end{bmatrix}, \quad x^* = \begin{bmatrix} \text{BTU} \\ \text{美元} \end{bmatrix}, \quad g^* = \begin{bmatrix} \text{BTU} \\ \text{美元} \end{bmatrix}$$

从而得到：

$$A^* = Z^*(\bar{X}^*)^{-1} = \begin{bmatrix} \text{BTU/BTU} & \text{BTU/美元} \\ \text{美元/BTU} & \text{美元/美元} \end{bmatrix}$$

矩阵 L^* 也具有与 A^* 相同的单位，当然，不同的是，它们是表示每单位(BTU 或美元)最终需求的需要量(即完全需求)，而不是每单位产出的需求量(直接需求)。

要得到之前所提到的直接能源需求系数矩阵和完全能源需求系数矩阵，我们只需要分别从 A^* 和 L^* 中分出能源部门的行即可。一个方便的用于分出能源行的方法是建立矩阵乘积 $G(\bar{x}^*)^{-1}$，与前面定义的矩阵乘积 $G\bar{x}^{-1}$ 类似，但是具有不同的性质。回想 G 中的非负元素为中能源部门的元素。由于 g 中的非负元素(同样 g^* 中的非负元素)与 x^* 中相应的数值相等(同样回想 x_i^* 的定义)，该乘积的结果是元素为 1 和 0 的矩阵，其中 1 表示能源部门的位置。如果我们用 L^* 右乘该向量(此处应为矩阵)，结果仅仅包含完全能源系数的行，即的能源行。类似地，我们用该矩阵左乘就把 A^* 中的直接能源系数取出来了，即 A^* 中的能源行。因此，我们定义直接和完全能源系数矩阵(当然这两个矩阵在两部门的示例中实际上是行向量，因为只有一个能源部门)分别为 δ 和 α：

$$\delta = G(\bar{x}^*)^{-1}A^*$$
$$\alpha = G(\bar{x}^*)^{-1}L^*$$

【例 8.1】 两部门混合单位投入产出分析示例。我们考虑两部门的例子，来说明能源投入产出问题的"混合单位"公式的基本特点。表 8-4 包括货币单位的部门间交易和相关的单位为千兆英制热量单位(10^{15}BTU)的能源流量表，对应能源部门到其他部门的货币交易，给出了对最终需求和总产出的交付量。

表8-4 能源和货币流量

	小机械	能 源	最终需求	总产出
价值交易量(百万美元)				
小机械	10	20	70	100
能源	30	40	50	120
能源交易量(千兆 BTU)				
能源	60	80	100	240

由刚刚描述的混合单位模型公式的做法,我们可以定义 $Z^* = \begin{bmatrix} 10 & 20 \\ 60 & 80 \end{bmatrix}$, $x^* = \begin{bmatrix} 100 \\ 240 \end{bmatrix}$,

推导出 $A^* = Z^*(\bar{X}^*)^{-1} = \begin{bmatrix} 0.100 & 0.083 \\ 0.600 & 0.333 \end{bmatrix}$, $L^* = \begin{bmatrix} 1.212 & 1.515 \\ 1.091 & 1.636 \end{bmatrix}$。进一步,我们计算出

直接和完全的能源需求系数矩阵(对这个两部门的例子,这些矩阵实际上是行向量):

$$\delta = G(\bar{x}^*)^{-1}A^*$$

$$= \begin{bmatrix} 0 & 240 \end{bmatrix} \begin{bmatrix} 1/100 & 0 \\ 0 & 1/240 \end{bmatrix} \begin{bmatrix} 0.100 & 0.083 \\ 0.600 & 0.333 \end{bmatrix}$$

$$= \begin{bmatrix} 0.600 & 0.333 \end{bmatrix}$$

或者:

$$\delta = \begin{bmatrix} 0 & 1 \end{bmatrix} \begin{bmatrix} 0.100 & 0.083 \\ 0.600 & 0.333 \end{bmatrix} = \begin{bmatrix} 0.600 & 0.333 \end{bmatrix}$$

以及:

$$\alpha = G(\bar{x}^*)^{-1}L^*$$

$$= \begin{bmatrix} 0 & 240 \end{bmatrix} \begin{bmatrix} 1/100 & 0 \\ 0 & 1/240 \end{bmatrix} \begin{bmatrix} 1.212 & 1.515 \\ 1.091 & 1.636 \end{bmatrix}$$

$$= \begin{bmatrix} 1.091 & 1.636 \end{bmatrix}$$

注意,在使用能源投入产出模型做效应分析时——类似于传统列昂惕夫模型中的 $x = Lf$ —— 对应完全需求系数矩阵的最终需求必须是混合单位的。即:

$$g = \alpha f^*$$

对本例,我们证明:

因为:

$$f^* = \begin{bmatrix} 70 \\ 100 \end{bmatrix}$$

所以:

$$g = \alpha f^* = \begin{bmatrix} 1.091 & 1.636 \end{bmatrix} \begin{bmatrix} 70 \\ 100 \end{bmatrix} = 240$$

8.3　环境投入产出分析

自 20 世纪 60 年代以来,不少研究者已经通过扩展投入产出模型来研究与产业间活动有关联的环境污染及减排。列昂惕夫(Leontief,1970)提供了一种关键的方法论上的拓展。此后,这一方法论的拓展在被广泛应用的同时,又被更加深入地发展了。在本章中,我们将讨论其中几个最重要的环境投入产出公式,同时讨论每个公式的特征、优势和局限性。在研究环境问题时,为了能够整合产业间生产、污染和污染控制活动,我们必须扩展我们的模型。

环境投入产出模型中一个有待解决的核心问题便是采用何种单位度量环境或是生态指标。例如,用货币或者是物质单位来作为测量单位。在本章中,我们将会看到每一种方法所采用的具体公式。我们将会探讨三种基本的环境投入产出模型:

(1) 广义投入产出模型。

这些模型由扩展的技术系数矩阵形成,即通过给技术系数矩阵增加额外的行(或者列)来反映污染的产生和消除活动。我们重点分析这个模型的两种主要变形——其中一种的目的在于分析环境影响,另一种的目的则是为了做规划。

(2) 经济—生态模型。

这些模型是通过扩展产业关联结构来引入额外的生态系统部门的,这些模型会沿着区域间投入产出模型的主线记录各种流量在经济部门和生态系统部门之间的流动。

(3) 商品—产业模型。

这些模型在商品—产业投入产出表中将环境因素考虑为一种"商品"。

一个非常常见的公共政策课题是分析一个新的经济方面的支出计划(通常是政府的计划,当然不仅仅是政府的计划)的意义。我们在前文已经探讨过传统的影响分析,并且研究了支出计划对多种经济或是环境变量的影响,如就业、污染或者资本支出等。在这一部分中,我们开发了一个一般框架用于跟踪支出计划所诱发的通过产业间关联而产生的影响。这里的支出计划就是经济系统的最终需求向量。

设污染产出矩阵或者直接影响系数为 $D^p = [d_{kj}^p]$,该矩阵的每个元素代表 j 部门每生产 1 美元的价值所产生的污染物 k(如二氧化硫)的数量。因此,给定一个总的产出向量,污染水平由以下公式得到:

$$x^{p^*} = D^p x$$

式中,x^{p^*} 表示污染水平的向量。因此,通过加入传统的列昂惕夫模型 $x = Lf$,其中,$L = (I-A)^{-1}$,我们就能够将 x^{p^*} 表示成最终需求的函数。也就是说,最终需求 f 所诱发的直接和间接污染可表示为:

$$x^{p^*} = [D^p L] f$$

我们将括号内的部分看作环境影响系数矩阵。它的任一元素表示的是一单位的最终需求所诱发的污染物排放量。

尽管在这一章中我们主要关心的问题是用投入产出分析做环境方面的扩展,事实上我们可以很容易地用一个和多部门活动相联系的任何要素来替换污染系数矩阵。例如,就业或能源消耗。这里面所暗含的假定是,这些要素的使用量随着产出做线性变化。在本章中,我们将这个广义框架限制在能源、环境和就业这三个方面。因此,本章可以被当作一个更一般的情况的举例。我们先从一个具体的案例开始。

【例 8.2】　广义投入产出分析。

如表 8-5 所示,考虑一个两部门投入产出表。相应的技术系数和列昂惕夫逆矩阵为 $A=\begin{bmatrix} 0.3 & 0.2 \\ 0.1 & 0.7 \end{bmatrix}$ 和 $L=\begin{bmatrix} 1.58 & 1.05 \\ 0.53 & 3.68 \end{bmatrix}$。现在我们分别定义三个和总产出相关的直接影响系数矩阵,它们分别为能源需求、污染物排放和就业直接影响系数矩阵(见表 8-6):

$$D^e=\begin{bmatrix} 0.2 & 0.3 \\ 0.1 & 0.4 \end{bmatrix}, D^p=\begin{bmatrix} 0.5 & 1.1 \\ 0.7 & 0.7 \end{bmatrix}, D^l=\begin{bmatrix} 0.1 & 0.2 \end{bmatrix}.$$

表 8-5　投入产出交易　　　　　　　　单位:百万美元

部　门		最终需求	总产出
A	B		
部门 A　3	2	5	10
部门 B　1	7	2	10

表 8-6　直接影响系数

直接影响系数	部　门		直接影响/百万美元产出
	A	B	
能　源			
石油	0.2	0.3	十亿 BTU(英制热量单位)
煤炭	0.1	0.4	
污　染			
二氧化硫	0.5	1.1	千磅
烃	0.7	0.7	
就　业			
就业	0.1	0.2	人/年

为了方便,我们可以很容易地将这些矩阵串联起来产生一个直接影响系数矩阵 D(即将一个矩阵放在另一个上面组成一个以这三个矩阵为子矩阵的单独的矩阵):

$$D = \begin{bmatrix} D^e \\ D^p \\ D^l \end{bmatrix} = \begin{bmatrix} 0.2 & 0.3 \\ 0.1 & 0.4 \\ 0.5 & 1.1 \\ 0.7 & 0.7 \\ 0.1 & 0.2 \end{bmatrix}。$$

我们可以类似地定义一个总影响向量:x^*。我们可以通过将 $x^{e^*} = D^e x$, $x^{p^*} = D^p x$ 和 $x^{l^*} = D^l x$ 串成一列来生成 $x^* = \begin{bmatrix} x^{e^*} \\ x^{p^*} \\ x^{l^*} \end{bmatrix}$。因此,$x^* = Dx$。

为了核算方便,我们将总影响向量 x^* 和诱发 x^* 的最终需求向量串联起来,定义一个新的总影响向量,即 $\bar{x} = \begin{bmatrix} x^* \\ f \end{bmatrix}$。同时,我们可以通过将矩阵 D 和 $(I-A)$ 串成一列来扩展直接影响系数矩阵;我们定义这个通过扩展得到的新的直接影响系数矩阵为:$G = \begin{bmatrix} D \\ (I-A) \end{bmatrix}$。

在我们的例子中,每个部门的总产出为 10 000 000 美元,部门 A 和部门 B 总计需要石油和煤炭各 5 000 000 BTU,总计产生了 16 000 磅的二氧化硫排放以及 14 000 磅的灶污染。同时,和这一工业产出水平相联系的就业水平是 3 000 人/年。因此我们可以写成 $\bar{x} = Gx$。具体计算公式为:

$$\bar{x} = Gx = \begin{bmatrix} 0.2 & 0.3 \\ 0.1 & 0.4 \\ 0.5 & 1.1 \\ 0.7 & 0.7 \\ 0.1 & 0.2 \\ 0.7 & -0.2 \\ -0.7 & 0.3 \end{bmatrix} \begin{bmatrix} 10 \\ 10 \end{bmatrix} = \begin{bmatrix} 5 \\ 5 \\ 16 \\ 14 \\ 3 \\ 5 \\ 2 \end{bmatrix} = \begin{bmatrix} x^* \\ f \end{bmatrix}。$$

与之前的公式不同的是,我们可能希望将总体影响写成最终需求的一个函数。例如,我们希望在影响分析中,能像利用传统的列昂惕夫逆矩阵一样利用影响系数矩阵。即我们可能会计算能源、污染物排放和就业的总影响,这里能源、污染物排放与就业是与一个给定的最终需求水平相关的。

我们能够将之前关于总影响的表达式 $x^* = Dx$ 等价地写成在这里,就像之前单独的污染系数一样,括号里的乘积表示的是总影响系数。令括号内的乘积为 $x^* = [DL]f$。我们采用如下公式计算最终需求所诱发的能源、污染物排放和就业:

$$\bar{x}^{*}=D^{*}f=\begin{bmatrix}0.2&0.3\\0.1&0.4\\0.5&1.1\\0.7&0.7\\0.1&0.2\end{bmatrix}\begin{bmatrix}1.58&1.05\\0.53&3.68\end{bmatrix}\begin{bmatrix}5\\2\end{bmatrix}=\begin{bmatrix}0.47&1.32\\0.37&1.58\\1.37&4.58\\1.47&3.32\\0.26&0.84\end{bmatrix}\begin{bmatrix}5\\2\end{bmatrix}=\begin{bmatrix}5\\5\\16\\14\\3\end{bmatrix}。$$

注意：在这里将 x^{*} 看作 f 的函数，而在 $x^{*}=Dx$ 这一公式中将 x^{*} 看作 x 的函数。最后，为了方便，我们希望在总影响向量中引入 x 本身。可以通过将 x 和总影响向量列成一列来实现这一过程，这和 x^{*} 和 f 列成一列构成 $\bar{x}$ 是同样的方法。我们定义总影响的一个新的扩展向量为 $\bar{\bar{x}}$：

$$\bar{\bar{x}}=\begin{bmatrix}x^{*}\\x\end{bmatrix}=\begin{bmatrix}5\\5\\16\\14\\3\\10\\10\end{bmatrix}。$$

可以类似地通过将列昂惕夫逆矩阵和总影响系数矩阵列成一列来扩展总影响系数矩阵；令这个扩展的总影响系数矩阵为 H，即 $H=\begin{bmatrix}D^{*}\\L\end{bmatrix}$。

因此，有如下的例子：

$$\bar{\bar{x}}=\begin{bmatrix}x^{*}\\x\end{bmatrix}=Hf=\begin{bmatrix}0.47&1.32\\0.37&1.58\\1.37&4.58\\1.47&3.32\\0.26&0.84\\1.58&1.05\\0.53&3.68\end{bmatrix}\begin{bmatrix}5\\2\end{bmatrix}=\begin{bmatrix}5\\5\\16\\14\\3\\10\\10\end{bmatrix}。$$

注意：在这里 $\bar{x}$ 和 $\bar{\bar{x}}$ 等价地描述了同样的问题，因为在列昂惕夫模型中，x 和 f 存在一一对应关系——对于每一个给定的 f 存在且仅存在唯一的 x，反之亦然。同时应该注意的是，我们能构造一个影响矩阵，这一影响矩阵由最终需求向量的对角化矩阵 $\hat{f}$ 生成 $H\hat{f}$。

在最后一个例子中，我们可以给出 $H\hat{f} = \begin{bmatrix} 2.37 & 2.63 \\ 1.84 & 3.16 \\ 6.84 & 9.16 \\ 7.37 & 6.63 \\ 1.32 & 1.68 \\ 7.89 & 2.11 \\ 2.63 & 7.37 \end{bmatrix}$ 。例如，为了满足最终需求

$f' = \begin{bmatrix} 5 & 2 \end{bmatrix}$ 而消费的 5×10^9 BTU 石油中有 2.37×10^9 BTU 石油被分配给了部门 A；2.63×10^9 BTU 石油被分配给了部门 B（这些值在行业的加总因为四舍五入而不等于 $\bar{x}$）。这一情况和从 $Z = A\hat{x}$ 中取出 Z 是一样的。

第9章　可计算的一般均衡分析

一般均衡理论是 19 世纪法国经济学家里昂·瓦尔拉斯在其著作《纯粹经济学要义》中提出的,是从所有商品和生产要素市场的相互依存性出发研究一般均衡价格实现的可能性和条件,全面考察一个经济系统中各种商品和要素之间的供给和需求关系。一百多年以来,许多经济学家致力于一般均衡理论的研究。

可计算的一般均衡(CGE)模型是建立在一般均衡理论基础上的一种经济模型。CGE 模型以数学方程的形式反映整个社会的经济活动,刻画经济系统各种变量之间的关系。它能够全面地分析政策变量或外部环境变化所产生的影响,帮助政策制定者了解政策实施的潜在结果,或者提供应对外部环境变化的参考依据。近 20 年来,在世界银行、国际货币基金组织和世界劳工组织的大力推广之下,CGE 模型被应用于许多政策问题的分析,如能源政策、环境政策、贸易自由化、财政税收政策、收入分配和福利效应、农业发展和工业化等。目前,世界上越来越多的国家建立了自己的 CGE 模型,用于进行各种经济政策分析,包括环境政策、能源政策等的分析。中国社会科学院曾开发了适用于中国的 CGE 模型(PRCGEM),该模型包括 118 个部门、30 个地区、186 类近万个方程。

9.1　社会核算矩阵简介

9.1.1　社会核算矩阵含义

简单地说,社会核算矩阵(SAM)可以看作是社会经济系统中交易的矩阵表述。这一概念源自理查德·斯通。具体地,它用矩阵的形式把不同的社会和机构群体之间通过生产、分配和再分配这样一个过程产生的相互关系完整地表示出来。编制 SAM 的一个主要目的就是通过尽可能详细地记录系统中各个主体之间的交易和转移,反映社会经济系统作为一个整体的内在联系。它的主要特点有:

(1) 该系统采用单式记账;

(2) 更多地从要素、住户和机构等主体的角度来考察经济;

(3) 整个框架是系统而完整的。

社会核算矩阵与国民核算账户有密切关系。国民核算的中心框架除了以账户的形式来表述以外,还有其他一些形式,包括图示法、等式法和矩阵表述形式,而以矩阵形式表示的 SNA 账户就是社会核算矩阵。它将各个账户中的收入来源和使用、负债和净值分列开来,在纵列中是使用或资产,在横行中是资源或负债,或者相反,从而使核算矩阵相应的行和列分别构成各个国民经济账户。因此,通过社会核算矩阵,把各个分散的账户汇总到一起,从而便于观察出整个经济系统的结构特征。

SAM 是在一个矩阵中描述生产、收入、消费和资本积累相互关系的一种方式。它为在一个单个的分析框架中同时考察增长和分配问题提供了概念基础。SAM 通过对不同的要素和住户分类,可以对住户不同阶层收入不平等产生的原因和影响进行分析。该矩阵不但描述了产品的供给和使用,而且描述了各种劳动力的供给和使用,从而提供了就业水平和结构的数据。

社会核算矩阵与投入产出表有密切的关系,可以看作是对投入产出表的扩展,它以投入产出表为基础,考虑了投入产出表未能反映的经济行为主体之间的收入和支出流量,因此为政策分析提供了比投入产出表更全面的数据基础。

投入产出表也是利用矩阵表形式,按产业对货物和服务的生产和使用进行详细描述,但是投入产出分析并没有给出收入和最终支出的相互关系,也就对增加值与最终支出的联系并没有加以描述。在投入产出表中,应该用来揭示收入分配和再分配关系的第四象限没有构造出来。SAM 利用灵活的分类原则,对中间环节的整个收入流量进行了描述,扩展了投入产出分析。另外,社会核算矩阵之所以要冠以"社会"一词,原因在于通过对住户和要素账户的进一步分解,可以把握更高层次的机构特征及社会含义。所以,SAM 很重要的一个方面在于通过对居民部门的特殊分类、对住户和劳动力调查以及对劳动力市场的详细描述,反映出收入分配的社会差异等问题。投入产出表只记录经济交易而不管交易者的社会背景,而 SAM 则对各个机构单位按不同的社会经济背景进行分类。

另外,需要强调的是,SAM 自身具有灵活性,没有标准化的模式,通过分类原则的设计,可以有针对性地完成特定的分析任务,并作为建模和政策分析的框架。

9.1.2　SAM 的基本原理

首先,SAM 是在投入产出表的基础上扩展而来,我们先通过一个简单的例子,介绍投入产出表和 SAM 的联系。表 9-1 给出了一个简化的投入产出表,其中,部门设定改为第一产业、第二产业和第三产业。

表 9-1　简化的投入产出表　　　　　　　单位:百万美元

		第一产业	第二产业	第三产业	最终需求(居民)	总产出
第一产业		50	30	0	60	140
第二产业		60	40	40	40	180
第三产业		0	0	0	100	100
增加值	劳动	10	70	10		
	资本	20	40	50		
总投入		140	180	100		

在表 9-1 给出的简化的投入产出表中,最终需求只考虑居民部门,增加值部分为要素收入,分为劳动所得和资本所得。投入产出表的构造要求总收入与总支出相当,体现在各个部门上,就是行向合计得到的总产出与列向合计得到的总投入相等;体现在国内生产总值(GDP)上,就是收入法得到的 GDP(劳动和资本所得合计)等于支出法得到的 GDP(最终需求合计)。

接下来我们将表 9-1 扩展为 SAM。表 9-1 是一个高度简化的投入产出表,没有考虑政府和国外部门,只需要扩展反映的行为主体是居民部门的收入来源和支出去向,见表 9-2。

表 9-2　简化的 SAM 　　　　　　　　　　　　　　　单位:百万美元

		支 出						合 计
		第一产业	第二产业	第三产业	劳动	资本	居民	
收入	第一产业	50	30	0			60	140
	第二产业	60	40	40			40	180
	第三产业	0	0	0			100	100
	劳动	10	70	10				90
	资本	20	40	50				110
	居民				90	110		200
合　计		140	180	100	90	110	200	

显然,虽然是一个简化表,但表 9-2 作为从投入产出表扩展而来的 SAM,不仅反映了产业部门之间的流量关系,也反映了与增加值部门(要素)和最终需求相联系的机构(行为主体)的收入和支出流量。这里增加值部门(要素)包括劳动和资本,机构为居民部门。从居民部门的行可以看到,居民的收入来源于劳动收入和资本收入,分别为 90 和 110,合计为 200。从居民部门的列可以看到其支出去向。作为增加值部门(要素)的劳动和资本,其行向表示收入来源,即劳动收入和资本收入来源于各部门的情况;列向表示支出去向,劳动收入归居民所有,资本收入也归居民所有。

如果经济主体更多,不仅有居民,还有企业、政府以及国外等,则 SAM 就可以反映收入在各机构主体之间再分配的情况。例如,劳动收入有多少归居民所有,多少归政府所有;税收收入有多少归政府所有,有多少转移支付给居民和企业。通常情况下,SAM 是基于投入产出模型的供给表和使用表扩展而来。下面我们将给出较为详细分类的 SAM 实例,就是以供给和使用表为基础得到的。表 9-3 给出了一个 SAM 的实例。

表 9 - 3 SAM 实例

账户（分类）/代码			货物和服务			生产			收入形成						
			农业	制造业	服务业	农业	制造业	服务业	雇员报酬				混合收入净额	营业盈余净额	其他产品税减补贴
									国内常住男性	国内常住女性	国内非常住	在国外常住			
			1a	1b	1c	2a	2b	2c	3a	3b	3c	3d	3e	3f	3g
货物和服务	农业	1a				3	71	14							
	制造业	1b				31	969	246							
	服务业	1c		76	−78	3	218	318							
生产	农业	2a	87	2	0										
	制造业	2b	0	211	211										
	服务业	2c	0	391	353										
收入形成	雇员报酬 国内常住男性	3a				8	311	153							
	国内常住女性	3b				1	95	192							
	国内非常住	3c				0	1	1							
	在国外常住	3d													
	混合收入净额	3e				17	264	161							
	营业盈余净额	3f				18	145	296							
	其他产品税减补贴	3g				−2	49	11							

续　表

账户(分类)/代码		代码	货物和服务 农业	制造业	服务业	生产 农业	制造业	服务业	收入形成 雇员报酬 国内常住男性	国内常住女性	国内非常住	在国外常住	混合收入净额	营业盈余净额	其他产品税减补贴
			1a	1b	1c	2a	2b	2c	3a	3b	3c	3d	3e	3f	3g
收入初次分配	雇员住户	4a							452	278		6	17	0	
	其他住户	4b							20	10		0	425	92	
	公司和非营利	4c												321	
	政府	4d	2	111	20									46	58
收入二次分配	雇员住户	5a											775		
	其他住户	5b												634	
	公司和非营利	5c													247
	政府	5d													
收入使用	雇员住户	6a													
	其他住户	6b													
	公司和非营利	6c													
	政府	6d													
资本	雇员住户	7a													
	其他住户	7b													
	公司和非营利	7c													
	政府	7d													

续 表

账户(分类)/代码		货物和服务			生产			收入形成						
								雇员报酬				混合收入净额	营业盈余净额	其他产品税减补贴
		农业	制造业	服务业	农业	制造业	服务业	国内常住男性	国内常住女性	国内非常住	在国外常住			
		1a	1b	1c	2a	2b	2c	3a	3b	3c	3d	3e	3f	3g
固定资本形成 — 农业	8a													
制造业	8b													
服务业	8c													
金融 — 货币和存款	9a													
贷款	9b													
其他资产	9c													
国外 — 经常	10	37	345	117						2		0	4	0
资本	11													
合　计		128	2 685	1 423	89	2 123	1 392	472	288	2	6	442	459	59

表 9 - 3(续)　SAM 实例

账户(分类)/代码			收入初次分配				收入二次分配				收入使用			
			雇员住户 4a	其他住户 4b	公司和非营利 4c	政府 4d	雇员住户 5a	其他住户 5b	公司和非营利 5c	政府 5d	雇员住户 6a	其他住户 6b	公司和非营利 6c	政府 6d
货物和服务	农业	1a									16	12	0	2
	制造业	1b									339	269	0	3
	服务业	1c									211	168	16	363
生产	农业	2a												
	制造业	2b												
	服务业	2c												
收入形成	雇员报酬 国内常住男性	3a												
	国内常住女性	3b												
	国内非常住	3c												
	在国外常住	3d												
	混合收入净额	3e												
	营业盈余净额	3f												
	其他产品税减补贴	3g												

续 表

账户(分类)	代码	收入初次分配				收入二次分配				收入使用			
		雇员住户	其他住户	公司和非营利	政府	雇员住户	其他住户	公司和非营利	政府	雇员住户	其他住户	公司和非营利	政府
		4a	4b	4c	4d	5a	5b	5c	5d	6a	6b	6c	6d
收入初次分配 雇员住户	4a	0	0	18	11								
其他住户	4b	0	0	65	24								
公司和非营利	4c	3	26	193	7								
政府	4d			25	0								
收入二次分配 雇员住户	5a	227		0	56	197							
其他住户	5b		650	0	23	92							
公司和非营利	5c			59	16	12							
政府	5d			131	37	92							
收入使用 雇员住户	6a			556		388							
其他住户	6b				260		86						
公司和非营利	6c							116					
政府	6d								233				
资本 雇员住户	7a										0	0	0
其他住户	7b										0	0	16
公司和非营利	7c									20	0	4	4
政府	7d										1	4	0

续 表

账户(分类)		代码	收入初次分配				收入二次分配				收入使用			
			雇员住户	其他住户	公司和非营利	政府	雇员住户	其他住户	公司和非营利	政府	雇员住户	其他住户	公司和非营利	政府
			4a	4b	4c	4d	5a	5b	5c	5d	6a	6b	6c	6d
固定资本形成	农业	8a										1	7	3
	制造业	8b										1	38	93
	服务业	8c										0	14	182
金融	货币和存款	9a										56	12	11
	贷款	9b										0	5	194
	其他资产	9c										26	82	102
国外	经常	10	4	8	26	0	0	0	4	35	0			
	资本	11										0	0	0
合 计			782	668	574	269	1 028	749	396	816	652	565	260	388

表 9－3(续)　SAM 实例

账户(分类)/代码			资本				固定资本形成			金融			国外		合计
			雇员住户	其他住户	公司和非营利	政府	农业	制造业	服务业	货币和存款	贷款	其他资产	经常	资本	
			7a	7b	7c	7d	8a	8b	8c	9a	9b	9c	10	11	
货物和服务	农业	1a	0	1	0	0	2	0	0				7		128
	制造业	1b	2	4	28	3	9	109	223				435		2 685
	服务业	1c	0	1	0	0	0	23	0				98		1 423
生产	农业	2a													89
	制造业	2b													2 123
	服务业	2c													1 392
收入形成	雇员报酬 国内常住男性	3a													472
	国内常住女性	3b													288
	国内非常住	3c													2
	在国外常住	3d											6		6
	混合收入净额	3e													442
	营业盈余净额	3f													459
	其他产品税减补贴	3g													58

续 表

账户(分类)/代码			资本				固定资本形成			金融			国外		合 计
			雇员住户 7a	其他住户 7b	公司和非营利 7c	政府 7d	农业 8a	制造业 8b	服务业 8c	货币和存款 9a	贷款 9b	其他资产 9c	经常 10	资本 11	
收入初次分配	雇员住户	4a											0		782
	其他住户	4b											32		668
	公司和非营利	4c											24		269
	政府	4d											7		269
收入二次分配	雇员住户	5a											0		1 028
	其他住户	5b											0		749
	公司和非营利	5c											4		396
	政府	5d											6		816
收入使用	雇员住户	6a													652
	其他住户	6b													565
	公司和非营利	6c													260
	政府	6d													388
资本	雇员住户	7a	0							0	0	1		0	87
	其他住户	7b	7							0	28	4		0	171
	公司和非营利	7c	25							130	95	175		0	666
	政府	7d	0							2	94	71		1	196

续 表

账户（分类）	代码	资 本				固定资本形成			金 融			国 外		合 计
		雇员住户	其他住户	公司和非营利	政府	农业	制造业	服务业	货币和存款	贷款	其他资产	经常	资本	
		7a	7b	7c	7d	8a	8b	8c	9a	9b	9c			
固定资本形成 农业	8a	0										10	11	11
固定资本形成 制造业	8b	0												132
固定资本形成 服务业	8c	37												233
金融 货币和存款	9a	7											11	130
金融 贷款	9b	45											10	254
金融 其他资产	9c	68											29	307
国外 经常	10				4									578
国外 资本	11	0										一41		51
合 计		87	171	666	196	11	132	233	130	254	307	578	51	

1. SAM 中的投入产出数据：作为 SAM 模块的供给表和使用表

表 9-3 的前两个行块和前两个列块来自投入产出数据，与供给表和使用表对应。第一个列块表示货物和服务的供给，与供给表对应，有国内生产和进口两部分。供给表的价格为基础价格，因此，为了做价格上的调整，在第一个行块中给出商业和运输费用，在初次分配的政府主体中给出税收，从而和使用表的购买者价格相一致。第二个列块表示生产过程中各部门的投入情况，与使用表对应，分为中间投入和初始投入，初始投入在表 9-3 中与收入形成对应，即各种要素收入来源于生产部门的情况。

第一个行块为货物和服务的使用去向（即收入来源），与使用表对应，分为国内生产用、国内最终使用和出口，国内最终使用对应于投入产出表的最终使用，体现在表 9-3 中 SAM 的收入使用上，出口与投入产出表的出口列一致，对应于 SAM 的国外部门。第二个行块为生产中各部门的产品构成，与供给表对应，是基本价产出，不包括产品税减补贴，以及进口，这两项分别在第 4 行的政府收入初次分配账户和第 10 行的国外经常账户中加以反映。

2. 收入形成

SAM 的第三个账户（表 9-3 的第三个行块）记录了收入形成，按初始投入类别进行了划分，包括雇员报酬、混合收入净额、营业盈余净额、其他产品税减补贴。在 SNA 的中心框架中，收入形成账户只是一个用来推导出作为平衡项的营业盈余或混合收入的中介账户。除了支付给非常住者的雇员报酬，不登录交易的双方。被雇用人员不是作为一个独立的单位，但是在 SAM 体系中，为了考察两种不同单位类别间的交易，进行了不同主体的分类，特别是对于被记录为机构单位（雇主）和个人（雇员）之间交易的雇员报酬，在 SAM 体系中把雇员看作一个独立的单位，它从收入形成账户中接受雇员报酬，并在收入初次分配账户中把这些收入分配到对应的居民部门。由此把雇员和自我雇用划分为不同的类别，这些类别也同时构成了对初始投入的分类。通过这样的分类，使建立在被雇用者分类基础上的劳动力市场分析同产业部门和机构部门分类的国民账户联系到一起了。把被雇用人员从其所属的居民中划分出来，这种划分就如同把基层单位从其所属的机构单位中划分出来。在这种情况下，较小的单位类别在它所涉及的经济过程（收入形成和生产）中反而具有更好的同质性，同时也具备相当的独立性。

混合收入和营业盈余部分保留在生产单位中，而 SAM 中生产单位的分类并不需要同生产账户中的分类保持一致，实际上，可以对营业盈余和混合收入根据机构子部门进行分类。也就是说，在 SAM 中，可以根据产业和机构子部门对增加值要素进行交叉分类。

为了获得国内净增加值，初始投入的雇员报酬按照常住雇员和非常住雇员进行了分类。在第三个列块中，常住单位的非常住雇员的雇员报酬需要划分到国外。同时，这表明如果要得到一个有意义的国民概念的平衡项，就需要把在非常住企业的常住雇员的雇员报酬增加进来。这一过程是在第三个行块中加以反映的，为此，最好创建一个独立的分类非常住企业的常住雇员。这样还有一个好处是便于估计得到通常意义的就业概念。

同来自国外的雇员报酬一样,SAM 表还记录了来自或支付国外的其他增加值项目,分别在(3,10)块和(10,3)块中加以反映。

这些结果使收入形成账户最终得出了一个处于净增加值合计和国民净收入之间的新的平衡项,称为基本价的净形成收入合计,作为常住机构单位从事生产而获得的收入合计。

3. 收入分配和使用

在第三个列块(列 3a~3g)形成的收入被分配到机构部门(行 4a~4d)和国外部门(行 10 和行 11),表 9-3 中的机构部门包括两个住户类(雇员住户和其他住户)、为住户服务的非营利机构和公司部门以及政府。

行 4a 和 4b 反映了两类住户的收入来源情况。可以看到不同类别的劳动收入数据。从表 9-3 中的行 4a~4b 和列 4a~4d 及列 10 来看,住户得到的大部分财产收入是来自公司,很少一部分是来自其他住户的租金(列 4a~4b)和在国外银行存款所得利息(列 10)。在这样的子矩阵中,反映出全部子部门从哪里得到财产收入,又支付给了谁。在表 9-3 的数据中,政府向公司部门支付财产收入,而很少向国外支付财产收入(行 4a~4d、行 10 和列 4d)。

在收入初次分配的第四列(4a~4d),同第五行(5a~5d)的交叉对角子矩阵包括各部门的原始收入净额。

在第五列与第五行的交叉模块中(行 5a~5d 和列 5a~5d),揭示了谁向谁支付了所得、财产等经常税、社会缴款和其他经常转移。来自和向国外的经常转移(行 5a~5d 和列 10、行 10 和列 5a~5d)包括移民签证费(来自和向住户子部门)、非人寿的保险费和索赔(分别由非金融公司和金融公司在国外支付)以及与跨国公司有关的税和经常转移。第五列与第六行(行 6a~6d、列 5a~5d)交叉部分的对角子矩阵是各子部门的可支配净收入,这一可支配净收入用来支付第六列的最终消费支出和净储蓄。

在原始收入分配账户的第四个行块,净形成收入随产品税减补贴(4,1)以及来自国外的财产收入(4,10)而增加。本国的部门间财产收入流量只影响分配而不影响国民收入,被记录在对角块的位置(4,4)。国民净收入(NNI)就是从第四列的合计值中扣除这一对角的财产收入,以及支付国外财产收入,包括产品税、进口税减补贴。

国民净收入同时在收入二次分配账户中作为来源项目出现在第五个行块。此外,这一行块还包括来自国外的所得、财产等经常税及其他经常转移。部门间的所得、财产等经常税、社会缴款和其他经常转移记录在对角块(5,5)上。同样,向国外的经常转移记录在收入二次分配账户的使用方,同时在使用方的还包括作为收入使用账户平衡项的可支配净收入。

收入使用账户记录可支配净收入的支出:对货物和服务的最终消费支出和列在资本账户中的净储蓄。由于这里没有包括实物收入再分配账户,所以这里描述的是可支配收入的使用,而不是调整的可支配收入的使用。

4. 资本流量和金融流量

第七行(行 7a～7d)反映了通过储蓄(列 6a～6d)、应收资本转移以及土地和其他非生产资产的销售净额(列 7a～7d 和列 11)的资金净获得,以及各种债务的增加(列 9a～9c)。这些资金在第七列中被分配出去,在第八行(行 8a～8c)向产业部门的分配中,表明了投资的产业分布。

在 SAM 的设计中,资本账户与金融账户是交织在一起的,而且这里金融账户是按照资产类型而不是机构部门类型分类的。这样,SAM 的细化将反映出如下关系:各机构子部门各种金融资产的获得减处置得到借出(9,7),以及各种债务的负债减偿还得到借入(7,9)。资本和金融的两类交易在国外部门那里合并在一起,构成它们的总的平衡项——国外净借出(9,11)。

第七个行块描述了整个经济可获得的资金,包括借贷的净储蓄、借入、从国外获得的资本转移以及对角线上的部门间的应收资本转移。第七列则说明了资金是如何分配的,包括存货变化、部门间资本转移支付、固定资本形成净额、借出和向国外的资本转移。平衡项净借出可以通过借出减借入而得到。

在 SAM 中增加了固定资本形成账户,因为净值的物量变化的主要部分可能就是固定资本的形成,这样,通过固定资本形成账户我们可以考察哪些产业生产能力在扩大。通过细化的 SAM 表,我们可以看出,该账户的行说明哪些机构子部门投资了哪些产业部门(8,7),而列则说明投资的哪个产业部门将生产什么类别的产品(1,8)。通过这个固定资本形成账户,SAM 表明了在资本账户中机构部门的固定资本形成与供给和使用表中所包含的按产品和服务类别的固定资本形成之间所存在的在中观层次的关联。

在已经得到第八个列块的固定资本形成总额和第八个行块的固定资本折旧的情况下,作为余值将得到净资本形成(8,7)。进一步在辅助表中,可以把按产业分类的净资本形成分解为用最大产出量衡量的产业生产能力的增加这样一种物量效应,以及单位资本形成量的价格这样一种价格效应,这样就把投资的生产能力效应纳入国民核算框架的概念体系中去了。但在实践中,生产能力的数据也是很难收集的。

上面是对详细 SAM 的一个简单介绍,但是,即使是很详细的一张表,在这一张表上尽可能详细地表述所有的经济信息也是困难的,为此,可以针对某个子矩阵加以单独扩大,以便详细表述各个具体的细节。

此外,编制 SAM 的一个主要目的就是通过尽可能详细地记录系统中各个主体之间的交易和转移,以反映社会经济系统作为一个整体的内在联系。该矩阵不但描述了产品的供给和使用,而且描述了各种劳动力的供给和使用,从而提供了就业水平和结构的数据。这样一些设计和安排体现了 SAM 作为其分析目的,对不同社会阶层收入不平等的产生原因和影响进行分析的需要。

在这一目的之下,进一步把 SAM 数据与来自各种渠道收集的相关数据结合起来,形成一整套卫星表,把这种扩展表称为"经济和社会核算矩阵及其扩展体系"。

(SESAME)这种扩展包括:

(1) SAM流量下的各种存量,如按住户阶层划分的人口多少及构成(包括潜在劳动力)、按产业划分的生产能力和按子部门划分的资产拥有权(如农田、耐用消费品和金融资产)以及债务;

(2) 对产品以及服务,甚至按产业划分的固定资本形成,把价值量及其变化分解为实物量和价格及相应的变化;

(3) 一些非价值形态的社会经济指标,如预期寿命、成人受教育率、营养摄取量、卫生教育设施及住房情况等;

(4) 一些改变流程的交易,如政府和非营利机构支付的各住户阶层的最终消费。在SESAME体系中,从价值量中分解出价格和实物量资料,将有利于在微观经济基础上建立理论模型,规范地建模以及监控和预测政府政策对实物量的影响。

9.2 标准 CGE 模型的构建

一般来讲,我们需要针对所要研究的问题,构建CGE模型的基础框架。例如,要研究环境问题,就需要刻画环境与经济之间的相互关联,可建立如图9-1所示的基础框架。

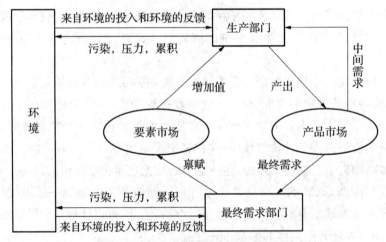

图 9 - 1 环境与经济关联的 CGE 框架

CGE模型的基本组成部分包括经济活动的行为主体,包括生产者、居民、政府、国外等;经济主体的行为法则,如生产者在技术限制下追求利润最大化,消费者在预算约束下追求效用最大化;经济行为者做决策所依据的信号,如价格信号;经济系统的制度结构特征,如市场是否为完全竞争的;对经济系统约束的均衡条件。CGE模型的建立步骤如下:

第一步:主要模块的要素界定。根据模型分析的需要设定产品种类、生产者、居民家庭、最终需求的产品、要素禀赋等。生产者最大化利润,居民最大化效用。

第二步:详细模型的构造。包括设定生产函数、效用函数、闭合条件等。

第三步:参数设置。根据实际经济数据设定参数值。

第四步:模型的程序设计和模拟。设计模型的计算机程序,模拟基年的实际经济状况,分析某种政策的冲击效果。

通常,一个标准的可计算的一般均衡模型可以解释 SAM 中的所有支付行为,因此其基本的模块构成与 SAM 一致,包括生产要素、活动、商品以及机构的分解。CGE 是一组包括许多非线性方程的方程式。这些方程式描述了不同经济参与者的行为。其中,部分行为活动遵循简单的准则,如固定税率。而对于生产和消费决策行为,则遵循非线性的一阶最优条件,最大化生产利润,或者最大化效用。方程组也包括一些系统总体需要满足但单个参与者不一定要满足的约束条件,是模型的平衡和闭合条件,这些约束条件涵盖市场(生产要素和商品)和宏观经济总量指标(储蓄—投资的平衡,政府及国外账户的平衡等)。

9.2.1　活动、生产和要素市场

假定每个生产者(由某一种活动所代表)最大化其利润,利润即收入和要素成本及中间投入成本的差。而利润最大化的约束条件是生产技术,在 CGE 模型中,其结构如图 9-2 所示。

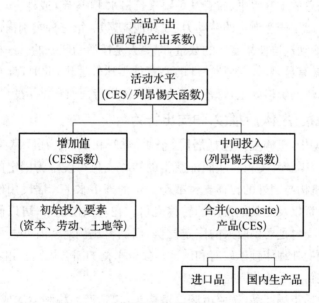

图 9-2　CGE 模型中的嵌套生产技术描述

某个生产者(或者某种活动)生产中需要的投入品包括增加值和综合的中间投入(为各种中间投入品的合计),生产的活动水平由这两类要素决定,采用的生产函数可以为不变替代弹性(CES)函数或者列昂惕夫生产函数。增加值中包括资本、劳动、土地等初始要素投入,其综合技术同样采用 CES 函数形式。如果某类初始投入类别超过两个,则可以同样采用多层嵌套的形式。中间投入包括多种投入品,每一种投入品都是进口和国内生产品的合并,合并的形式仍然是 CES 函数,称之为合并投入品。从各种投入品到综合的中间投入可采用列昂惕夫生产函数。

一种活动(或者一个生产者)可以生产多种产品,而一种产品可以由多种活动或多个生产者生产。这里简单假定每种活动根据固定的产出系数生产各种产品,也可以根据实际研究的需要按照不变转换弹性函数决定各种产品的产量。每种活动的收入水平由活动水平和产品的生产者价格决定。

作为利润最大化的条件,某一种活动使用的每种要素的最佳数量为每种要素的边际收入产品等于相应的要素价格时的数量。要素价格在不同活动之间可能不同,原因不仅在于市场分割,也在于要素的流动。模型也可以包含由于外生原因导致的差异,如由于状态、舒适度或者健康风险所带来的不同活动之间的工资差异。

可以根据需要选择不同类别的要素市场闭合条件,其基本的原理是要素市场的供求平衡关系。第一种类别,可以令要素供给固定,要素价格可变,从而可以使得整个经济范围的某种要素需求量等于供给量。而每种活动的要素价格水平可界定为经济总体的要素价格水平乘以该活动的要素价格特征项,或价格扭曲项。为简单起见,这些参数可以设定为固定的。第二种类别,假定要素没有被完全使用(如存在失业),而实际价格(实际工资)固定。这个假定适用于某种要素存在大量闲置(如失业)的情况。此时,可以设定整个经济总的工资水平(或者某种要素价格水平)固定(或外生)。每种活动可以在固定的工资下雇用任意数量的劳动力(或其他要素)。第三种类别描述的情况是要素市场分割,每种活动被迫使用基年的数量,即要素是按活动区分的。这种情况对于短期分析,或者对于具有显著活动类别特性的要素种类比较适用,此时,具有活动特性的要素需求和经济总体的价格固定,每种活动的要素价格特征项和供给变量可变。

9.2.2 机构(主体)的收入和支出行为

在 CGE 模型中,机构主体包括居民、企业、政府和国外。居民从生产要素获得收入,从其他机构获得转移支付。从国外获得的转移支付可设定为固定的外币水平。实际上,所有国内机构与国外的转移支付都是固定的外币水平。居民用他们的收入支付直接税、储蓄、消费以及对其他机构的转移支付。在基本模型中,可以假定直接税和对其他部门的转移支付是居民收入的固定比例,而储蓄比例对于有些居民是可变的。直接税和储蓄比例的处理依赖于政府和储蓄—投资平衡的闭合规则。扣除税收、储蓄、对其他机构转移支付之后的收入用于消费。

居民消费包括市场产品(按照市场价格购买,包括产品税和运输成本)和家庭产品(按照活动分类的生产者价格衡量)。家庭消费按照线性支出系统需求函数在不同的商品间分配,线性支出系统需求函数从斯通-吉尔里效用函数的最大化中推导得到。

公司的收入来自要素收入和其他机构的转移支付,用于直接税、储蓄和对其他机构的转移支付。除了不消费之外,公司与其他机构间的支付与居民用同样的模型处理。

政府向其他机构征税并从其他机构获得转移支付。在基本模型中可以将税收按照固定的从价税率处理。政府利用其收入购买消费品,并对其他机构转移支付。政府消费可设定为固定的实物数量,对其他机构的转移支付考虑了消费者价格指数。政府储蓄为其收支的差额。国外为国内机构和要素与国外之间的支付,可假定为固定的外币水平。国外储蓄(或当前账户赤字)是外币支出和收入的差额。

9.2.3　产品市场

除了用于家庭产品的产出外,所有产品都进入市场。图 9-3 为市场产品的实物流向。

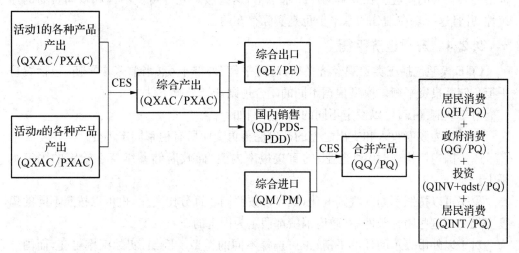

图 9-3　产品市场的关系图

对于用于市场销售的国内产品,由于一种产品由多种活动生产,因此对于每一种产品,第一步是从多个生产活动生产的该种产品产出得到其综合的产出。同种产品由于时间、质量、距离等因素的影响,来自不同活动的产出是不完全替代的,可以用不变替代弹性(CES)函数来进行综合。而对于某种活动产出的需求可通过最小化某个数量综合产出的成本来实现,其约束条件为 CES 函数。按活动种类区分的产品价格使得每种分解产品的市场出清。

接下来,综合的国内产出在出口和国内出售之间分配,假定供应者在给定的产出水平上最大化销售收入,约束条件为不变转换弹性(CET)函数。在国际市场上,出口需求价格弹性可假定为无穷大。国内供应者接受的出口品本币价格按照交易成本和出口税进行调整。国内销售的供应价等于国内需求方支付的价格减去国内市场单位销售量的交易成本。如果产品没有出口,则所有产出都在国内市场销售。国内需求为居民消费、政府消费、投资、中间投入和交易投入(贸易和交通)等项目的合计。

如果某种产品有进口,则国内市场需求为进口和国内产出品的合并。二者的需求量也根据成本最小化原则得到,即最小化国内需求者用于购买进口和国内品的成本,约束条件为进口品和国内品的不完全替代,用 CES 函数来描述。

对进口品的需求由具有无限价格弹性的国际市场供给满足。国内需求者支付的进口价格包括进口关税(按照固定的从价税率)和单位进口品固定数量的交易服务成本,涵盖了产品从边境到需求方所在地的成本。类似地,国内需求由国内供应者满足,需求者支付的价格包括交易服务的成本,这种情况下产品从国内供应者流向国内需求者。国内供应者接受的价格不含交易成本。价格变量使得国内市场供求平衡。

与完全替代和完全转换的假设相比,不完全转换(国内产出的出口和国内销售之间)和不完全替代(进口和国内产品之间)的假定能够更好地反映多数国家的实际情况。这些假定给了国内市场价格体系一定程度的独立性,避免了模型中出口和进口对经济冲击的不现实的反应。在分解的产品水平上,这些假定允许可交易性和双向贸易的连续性,并且这一点在细分的水平上也是实际存在的。

9.2.4 宏观经济平衡

CGE模型包括三类宏观经济平衡:政府平衡、外部平衡(当前账户平衡,包括贸易平衡)、储蓄投资平衡。模型根据不同的闭合规则选择平衡条件。

对于政府平衡,可以设定不同的形式。例如:

(1) 作为政府收入和支出之差的政府储蓄可变而所有税率固定不变。

(2) 国内机构(居民和企业)的直接税率内生,而政府储蓄维持在给定的固定水平上。

税率可以按照不同的规则变化,既可以按照同一百分比变化,也可以按照不同的幅度变化。在这些闭合条件中,政府消费都假定为固定的。

对于以外币表示的外部平衡,也可选择不同的类型。例如,实际汇率可变,而国外储蓄(当前账户赤字)固定。给定外部平衡(国外和国内机构之间的转移)的其他项固定,贸易余额也固定。如果其他条件相同,国外储蓄低于外生水平,实际汇率的降低可以通过同时减少进口支出和提高出口所得来修正这种情况。另外一类闭合可设定实际汇率固定,国外储蓄可变。

对于储蓄—投资平衡,闭合条件可以是投资驱动(储蓄价值可调整),或者是储蓄驱动(投资价值可调整)。投资驱动的闭合条件中,实际投资数量固定,为使得产生的储蓄等于投资的成本,非政府机构的储蓄率可变,可以设定它们按照统一的百分比变化。其隐含的意思是,假定政府能够实施政策从而促进产生能够支持固定数量的投资的私人储蓄。除此之外,也可以确定其他类型的闭合条件。通常,要根据分析目的的不同和实际的经济条件选择闭合条件。

第10章　投入产出表编制方法

投入产出表的编表方法和数据更新,包括调查法编表与非调查法的数据更新。调查法编表尽管比较准确,但是往往费时费力,因此就出现了在已有的投入产出表的基础上,根据各种变化的信息,对已有投入产出数据进行更新调整,并得到新的投入产出表的各种非调查法的编表与数据更新方法。投入产出编表中的一个核心问题是次要产品的处理。在早期的编表中往往采用对次要产品投入与产出的直接分解方法。随着国民核算体系的建立与完善,以及供给使用表在核算中所起的重要作用,利用供给使用表来推导对称的投入产出表的间接推导法逐渐成为一种重要的编表方法。

为了满足政府宏观经济科学管理与调控的需要,我国从 1987 年起,逢 2、7 年份进行一次投入产出基本表的编制,逢 0、5 年份编制投入产出延长表。投入产出基本表就是其中各种系数均用当年投入产出调查表及其相关统计报表推算;投入产出延长表就是在投入产出基本表的基础上,利用现有的各种统计资料,对基本表的系数加以调整和修正后得到。这两种表的编制方法和程序有所不同。

10.1　编表的程序

10.1.1　基本表的编表程序

编制投入产出基本表,必须对大量企业进行重点调查,它涉及国民经济的各个部门,为了准确高效地完成投入产出表的编制,必须有一个科学而严密的工作程序。一般来说编表的工作程序大致可以分为如下三个阶段。

1. 准备阶段

准备阶段是编制投入产出表的开始阶段,它是根据编表的规模和目的,对编表的各个阶段进行全面考虑,统筹安排。其主要有如下几个步骤:

(1) 成立机构。

编制投入产出表是一项系统工程,调查涉及面广、难度大,需组织各有关部门共同完成,成立专门小组,负责拟订方案,设计模型,组织调查、编表和应用。

(2) 编表目的。

确定编表目的也就是确定编制投入产出表解决什么问题,如为了宏观经济管理与调控的需要,为研究地区国民经济综合平衡、产业结构调整和制定国民经济发展规划等提供全面的、系统的数据而编制地区投入产出表;为了研究信息产业与非信息产业的重大比例关系和经济结构,以分析信息产业对国民经济的发展产生的推动和带动作用为目的而编制信息产业投入产出表。确定编表的目的是整个编表工作的出发点和归宿,直接关系到投入产出产品部门的分类、表式的设计等一系列具体工作。

(3) 编表规模、编表方法和调查方法。

根据编表的目的及企业的实际情况确定编表的规模、编表的方法和调查的方式等。编表的方法有两种:直接分解法和推导法。不同的编表方法,采用的调查方法和内容也不同,现有的调查方法有普查、重点调查、典型调查、抽样调查。

(4) 调查点的选取。

编制投入产出基本表,我们不可能对所有企业做全面调查,一方面没有足够的人力和物力;另一方面时间不允许。在当前市场经济下,并非填报的企业越多,数据就越准确,反而填报的企业少一点,对数据的检查、审核多一点,减少系统误差,数据的准确性会更高。这也是现行统计的改革从全面调查向抽样调查过渡的原因之一。根据编表的规模,在每一个投入产出部门中都要选一定数量的相应行业企业做全面重点调查,在实际编制地区投入产出基本表时,由于大型企业报表比较健全,统计队伍素质比较高,需对大型企业做全面重点调查。

(5) 表式设计和制定方案。

在确定了编表目的后,必须根据编表的目的要求进行表式的设计。表式设计是非常重要的工作,它直接关系到编表的数据质量。在表式设计时,不仅考虑报表的数据必须满足编表的要求,还必须考虑企业是否能够填报表式中的数据。自 1987 年以来,我国每次编制投入产出基本表时,都做一次试点,看表式是否合理,企业是否容易填报,数据是否容易取得等。在确定了填报表式以后,制定报表的填报方案,在方案中对填报的指标做详细解释。

(6) 筹集经费。

筹集经费也是准备工作的一项必不可少的内容,在当前市场经济条件下,它是编表顺利进行的物质保证。

2. 数据调查与收集

数据的调查与收集是投入产出整个编表过程中工作量最大,也是最为困难的一个阶段,数据的调查与收集包括如下过程:

(1) 调查表的布置和培训工作。

根据制定的调查表填报方案,对基层调查人员进行培训,使他们明确调查表各指标的含义、范围、内容,熟悉报表的填报方法。国家编制投入产出表,其培训过程是对下级进行逐级培训,国家一级负责培训省一级,省一级负责培训市一级,市一级负责培训本市基层调查人员。

(2) 调查表的数据审核和汇总。

对各地市的调查表,由各市收集,对调查表的每一笔数据进行审核,发现问题及时反馈给企业。省一级对市一级上报的数据又进行审核把关,做到层层把好质量关,不符合要求的不能过关。由于重点调查的关系复杂,一般由省一级录入,并将基层调查的数据汇总,根据投入产出分类的要求把结果归并到投入产出相应的部门。

(3) 搜集和计算各部门总产出。

不同的编表方法搜集和计算的数据是不同的。分解法搜集和计算各投入产出产品部门总产出,而推导法搜集和计算各投入产出企业部门总产出,各投入产出企业部门总产出根据投入产出调查汇总资料和相关专业年报及有关部委财务决算资料计算取得,而各投入产出产品部门总产出数据取得相对比较困难。对于工业以外各投入产出部门总产出,同样利用相关专业年报和有关部委财务决算资料容易计算。对于各工业投入产出产品部门的总产出,利用现有的工业年报数据及投入产出重点调查数据推算,具体按规模以上、规模以下分别计算。

(4) 搜集和计算相关部门增加值。

农业、工业、建筑业、交通运输邮电业、批发零售餐饮业和其他部门的增加值合计可利用相关专业资料或在计算国内生产总值的基础资料上进行计算,也可根据投入产出调查的增加值率推算。

(5) 计算最终使用及其构成。

最终使用主要包括居民消费、政府消费、固定资本形成总额、存货增加和进出口等。

居民分为城镇居民、农村居民。居民的消费又分为直接消费和虚拟消费。居民直接消费是指居民购买商品和用于服务的全部支出,分为八大类:食品、衣着、家庭设备、用品及服务、医疗保健、交通和通信、娱乐、教育、文化服务、居住、杂项商品和服务。我们对农村居民消费和城镇居民消费分别进行计算。对农村居民消费,我们利用农调年度调查资料的上面八大类再细分的详细数据及农村人口数据,推算农村居民消费的各种产品和服务,并分别按投入产出部门分类要求,归入相应的投入产出部门中去;对城镇居民消费,用城调住户调查资料与农村居民消费一样的计算方法推算。城镇、农村居民的虚拟消费包括居民对金融保险服务的消费、自有住房服务的消费、职工公费医药消费、对集体福利的消费和实物抵消消费,对这些消费我们相应地归入投入产出部门中。

政府对非物质生产部门的消费,利用国家财政决算、预算外支出等资料进行计算,政府对各物质生产部门的消费,由于资料来源问题,按零处理。政府对旅客客运业、金融保险业、旅馆业、旅游业、娱乐服务业、其他社会服务业及房地产业的消费为零。

固定资本形成总额是利用固定资产投资统计年报等资料进行计算,其构成利用投入产出固定资产投资构成调查表等资料推算。

存货包括生产单位购进的原材料、燃料和储备物资等存货,以及生产单位生产的产成品、在制品和半成品等存货。存货增加是期末存货价值减期初价值的差额。我们利用《农村社会经济统计年报》《批发零售贸易餐饮业统计年报》《工业企业产成品库存结构汇总表》等相关统计、会计、业务资料进行计算。

进口额和出口额,利用海关统计及相关部门财务、统计、业务资料进行计算。必须说明的是,经海关出口的商品是按离岸价格计算的,即按照各种商品的出口换汇额来计算的。它是一种使用价格（国外使用价格），而不是国内生产者价格，在计算时，必须将海关的分类商品出口额按一定的换算系数换算成国内生产者价格的出口额，并在编制生产者价格投入产出表时，出口列不再扣除流通费用。

3. **总表的编制**

投入产出表由三部分组成，分别称为第Ⅰ、第Ⅱ、第Ⅲ象限，实际编制投入产出表时也是按这三个象限分别编制，然后拼接而成。

（1）第Ⅰ象限的编制。

第Ⅰ象限是投入产出表的核心部门，它的编制采用直接分解法和推导法。如果采用投入产出分解法，这部分资料主要通过投入产出重点调查汇总数据，取得具有代表性的投入产出产品部门的中间投入结构，结合搜集的各投入产出产品部门总产出总量作为总控制数，推算放大。如果采用推导法，通过投入产出重点调查汇总数据，取得具有代表性的企业部门中间投入结构，结合搜集的各投入产出企业部门总产出总量作为总控制数指标进行推算放大，产生企业投入表，即 U 表。现行统计制度中，只有规模以上才有企业部门产出表，即 V 表，规模以下必须推算取得，具体的推算过程及方法与前面讲述的在分解法中搜集计算各投入产出产品部门总产出类似，后者只是要总量向量，而前者要的是总量构成矩阵。取得 U 表及 V 表后，利用一定的假定推算投入产出部门的中间投入结构。

（2）第Ⅱ象限的编制。

第Ⅱ象限主要与现行核算体系的支出法计算 GDP 相衔接，利用计算最终使用及其构成的数据进行编制。

（3）第Ⅲ象限的编制。

利用搜集计算相关部门增加值作为总量控制数。增加值构成有两种方法：第一种，根据有关统计、会计、业务核算资料，采用收入法计算。第二种，如果是分解法编制投入产出表可利用投入产出重点调查取得的增加值结构，结合总量指标推算放大；如果是推导法编制投入产出表则用第Ⅰ象限编制的相应假定把各企业部门增加值构成转换成各投入产出产品部门增加值构成。必须注意的是，如果工业总量构成应与年报一致，如工业增加值、工业劳动报酬、工业固定资产折旧、工业生产税净额等。这里讲的工业是不包括废品废料。

（4）扣除流通费用。

将总表拼接，由于编制投入产出表所需的资料大部分来自使用部门，其核算价格为购买者价格。要得到按生产者价格计算编制的投入产出表，需编制流通费用矩阵并在按购买者价格计算编制中的投入产出表扣除相应的流通费用，从而得到按生产者价格计算编制的投入产出表。对于延长表只对第Ⅱ象限进行扣除流通费用；对于采用推导法编制的投入产出表，应对第Ⅰ象限 U 表及第Ⅱ象限扣除流通费用。

（5）数据平衡与修订。

产生的误差需通过调进、调出做适当调整。

10.1.2 延长表的编表程序

延长表的编制，一般来说其工作程序只进行两个阶段：数据收集与总表的编制。数据的收集与编制基本表的数据收集有所不同,它只收集投入产出部门总控制数及第Ⅱ、第Ⅲ象限部分结构数据。

对第Ⅱ象限及第Ⅲ象限,延长表的编制与总表的编制基本相同;对第Ⅰ象限,延长表的编制与总表的编制完全不同。第Ⅰ象限延长表的编制方法是:首先对基年价格进行调整,也就是把基年投入产出表的第Ⅰ象限流量数据对基年价格调整为编制年份价格的流量,具体计算公式为 $X_{编制年流量表} = \hat{p} \times X_{基年流量表}$,其中 $\hat{p}$ 为各产品价格指数列向量 P 的元素做成的对角矩阵;然后,对 $X_{基年流量表}$ 第Ⅰ象限进行调整(具体调整方法在后文进行介绍)。

10.2　编表的部门与产值

10.2.1　部门的划分

从数学的角度上看,投入产出是一个模型,其基本思想就是假定直接消耗系数不变,即中间投入结构不变,根据一定的数量经济关系组成了最终使用为外生的线性方程组。这种直接消耗系数的不变性也就要求部门内的产品可以完全替代,不同部门的产品完全不能替代。因此,投入产出的部门必须具有一定的假定,其假定就是必须具有同质性和同比例性,也就是投入产出部门内部具有相同的投入结构、相同的工艺技术及相同的生产经营用途,这三个相同就是投入产出部门分类的基本原则,因此投入产出部门也叫纯部门,它是根据上述同类性原则组成的同类产品的集合,与国民经济行业分类不同。

国民经济行业分类是从生产的角度将企业、事业单位、机关团体和个体从事的生产或其他社会经济活动性质的同一性分类,即按其生产活动的同质性对产业活动单位进行的行业分类,各企业、事业单位和个体从业人员,从事一业为主并兼营他业的,按其所从事的主业划分其所属的行业。为了与现行统计制度相衔接,也对应有投入产出企业部门。投入产出企业部门就是主要从事的产品或服务为投入产出部门的企业、事业单位、国家机关、社会团体。在我国的现行统计制度中,企业是以其主产品代表其行业,企业的产值归类为其主产品代表的行业产值,而一个企业一般都生产几种产品,这样现行统计的部门产值或行业产值一般都不是纯部门的产值,这也是编制投入产出表取数困难的重要原因之一。

在现行的统计制度中,国民经济各行业划分为门类、大类、中类、小类四类,因此在实际操作中投入产出部门分类不能细于产品行业小类,它应是产品行业小类的集合。例如,2007 年 135 个部门的投入产出表中,投入产出产品部门黑色金属矿采选业包括铁矿采选业、锰矿采选业、铬矿采选业小类。同一个产品部门的产品或服务要同时满足三个基本相同条件是比较困难的,因而在实际操作时,也只能根据某些产品或服务符合某一个基本相同条件而划分为同一个产品部门,而对符合另一个基本相同条件的其他产品或服务则划为另一个产品部门。例如,水电、火电、风电、核电、潮汐电等电力,虽然它们的投入结构和生产工艺大不相同,但它们的用途基本相同,因而将它们都归入电力这个产品部门中。另外,在 2007 年的全国投入产出部门中各种废品废料产品也列为一个部门,称为废品废料部门。2007 年的全国投入产出部门分为 135 个部门:农业 5 个,工业 89 个(其中包括废品废料部门),建筑业 1 个,运输业 7 个,仓储业 1 个,邮电、计算机服务、软件业 4 个,批发、餐饮业 3 个,其他服务部门 25 个。

产值的计算方法有几种,如工厂法、周转法、部门法。按现行统计制度,工业企业均用工厂法计算其总产值。

(1) 采用工厂法计算总产值的计算原则和计算口径是按企业生产活动的最终成果来计算的,即以工业企业作为一个整体,按企业工业生产活动的最终成果来计算。企业内部不允许重复计算,不能把企业内部各个车间(分厂)生产的成果相加,但在企业之间、行业之间、地区之间存在重复计算。而国家或地区按工厂法计算的总产值为各企业采用工厂法计算的总产值的汇总。投入产出的投入结构不仅与产品的生产工艺有关,而且与产值的计算方法、企业形式密切相关。举一典型化的例子。一汽车制造企业,它的产品只有汽车和轮胎,其中轮胎由一独立的车间生产,并且轮胎已全部用于本企业自用,没有外购轮胎,这样企业的最终产品只有汽车,企业采用工厂法计算的总产值只算汽车的产值。如果把这一企业一分为二,生产方式全部没变,生产轮胎作为另一企业,这样地区按工厂法计算的产值增加了轮胎的产值。在前一种情况下,投入消耗的结构中没有此轮胎的价值,在使用方向上也没有这一轮胎价值的反映;后一种情况投入消耗的结构中有轮胎的价值,在使用方向上也有这一轮胎价值的反映。这两种情形的投入产出表投入结构完全不同,然而汽车的生产运作完全没变。

(2) 采用周转法计算总产值的计算原则和计算口径是按企业生产活动的产品周转原则来计算的,即以产品为单位,只要是参加了周转的产品就要计算产值,这样采用周转法计算总产值不仅要计算企业生产的已出售和可供出售的工业产品总价值量,而且还要计算企业的自产自耗产品价值。

下例说明了采用工厂法计算总产值与采用周转法计算总产值的区别。某针织企业,在编表年份除生产毛针织品 800 000 元外,还生产染料、纺织用针、印染设备零配件。生产的染料 5 000 元(按平均出厂价计算)全供本企业生产针织品使用,纺织用针和印染设备零配件除供本厂使用外,还外售一部分。供本厂使用的纺织用针 10 000 元,印染设备零配件 30 000 元(均按平均出厂价计算),外售的纺织用针 20 000 元,印染设备零配件 10 000 元。如果按工厂法计算总产值,这一企业的最终产品为毛针织品、纺织用针、印染设备零配件,最终产品产值为毛针织品 800 000 元、纺织用针 20 000 元、印染设备零配件 10 000 元,这样这一企业采用工厂法计算的总产值为 830 000 元(＝800 000＋20 000＋10 000)。而采用周转法计算总产值以产品为单位,这一企业生产的所有产品为毛针织品、染料、纺织用针、印染设备零配件,各产品的产值为毛针织品 800 000 元、染料 5 000 元、纺织用针 30 000 元(＝10 000＋20 000)、印染设备零配件 40 000 元(＝30 000＋10 000),这样这一企业采用周转法计算的工业总产值为 875 000 元(＝800 000＋5 000＋30 000＋40 000)。

采用周转法计算的总产值＝采用工厂法计算的总产值＋供本企业其他产品部门消耗的产值

在这一例子中,供本企业其他产品部门消耗的有生产的染料 5 000 元,纺织用针 10 000 元,印染设备零配件 30 000 元,总共 45 000 元,采用工厂法计算的总产值＋供本企业其他产品部门消耗的产值 875 000 元(＝830 000＋45 000),正好和周转法工业总产值相同。

10.2.2　价格体系

基层企业的现有数据存在不同价格计算的问题,如农产品的收购采用农产品的收购价格计算,工业出厂产品采用的是工业品出厂价格计算,外购的产品一般是按购买者价格计算。只有采用统一的价格体系,把它们根据某种关系并在一起,才会有经济意义,因此,编制价值型投入产出表时,会遇到价格的采用问题。

1. 生产者价格与消费者价格

如果按产品价格的形成过程分,则可分为生产者价格和购买者价格。生产者价格就是产品在直接生产过程中形成的价格,它等于生产者生产单位货物和服务向购买者出售时获得的价值,减去开给购买者发票上的增值税或类似可抵扣税。该价格包括工业品的出厂价格和农产品的收购价格,不包括货物离开生产单位后所发生的运输费用和商业费用。购买者价格就是购买者在市场上购买单位货物和服务所支付的价值,不包括任何可抵扣增值税或类似可抵扣税,除了含直接生产费用外,还包括在生产过程中的流通费用。购买者价格等于生产者价格加上购买者支付的运输和商业费用,再加上购买者缴纳的不可抵扣增值税。在我国的历年价值型投入产出表中均采用生产者价格计算,这主要是由于它可以排除因运输距离的远近和流通环节的多少的影响,使消耗系数比较稳定,但它与现行统计制度不衔接而为编表带来困难,还必须对运输费做典型调查,在编制投入产出过程中还要作扣除流通费用的过程。

2. 不变价格与现行价格

如果按价格变动分,则可分为不变价格和现行价格。不变价格是指以某一时期的同类产品的平均价格作为固定价格,来计算各个时期的产品价值。目的是消除各个时期价格变动的影响,保证各时期间、地区间的可比性。现行价格是指报告的实际价格。投入产出表一般是按现行价格计算,这主要是因为投入产出的大量财务核算资料为现价。在编制延长表时需要把基准年份的第Ⅰ象限直接消耗的基准年价格转换成编制年份的价格。

10.3　直接消耗系数的修改

在编制基本表时,我们不可能对全部企业的投入结构做全面调查,只能作重点调查或典型调查,根据重点或典型调查所确定的部门直接消耗系数来推算投入产出部门的直接消耗系数时必须对重点或典型调查所确定的部门直接消耗系数做修改。而在编制投入产出延长表时，没有对产品部门的投入结构做调查，只能利用基准年表的直接消耗系数加以修改。这样，在实际编制投入产出基本表或者投入产出延长表时都必须对直接消耗系数做修改。对直接消耗系数修改的方法有很多，如专家评估法、RAS法（也称为"双比例"矩阵平衡技术）、改进的RAS法、拉格朗日法、增量矩阵方法、回归法、平均分析法等。在实际操作中，也不是具体用某一种方法，而是几种方法混合使用。实际编表时最常用的是改进的RAS法。下面介绍比较常用的专家评估法、RAS法和改进的RAS法。

10.3.1　专家评估法

专家评估法就是根据专家的经验和意见来修改直接消耗系数的方法。投入产出表是对国民经济各部门在生产经营活动中的数量依存关系的反映，部门繁多、结构庞杂，涉及国民经济的各个领域。在这样一个大系统中，任何少数几个人的知识都是有限的，因此必须通过集体的智慧，集各部门具有丰富的理论和实践经验的专家，对其中的直接消耗系数做修正。在实际编表过程中，利用编出的初次结果，计算出各种系数（如直接消耗系数、完全消耗系数、影响力系数、感应度系数等），把计算结果以及近几次投入产出相应系数的比较提供给各位专家，各位专家根据其对专业的数据了解和实践经验，对算出的结果做出判断，对不合适的地方提出意见，根据专家的意见对消耗系数做合理调整。

10.3.2　RAS法

RAS法，也称为"双比例"矩阵平衡方法，是由剑桥大学教授斯通和他的助手们创造出来的一种修订直接消耗系数的方法。通过对给定一个矩阵数据，给出相应阶的行向量及列向量数据，我们通过什么方法使所给的矩阵变换为列和与所给行向量一致、行和与所给的列向量一致的矩阵来进行修订。RAS法的基本思想是：首先按矩阵的行向量结构放大或缩小使矩阵的行和与所给的列向量一致，这样得出一个矩阵。然后利用这一矩阵按列向量结构放大或缩小，使矩阵的列和与所给的行向量一致，计算所得的矩阵行是否与所给的列向量一致。如果一致则达到目的要求；如果不一致，则重复前面做法。对于有经济联系的投入产出数据，这样重复多次可达到目的要求。根据编表实践经验，一般重复十几次就可达到目的要求。必须说明，并不是任意给出一矩阵，及给出相应阶的行向量及列向量数据都可以用RAS法找到矩阵的列和与所给行向量一致。非常极端的例子是，2维单位矩阵，行向量为$(1,2)$，列向量为$(2,1)^T$，无论如何都不能通过RAS法找到所要的矩阵。

下面简介RAS法具体计算过程。A_0为基期的消耗系数或要调整的消耗系数。给出一个中间投入行向量及中间使用列向量，把上面所讲的RAS法的基本思想用数学语言表达。

RAS法就是找两个对角矩阵，分别记为：

$$R = diag(r_1, r_2, \cdots, r_n)$$

$$S = diag(s_1, s_2, \cdots, s_n)$$

使得 $A_1 = RA_0 S$，其中 A_1 的行和与所给中间使用列向量一致，列和与所给中间投入行向量一致。R 矩阵称替代矩阵，RA_0 从量的角度上讲是第一行系数全部放大或缩小 r_1 倍，第二行系数放大或缩小 r_2 倍，$\cdots\cdots$，第 n 行系数放大或缩小 r_n 倍。

从经济意义上讲，如果第 i 行的一中间产品以某种程度被其他行的产品所替代，则所有第 i 行的其他中间产品都按同一程度被其他行的产品所替代，也就是说如果当年投入第 i 产品比基年多了 r_1 倍，则所有部门也同等投入 i 产品比基年多了 r_i 倍。S 矩阵称制造矩阵，$A_0 S$ 从量的角度上讲是第一列系数全部放大或缩小 s_1 倍，第二列系数放大或缩小 s_2 倍，$\cdots\cdots$，第 n 列系数放大或缩小 s_n 倍。

从经济意义上讲，如果第 j 列的一中间产品以某种程度增加的话，则所有第 j 列的其他中间投入都按同一程度增加，也就是说如果当年第 j 产品生产中投入比基年多了 s_j 倍，则 j 产品生产中投入所有部门产品也同等比基年多了 s_j 倍。

我们用某地区 2017 年三次产业的投入产出表及 2019 年三次产业的中间投入及中间使用的实际数据说明 R 和 S 的求法及其具体操作过程（见表 10-1）。

表 10-1　某地区 2017 年消耗系数推算 2019 年消耗系数 RAS 法　　单位:亿元

			第一产业	第二产业	第三产业	合　计	2019年中间使用	缩放倍数
			1	2	3	(a_1)	(b)	$(b)/(a_1)$
基础数据	2017年	1	403.99	1 608.10	381.37	2 393.46	2 502.85	1.045 7
		2	746.25	54 485.04	5 583.18	60 814.47	55 707.48	0.916 0
		3	181.45	6 013.65	6 479.23	12 674.34	15 854.52	1.250 9
	合　计		1 331.69	62 106.79	12 443.78			
	(c)	2019年	1 327.32	60 293.75	12 443.78			
第一周期	按行缩放	1	422.45	1 681.60	398.8	2 502.85		
		2	683.58	49 909.57	5 114.32	55 707.48		
		3	226.98	7 522.57	8 104.97	15 854.52		
	(d_1)	4	1 333.02	59 113.74	13 618.09			
	缩放倍数	$(c)/(d_1)$	0.995 7	1.020 0	0.913 8			
	按列缩放	1	420.65	1 715.17	364.41	2 500.22	2 502.85	1.001 1
		2	680.66	50 905.85	4 673.31	56 259.82	55 707.48	0.990 2
		3	226.01	7 672.73	7 406.07	15 304.81	15 854.52	1.035 9
		4	1 327.32	60 293.75	12 443.78			

			第一产业	第二产业	第三产业	合　计	2019年中间使用	缩放倍数
			1	2	3	(a_1)	(b)	(b)/(a_1)
第二周期	按行缩放	1	421.09	1 716.97	364.79	2 502.85		
		2	673.98	50 406.08	4 627.43	55 707.48		
		3	234.13	7 948.32	7 672.08	15 854.52		
	(d_1)	4	1 329.20	60 071.36	12 664.29			
	缩放倍数 (c)/(d_1)		0.998 6	1.003 7	0.982 6			
	按列缩放	1	420.49	1 723.32	358.44	2 502.26	2 502.85	1.000 2
		2	673.03	50 592.68	4 546.85	55 812.56	55 707.48	0.998 1
		3	233.8	7 977.74	7 538.49	15 750.03	15 854.52	1.006 6
		4	1 327.32	60 293.75	12 443.78			
第三周期	按行缩放	1	420.59	1 723.73	358.52	2 502.85		
		2	671.76	50 497.43	4 538.29	55 707.48		
		3	235.35	8 030.67	7 588.50	15 854.52		
	(d_1)	4	1 327.70	60 251.83	12 485.32			
	缩放倍数 (c)/(d_1)		0.999 7	1.000 7	0.996 7			
	按列缩放	1	420.47	1 724.93	357.33	2 502.73	2 502.85	1.000 0
		2	671.57	50 532.56	4 523.19	55 727.32	55 707.48	0.999 6
		3	235.28	8 036.26	7 563.26	15 834.80	15 854.52	1.001 2
		4	1 327.32	60 293.75	12 443.78			
第四周期	按行缩放	1	420.49	1 725.01	357.35	2 502.85		
		2	671.33	50 514.57	4 521.58	55 707.48		
		3	235.58	8 046.27	7 572.68	15 854.52		
	(d_1)	4	1 327.39	60 285.85	12 451.61			
	缩放倍数 (c)/(d_1)		0.999 9	1.000 1	0.999 4			
	按列缩放	1	420.47	1 725.24	357.12	2 502.83	2 502.85	1.000 0
		2	671.29	50 521.19	4 518.74	55 711.22	55 707.48	0.999 9
		3	235.56	8 047.32	7 567.92	15 850.81	15 854.52	1.000 2
		4	1 327.32	60 293.75	12 443.78			

续　表

			第一产业	第二产业	第三产业	合　计	2019 年中间使用	缩放倍数
			1	2	3	(a_1)	(b)	(b)/(a_1)
第五周期	按行缩放	1	420.47	1 725.25	357.13	2 502.85		
		2	671.24	50 517.8	4 518.44	55 707.48		
		3	235.62	8 049.21	7 569.69	15 854.52		
	(d_1)	4	1 327.33	60 292.26	12 445.26			
	缩放倍数	(c)/(d_1)	1.000 0	1.000 0	0.999 9			
	按列缩放	1	420.47	1 725.29	357.08	2 502.84	2 502.85	1.000 0
		2	671.24	50 519.05	4 517.9	55 708.18	55 707.48	1.000 0
		3	235.61	8 049.41	7 568.8	15 853.82	15 854.52	1.000 0
		4	1 327.32	60 293.75	12 443.78			

首先从基年 2017 年直接消耗矩阵 A 出发,在给出 2019 年中间使用列向量 b(2 502.85,55 707.48,15 854.52)^T 及中间使用行向量 c(1 327.32,60 293.75,12 443.78),RAS 的迭代过程第一步是把原直接消耗矩阵对应的中间流量矩阵保持列的结构不变,使其行和与 2019 年中间使用列向量(2 502.85,55 707.48,15 854.52)^T 相同,即是第一行放大 1.045 7 倍,第二行缩小为原来的 0.916 0,第三行放大 1.250 9 倍。$r_1 = (b/a_1)$,记 $X_1 = \hat{r}_1 X_0$。这样 X_1 修正的中间流量矩阵行和与报告期 2019 年中间使用列向量(2 502.85,55 707.48,15 854.52)^T 一致,列和还与中间使用行向量(1 327.32,60 293.75,12 443.78)不一致。

我们从 X_1 出发保持行的结构不变,使其列和与 2019 年中间使用行向量(1 327.32,60 293.75,12 443.78)一致,即第一列缩小为原来的 0.995 7,第二列放大 1.020 0 倍,第三列缩小为原来的 0.913 8。$s_1 = (c/d_1)$,记 $X_1 = X_1 s_1 = r_1 X_0 s_1$,这样列和与中间使用行向量(1 327.32,60 293.75,12 443.78)一致,完成一个周期缩放。但行和又与中间使用列向量(915.04,14 972.46,4 675.39)^T 不一致,我们重复第一周期的做法。此时中间流量矩阵 $X_2 = r_2 r_1 X_0 s_1 s_2$,行和还与中间使用列向量(2 502.85,55 707.48,15 854.52)^T 不一致。

我们不断重复第一周期的做法,根据计算结果,第五周期我们矩阵行和与中间使用列向量(2 502.85,55 707.48,15 854.52)^T 一致,这样中间流量矩阵 $X_5 = r_5 r_4 r_3 r_2 r_1 X_0 s_1 s_2 s_3 s_4 s_5$ 满足矩阵行和与 2019 年中间使用合计一致,列和与 2019 年中间投入合计一致,也就是行及列的缩放倍数均为 1。如果再做一周期的话,结果也和上一次一样,这样根据 X_5 的计算所用 R 和 S 就可以计算 2019 年直接消耗系数矩阵 $A_1 = R A_0 S$。

$$替代矩阵\ R=r_5r_4r_3r_2r_1=\begin{bmatrix} 1.047\ 1 & & \\ & 0.904\ 9 & \\ & & 1.306\ 4 \end{bmatrix}$$

$$制造矩阵\ S=s_1s_2s_3s_4s_5=\begin{bmatrix} 0.994\ 0 & & \\ & 1.024\ 6 & \\ & & 0.894\ 2 \end{bmatrix}$$

必须说明的问题是,没有中间消耗,怎么会有合计。这主要是由别的关系推算出,如中间投入合计+增加值=总产出,总产出和增加值可由别的方法推算出,这样中间投入合计=总产出-增加值。像这样"先有子,后有父"的推算数据的逻辑,在核算中经常用到。RAS 法不仅可用于直接消耗系数的修正,它的思想还可应用于统计其他方面。

由于计算机技术发展及软件的大众化,在实际编表时,RAS 法的计算均用计算机完成。ECONIO 软件包是专门为推算、放大、编制、平衡投入产出表设计的软件包,它对矩阵操作运算非常方便,其包含 RAS 法的调整,但它与别的软件数据接口并不灵活。办公室软件非常通用,如 Excel 软件,它对数据的操作能力也非常强大,用它也可进行RAS 法运算操作。对 RAS 法从基础数据到第一周期按 RAS 法的运算迭代,在 Excel单元格中写好公式,然后对第一周期的计算结果的消耗矩阵,把其数值复制到基础数据中,即进行选择性数据粘贴。从多年编表实践来看,十几次替代就可完成,就可看到缩放倍数均为 1。还有用 FoxPro 按 RAS 迭代方法编写一个简单的软件进行迭代,必须注意的是在 FoxPro 时用数据库要考虑数据的小数位数,而用数组则不存在这一问题。

10.3.3　改进的 RAS 法

改进的 RAS 法就是对消耗系数并不全部用 RAS 法调整,而是分两部分调整,一部分外生调整,另一部分用 RAS 法调整,最后把这两部分数据合并,得到调整的消耗系数。例如,在编制延长表时,由于工业对电力、能源消耗历年有比较全面的统计,因此当年各投入产出部门对电力、能源等消耗系数可由统计报表比较准确地推算出,这部分系数当作外生调整部分。另一部分做 RAS 调整,具体做法:把外生调整系数全部置为 0,并把给定的中间投入、中间使用向量扣减外生调整部分合计,然后,对它进行 RAS 法调整。这样把外生调整结果部分与上述 RAS 法调整结果部分合并就得到调整的结果。

10.4　编制投入产出表的直接分解法

按照现行的统计制度,工业企业产值是以企业主产品所对应的行业计算其产值,它是混部门产值,不符合投入产出表的"产品纯部门"的要求,因此必然采取各种方法对其主产品代表产值按投入产出部门分类的要求进行"纯"部门的分解,使企业主产品代表的数据还原为实际产品(纯)部门的数据。直接分解法是方法之一。所谓直接分解法,就是从基层调查入手,由基层单位将其生产的各种不同产品的投入和产出按照投入产出部门分类的原则,分别划分到相应的投入产出产品部门中去,直接得到各个投入产出产品部门的投入与产出资料。直接分解是在调查点进行,其满足如下基本关系:

(1) 调查单位分解出来的各投入产出部门产值之和＝调查单位的总产值。

(2) 调查单位分解出来的各投入产出部门对某种产品的中间投入合计＝调查单位的对此产品中间投入。

(3) 调查单位分解出来的各投入产出部门增加值之和＝调查单位的增加值。

(4) 调查单位分解出来的各投入产出部门固定资产折旧之和＝调查单位的固定资产折旧。

(5) 调查单位分解出来的各投入产出部门劳动报酬之和＝调查单位的劳动报酬。

(6) 调查单位分解出来的各投入产出部门生产税净额之和＝调查单位的生产税净额。

(7) 调查单位分解出来的各投入产出部门营业盈余之和＝调查单位的营业盈余。

10.4.1　分解法的特点和基本程序

分解法是最基础的方法,它的主要特点是每个调查点的基础数据都按投入产出的要求,做纯部门的分解,然后逐级汇总编制投入产出表。由于分解法的纯部门消耗数据直接来自企业,因此投入产出消耗结构的准确度比较高,但这一方法对调查点的填报要求高,工作量大。分解法编制投入产出表,通常要经过以下几个步骤:

第一步,拟定调查方案。主要包括报表的分解方法及指标解释。

第二步,选定调查点。根据投入产出部门要求,对每一产品部门都有一定对应的调查点,调查点的个数要满足抽样误差的要求。

第三步,布置填报调查表。在调查中,一般采用普查、重点调查和典型调查等方法结合进行。

第四步,汇总调查表数据。

第五步,计算投入产出各产品部门的总控制数。

(1) 计算投入产出各产品部门的投入与产出总额。工业各“纯”部门的总额通过“按纯部门分解工业总产值调查表”数据进行推算取得,其余物质生产部门按各该部门统计报表资料计算取得。

(2) 计算投入产出各产品部门的增加值。对于工业各部门,由于从统计年报及财务决算表中不能取得按“纯”部门分解的新创造价值构成数据,因此这一步只能计算工业新创造价值合计数,对于工业各投入产出产品部门的增加值构成数据,在下一步编制总表中,用重点调查取得的增加值结构数据及工业新创造价值合计数进行推算。

(3) 计算投入产出各产品部门中间投入,中间投入＝总产出－增加值。

(4) 计算总消费及其构成。

(5) 计算资本形成及其构成。

(6) 计算进、出口及调进、调出及其构成。

第六步,编制总表。利用投入产出重点调查汇总数据,结合总量指标推算放大,取得中间投入结构及增加值结构,结合取得的第 Ⅱ 象限的数据,把它们拼接在一起,对误差作 RAS 法调整。

1. **数据的来源——总产出**

总产出指的是一个国家(或地区)一年内生产的全部产品和提供的服务的价值总量,反映了生产活动的总规模。一般地,总产出的数据来源从以下 12 个部门中得到:

(1) 农业,包括种植业、林业、畜牧业、渔业和其他农业等 5 个部分,其总产出直接取自《农村统计年报》及有关税务资料。

(2) 工业,其各投入产出产品部门总产出根据《工业统计年报》《村办工业企业主要指标》及投入产出重点调查推算,工业年报分行业部门产值是混部门的产值,我们利用投入产出重点调查取得的重点单位投入表的构成推算工业各投入产出产品部门(纯部门)的产值。

(3) 建筑业,包括建筑安装、构筑物维修、装修装饰以及非标准设备制造等活动,其总产出计算数据来源于《固定资产投资统计年报》《建筑业统计年报》。

(4) 交通运输业,是指提供运送货物和旅客的活动,具体包括铁路、公路、水运、航空和管道运输业。铁路、航空运输业的总产出取自各铁路、航空分公司年度财会报表中的营运业务收入。公路、水运、管道运输业的总产出分系统内、系统外两部分计算,系统内取自交通运输业统计年报中财务状况表的"营运业务收入",系统外用客货运总周转量推算。

(5) 邮电通信业,其总产出是通过邮电通信活动取得的全部收入扣除市话初装费的差额,其资料取自邮电管理部门的年度财会报表。

(6) 仓储业,总产出资料来源于《工业统计年报》《限额以上批发零售贸易统计年报》和有关部门的年度财会报表。

(7) 批发零售贸易,其总产出分三部分计算,包括限额以上批发零售贸易总产出、限额以下批发零售贸易总产出和城乡集市贸易。限额以上批发零售贸易总产出取自《限额以上批发零售贸易统计年报》,其余两部分用相关资料推算。

(8) 餐饮业,其总产出取自《餐饮业销售情况》中的营业收入。

(9) 房地产,它是为居民提供住房的服务行业,具体包括三个部分:房地产管理、房地产开发经营和城乡居民自有住房。房地产管理部门的总产出取自房地产管理部门的年度财会报表,房地产开发经营部门的总产出取自房地产开发统计报表,城乡居民自有住房总产出用城调、农调的调查资料及有关资料推算。

(10) 金融业,其总产出取自金融企业的年度财会报表。

(11) 保险业,它的总产出取自保险公司的年度财会报表。

(12) 其他服务业,其总产出用《服务业综合统计报表》及有关资料推算。

2. **数据的来源——中间投入**

农业中间投入取自《农村统计年报》,其他行业中间投入用总产出与增加值的差计算,公式为:中间投入=总产出-增加值。

3. 数据的来源——增加值

增加值的数据统计与总产出一样，也从 12 个部门中得到：

（1）农业，其增加值用农业总产出与中间投入的差推算。

（2）工业，其增加值分为两部分计算，工业增加值＝规模以上工业增加值＋规模以下工业增加值。规模以上工业增加值由《工业统计年报》数据确定；规模以下工业增加值由增加值率及规模以下总产出推算，增加值率根据企业调查队抽样调查资料，结合实际情况推算。各产品部门增加值利用投入产出重点调查资料所确定的增加值率及上面计算的总产出推算。

（3）建筑业，其增加值用其增加值率推算，它的增加值率依据《建筑业统计年报》资料计算。

（4）交通运输，交通运输增加值＝铁路、航空运输业的增加值＋公路、水运、管道运输业的增加值。铁路、航空运输业的增加值直接用《运输业务决算报告》及有关财会报表推算；公路、水运、管道运输业的增加值分系统内和系统外两部分计算，系统内取自系统内的《运输统计年报财务状况表》，系统外增加值用系统外总产出及系统内增加值率推算。

（5）邮电通信业，其增加值取自邮电管理部门的《年度财会报表》中的有关资料。

（6）仓储业，其增加值取自劳动工资年报中仓储业的有关资料。

（7）批发零售贸易，批发零售贸易增加值＝限额以上批发零售贸易增加值＋限额以下及其他批发零售贸易增加值。限额以上批发零售贸易增加值取自《限额以上批发零售企业财务报表》，限额以下及其他批发贸易增加值取自《批发零售贸易餐饮业统计年报》。

（8）餐饮业，餐饮业增加值＝限额以上餐饮业增加值＋限额以下餐饮业增加值。限额以上餐饮业增加值取自《社会消费品零售额》《限额以上餐饮业财务状况资料》，限额以下餐饮业增加值用增加值率推算。

（9）房地产，其增加值用投入产出调查资料及《固定资产投资统计年报》推算。

（10）金融业，其增加值取自《银行年度会计决算表》。

（11）保险业，其增加值取自国家金融监督管理总局《保险企业损益表》。

（12）其他服务业，其增加值用《劳动统计年报》及有关统计资料推算。

4. 数据的来源——资本形成总额

资本形成总额包含固定资本形成和存货增加。固定资本形成总额是指常住单位在一定时期内购置、转入和自产自用的固定资产，扣除固定资产的销售和转出后的价值。固定资产分为有形固定资产形成总额和无形固定资产形成总额，其资料取自《固定资产投资统计年报》《固定资产投资构成调查汇总表》等。存货增加是指常住单位在一定时期内存货实物量变动的市场价值即期末价值减期初价值的差额，其资料取自《农村社会经济统计年报》《工业产成品库存结构汇总表》《批发零售贸易餐饮业统计年报》等。

5. 数据的来源——最终消费

最终消费包括居民消费和政府消费,居民消费又分为非农业居民消费和农业居民消费。

(1) 居民消费是指居民在一定时期内对于货物和服务的全部最终消费支出。它既包括居民直接以货币形式购买的货物和服务支出,也包括以其他方式获得的货物和服务的消费支出。居民消费资料取自城调队《住户家庭生活支出情况表》《城市住户现金收支平衡表》,农调队《农村居民消费支出表》等。

(2) 政府消费是指政府部门为全社会提供的公共服务的消费支出和免费或以较低的价格向住户提供的货物和服务的净支出。政府消费=财政预算内有关事业支出中属于经常性支出的部分+财政预算外支出中属于经常性业务支出的部分+行政单位和非营利性事业单位的固定资产折旧+城镇居民委员会和农村居民委员会的总产出扣除营业收入后的差额,其资料取自《年度财政总决算表》《年度预算外资金收支决算表》。

6. 数据的来源——进、出口及调进、调出

出口、调出指常住单位向国外及海外、省外非常住单位出售或无偿转让的各种货物和服务的价值;进口、调进指常住单位从国外及海外、省外非常住单位购买或无偿得到的各种货物和服务的价值。

出口包括六个方面:

(1) 经海关出口的商品;

(2) 非常住单位在国内购买的商品(含饮食业);

(3) 为非常住单位提供的各种货运服务;

(4) 为非常住单位提供的各种邮电通信服务;

(5) 为非常住单位提供的商业服务;

(6) 其他服务出口。

进口包括四个方面:

(1) 经海关进口的商品;

(2) 非常住单位提供的货物;

(3) 非常住单位提供的邮电通信服务;

(4) 其他服务出口。

进出口数据资料取自《海关进出口总值》《对外经济统计年报》。在地区投入产出中,特别是在当前市场经济的条件下,调进、调出的总量及结构数据的取得是相对比较困难的事情,一般而言,调进、调出总量及结构数据用能源统计资料及投入产出重点调查资料推算。

10.4.2 流量的分解

1. 总产值的分解

按现行统计规定,各企业单位的总产值就是指以货币形成表现的,在一定时期内生产

经营活动的总成果,它是将企业生产的全部产品全部归并以主产品为代表的行业中去。因此,企业部门的产值是混部门而不是投入产出表所要求的纯部门产值,必须将其进行分解,得到投入产出部门纯部门的产值。在现行的统计制度中,工业企业总产值是以工厂法计算的总产值。工业企业总产值的分解办法为:首先以工业企业作为一个整体,确定企业工业生产的最终成果,即最终产品和服务并计算其产值,按投入产出部门归类合并。

我们用某针织企业的例子做一说明。首先确定这一企业工业生产的最终成果,这一企业的最终成果为毛针织品、纺织用针和印染设备零配件三种产品。染料全供本企业使用,因此它不是这一企业的最终成果。按现行工业统计制度,这一企业的产值为830 000 元,全部归入这一企业的主产品毛针织品对应的小类 1 782 中。按照投入产出"纯"部门的要求,应对这一总产值做"纯"部门的分解。以 2007 年编制的 124 个部门为例,最终产品毛针织品 800 000 元归入投入产出针织品业中,最终产品纺织用针 20 000 元归入投入产出工业专用设备制造业中,最终产品印染设备零配件 30 000 元归入投入产出工业专用设备制造业中,这样,这一企业 830 000 元的产值按投入产出部门分解为投入产出针织品业 800 000 元,投入产出工业专用设备制造业 30 000 元(见表 10 - 2)。

表 10 - 2　某针织企业的总产值分解　　　　单位:元

产品	投入产出产品部门	
	针织品业	工业专用设备制造业
毛针织品	800 000	
纺织用针		200 000
印染设备零配件		100 000
合　计	800 000	300 000

2. 中间投入的分解

中间投入是指各调查单位在进行经营活动中所投入的各种物质产品和服务,包括直接投入和间接投入。直接投入是指调查单位在进行经营活动时所直接消耗的原材料、辅助材料、燃料、动力等外购物资;间接投入是指调查单位在进行经营活动时所间接消耗的各种物质和服务,如办公用品等。中间投入的分解是根据投入产出表的部门分类原则,将基层单位生产产品和服务时所消耗的物质产品和服务,分别划归到不同的投入产出产品部门中去。因此,在进行中间投入分解时,要遵照"投入跟着产值走"的原则,将基层单位在进行生产经营时所消耗的各种物质产品各服务分解为各产品部门,并按投入产出表的部门分类原则归类。

调查点数据的中间投入分解。其直接投入的分解需要从查阅原始记录入手,首先对直接生产车间和为生产提供原材料、辅助材料、燃料、动力等部门的各种领料单据和消耗台账等资料逐笔登记,编制各个车间某种产品每月消耗原始登记表。对于几种产品共同耗用的材料费用,不能分清应由哪种产品负担的,应采用既合理又简单的分配方法进行分配。常用的分配方法有定额消耗量比例分配法、产品重量(体积、产量)比例分配法、材料系数比例分配法等。其次,在上述数据基础上,把各产品和服务按投入产出部门分类,编制按投入产出产品部门划分的消耗表。第三,对自产自耗产品、有关的工作性作业、在制品和半成品的产值构成进行分解还原。第四,将分解还原后的结果归并到使用该投入产出部门的消耗中去,即加到上述的按产品划分的消耗表中,与此同时将自产自耗产品等予以剔除。最后,将生产的各种产品和直接投入的各种产品分别按投入产出表的部门分类原则归类。

间接投入的分解可用如下两种方法:

方法一,从原始单据及企业的制造费用表和期间费用表入手,将企业制造费用和期间费用中的间接消耗费用(包括办公用品费用、水电费、修理费等),像直接投入一样进行分解。在分解过程中,若能分清某种产品应负担多少,则直接分到其对应的产品消耗中去;若不能分清某种产品应承担多少,也应采取合理而简单的分配方法,在各种产品之间进行分配。常用的方法有按生产工人工时比例分配、按生产工人工资比例分配、按机器工时比例分配、按产量比例分配以及按固定分配率分配等,各企业和车间应按照自己的特点及成本管理的要求进行确定,以得到各产品部门的间接投入表。

方法二,每一个调查企业对制造费用只分解其合计,对其构成和期间费用不用分解。用其主产品所属的行业分类代替其制造费用构成,把所有调查点的汇总归并,各投入产出产品部门的制造费用及期间费用用调查点汇总归并所对应的企业(混)部门的制造费用及期间费用进行分解,也就是说,全社会某投入产出产品部门的制造构成及期间费用与其相同的行业代码的整个企业(混)部门的制造费用及期间费用构成一致。

将经过分解后得到的基层直接投入表和间接投入表合并,即可得到基层的中间投入表。按投入产出产品部门分解中间投入的过程如图 10-1 所示。

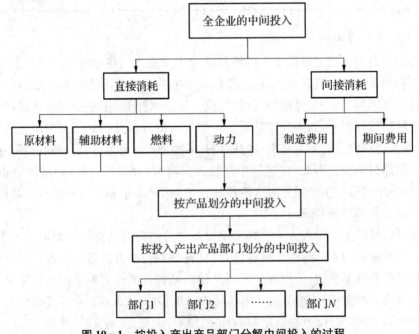

图 10-1　按投入产出产品部门分解中间投入的过程

3．增加值的分解

增加值的分解就是将基层单位的固定资产折旧、劳动者报酬、生产税净额和营业盈余均按产品部门进行分解，在进行增加值分解时，应遵循"投入跟着产值走"的原则，做到增加值的计算口径范围与产值的计算口径一致。

（1）固定资产折旧的分解。

固定资产折旧是为补偿生产活动中所耗用的固定资产而提取的价值，是反映固定资产在生产过程中损耗与转移的价值。它由两部门组成，一部门是按规定比率提取的基本折旧基金，另一部门是根据固定资产原值在使用时大修理的次数而提取的大修理基金。因此对于生产性固定资产折旧和大修理折旧，利用各种产品占用固定资产的比例及生产性固定资产的折旧率、大修理提取率进行分解，如果是由几个产品部门共同使用，则可按工时比例或产值比例等方法进行分摊。

（2）劳动者报酬的分解。

劳动者报酬是指劳动者因从事生产活动所获得的全部报酬，它包括各种形式的工资、奖金和津贴，既包括货币形式的，也包括实物形式的。在进行分解时，把从事某产品部门生产经营活动人员的劳动报酬计入该产品部门，直接计算该产品劳动报酬，把从事几个产品生产活动的劳动人员的劳动报酬按各产品的劳动工时分摊到各产品部门。把管理人员劳动报酬按各产品产值比例分摊到各产品部门。

（3）生产税净额的分解。

生产税净额是生产税减生产补贴，其分解可根据企业生产各产品时所发生的生产税而分别计入各个产品部门中。如果分不清属于哪种产品产生的，则按产品产值分摊到各产品部门。

（4）营业盈余的分解。

营业盈余是增加值扣除劳动者报酬、生产税净额和固定资产折旧的余额，它的分解是：如果明确是属于某产品发生的，则直接归入相应的产品部门中；如果不明确的，则可按一定比例进行分摊。

4．流通费用的分解

由于我们调查得到的投入产出直接消耗的资料均为按购买者价格计算的，因此，我们首先利用现有的消耗结构编制按购买者价格计算的投入产出表，然后再利用典型调查资料，计算流通费用矩阵，并在按购买者价格计算编制的投入产出表中扣除其中所包含的各种流通费用，并把扣出来的流通费用归并到各种流通部门中去，从而编制出按生产者价格计算的投入产出表。流通费用的计算过程如下：

（1）计算按购买者价格计算编制的投入产出表中工业、农业各产品部门和废品废料部门的产出流量中所包括的各种流通费用总额。

按购买者价格计算编制的投入产出表中各工农业产品部门和废品废料部门所包括的各种流通费用总额就是我们需要从各产品部门中扣除，并归并到各流量部门产出中的流通总额。虽然按购买者价格计算的投入产出有建筑业、第三产业，但其产出流量中不含流通费用,因此编制流通费用矩阵时只计算按购买者价格计算编制的投入产出表中工、农业各产品部门和废品废料部门的产出流量中所包含的各种流通费用。另外,由于在基层表中已单独计算出了一部分流通费用,所以应将各流通部门的总产值减去单独计算的流通费用,作为编制流通费用矩阵时的总控制量。计算公式为:流通费用矩阵的总控制量=各流通部门的总产出-已单独计算的流通费用。

(2) 初步计算按购买者价格计算编制的投入产出表中农业、工业各产品部门和废品废料部门的产出流量中所包括的流通费用。

首先利用投入产出典型调查资料计算各产品部门的流通费用率,再利用各产品部门的总产值推算各产品部门的产出中包含的流通费用。

(3) 计算按购买者价格计算编制的投入产出表中农业、工业各产品部门和废品废料部门的全部流通费用。

利用第(2)步计算的农业、工业各产品部门和废品废料部门的产出流量中所包括的流通费用的结构缩放,使其总值为流通费用矩阵的总控制量。

(4) 计算应从按购买者价格计算编制的投入产出表中农业、工业各产品部门和废品废料部门扣下的各种流通费用。

利用投入产出典型调查汇总表中各产品购进所要支付的流通费,包括铁路、公路、管道、水上、航空、其他交通运输、仓储、保险等构成进行放大,使其行和为第(3)步得到的全部流通费用,并进行 RAS 法调整使其列和为各流通部门总产值与已单独计算的该流通部门的流通之差。

(5) 计算各种流通费用矩阵。

利用按购买者价格计算编制的投入产出表中需要扣除流通费用的农业、工业各产品部门和废品废料部门的产出流量(剔除不含流通费用的产出量)结构缩放,使其行和为各应扣的流通费用,从而算出各流通费用矩阵,包括铁路、公路、管道、水上、航空、其他交通运输、仓储、保险、商业附加费矩阵。

10.5　投入产出表的推导法

编制投入产出表的另一种方法是推导法,也称 UV 法。推导法就是根据调查的资料,先编制部门的投入表(简称 U 表)及产出表(简称 V 表),然后在一定的假定下,如部门工艺假定、产品工艺假定等,采用数学方法直接推导投入产出系数。

10.5.1　推导法的特点和基本程序

推导法的特点是企业不需要将产值按产品部门分解,它和现行统计制度衔接,对调查企业点的要求不高,但对它的生产要求有一定的假定,如企业生产的产品比较单一,主产品比较突出,产品的集中度比较高,同类企业和行业之间的生产技术水平不悬殊。在具体实际操作中,我们可以对一些大型联合企业和一些主产品不太突出的企业,按产品部门进行分解,把企业分为几个虚拟的企业,使其基本满足推导法的假定的要求。

（1）通过投入产出调查取得基层的投入和产出资料。基层的投入表只是一列数据,通过查找有关原始单据和报表,可以得到基层生产经营活动中所投入的各种产品和服务,而不必进行分解。基层的产出表只是一行数据,可从现行总产值的计算过程中得到。

（2）汇总编表。将投入产出重点调查取得的基层投入和产出资料按基层单位所属的企业部门进行汇总,得到作为样本的投入表和产出表。

（3）推算放大。将样本的投入表和产出表进行推算放大,得到总体的投入表和产出表。

（4）按一定假定推算投入产出结构。

10.5.2　部门工艺假定推导

部门工艺假定就是假定一个企业部门生产的所有产品的消耗结构都相同。

1. 产品×产品表的推导

产品×产品表的推导的基本思路如下(见图 10 - 2)：

将 i 产品部门生产的单位产品及服务分解出各企业部门生产多少,计算各企业部门为生产这些产品及服务消耗了 j 产品部门多少。各部门消耗 j 产品之和就是产品部门 i 单位产出对产品部门 j 的消耗。

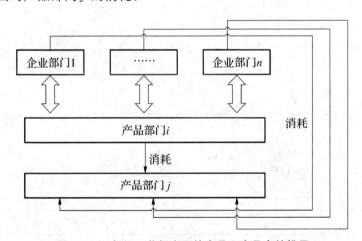

图 10 - 2　部门工艺假定下的产品×产品表的推导

为了具体说明推导法的基本原理,我们将原来的投入产出表的结构改为如表 10 - 3 和表 10 - 4 所示形式。

表 10-3 投入产出表(形式一)

		产品部门			企业部门			最终产品	总产出
		1	2	··· n	1	2	··· m		
产品部门	1				U_{11}	U_{12}	··· U_{1m}	Y_1	Q_1
	2				U_{21}	U_{22}	··· U_{2m}	Y_2	Q_2
	⋮				⋮	⋮	⋮	⋮	⋮
	n				U_{n1}	U_{n2}	··· U_{nm}	Y_n	Q_n
企业部门	1	V_{11}	V_{12}	··· V_{1n}					G_1
	2	V_{21}	V_{22}	··· V_{2n}					G_2
	⋮	⋮	⋮	⋮					⋮
	m	V_{m1}	V_{m2}	··· V_{mn}					G_m
增加值					F_1	F_2	··· F_m		
总投入		Q_1	Q_2	··· Q_n	G_1	G_2	··· G_m		

表 10-4 投入产出表(形式二)

		产品部门			企业部门			最终产品	总产出
		1	2	··· n	1	2	··· m		
产品部门	1 2 ⋮ n					$B=UG^{1}$		Y	Q
企业部门	1 2 ⋮ m		$C=V^TG^{-1}$ $D=VQ^{-1}$						G
增加值						F			
总投入		Q^T				G^T			

表中,下标为其对应分量,其他字母如下:

U——产品部门×企业部门流量矩阵,即投入表(U 表);

V——企业部门×产品部门流量矩阵,即产出表(V 表);

Y——最终产品列向量;

Q——产品部门总产出列向量;

G——企业部门总产出列向量;

F——企业部门增加值;

B——投入系统矩阵；

D——企业部门比例系数或市场份额；

C——产品比例系数或产出系数。

我们在部门工艺假定条件下，推导产品×产品部门的消耗系数 A，a_{ij} 为第 j 产品部门单位产出对第 i 产品部门的产品和服务消耗，由企业部门产出表可推出，第 j 产品部门的单位产出含有第一企业部门的产品和服务为 V_{1j}/Q_j，含有第二企业部门的产品和服务为 V_{2j}/Q_j，…，含有第 n 企业部门的产品和服务为 V_{mj}/Q_j，其中 Q_j 为第 j 企业部门的总产品和服务（即总产出），V_{ij}/Q_j 为企业部门比例系数或市场份额。由于部门工艺的假定，一个企业部门生产的所有产品及提供的服务，它们的消耗结构都相同，因此第一企业部门的产品和服务 V_{1j}/Q_j 所消耗第 i 企业产品部门的为 $V_{1j}/Q_j \times$ 第一企业部门对第 i 产品部门的单位消耗，而由企业的投入表 U 表可知，第一企业部门对第 i 产品部门的单位消耗为 U_{i1}/G_i，这样第一企业部门的产品和服务为 V_{1j}/Q_j 所消耗第 i 产品部门的为 $V_{1j}/Q_j \times U_{i1}/G_i$。运用相同的方法，第 k 企业部门的产品和服务为 V_{kj}/Q_j 所消耗第 i 产品部门的为 $V_{kj}/Q_j \times U_{ik}/G_i$。

因此，第 j 产品部门单位产出对第 i 产品部门消耗：

$$a_{ij} = V_{1j}/Q_j \times U_{i1}/G_i + \cdots + V_{mj}/Q_j \times U_{im}/G_m$$
$$= U_{i1}/G_i \times V_{1j}/Q_j + \cdots + U_{im}/G_m \times V_{mj}/Q_j$$

表示各部门对 i 产品部门的消耗和。

由 $a_{ij} = U_{i1}/G_i \times V_{1j}/Q_j + \cdots + U_{im}/G_m \times V_{mj}/Q_j$ 可推出 $A=BD$。这样，在部门工艺的假定条件下推导出产品×产品表的直接消耗系数的公式：

$$A = BD$$

表 10-5、表 10-6 用具体数据说明部门工艺假定条件下推导产品×产品表的具体计算过程。

表 10-5　投入产出表

		产品部门			企业部门		最终产品	总产出
		1	2	3	1	2		
产品部门	1				10	20	20	50
	2				20	40	40	100
	3				40	60	50	150
企业部门	1	50	0	70				120
	2	0	100	80				180
增加值					50	60		
总投入		50	100	150	120	180		

表 10 - 6　系数矩阵

		产品部门			企业部门	
		1	2	3	1	2
产品部门	1				10/120	20/180
	2				20/120	40/180
	3				40/120	60/180
企业部门	1	50/50	0/100	70/150		
	2	0/50	100/100	80/150		
增加值					50/120	60/180
总投入		50/50	100/100	150/150	120/120	180/180

由表 10 - 5 可知：

$$B = \begin{pmatrix} 10/120 & 20/180 \\ 20/120 & 40/180 \\ 40/120 & 60/180 \end{pmatrix}$$

$$D = \begin{pmatrix} 50/50 & 0/100 & 70/150 \\ 0/50 & 100/100 & 80/150 \end{pmatrix}$$

由

$$A = BD$$

可得

$$A = \begin{pmatrix} 10/120 & 20/180 \\ 20/120 & 40/180 \\ 40/120 & 60/180 \end{pmatrix} \times \begin{pmatrix} 50/50 & 0/100 & 70/150 \\ 0/50 & 100/100 & 80/150 \end{pmatrix}$$

$$= \begin{pmatrix} 0.083\,333 & 0.111\,111 & 0.098\,148 \\ 0.166\,667 & 0.222\,222 & 0.196\,296 \\ 0.333\,333 & 0.333\,333 & 0.333\,333 \end{pmatrix}$$

由

$$中间投入 = AQ$$

可得表 10 - 7 中的数据。由于不保留小数位,对计算误差做了调整(下同)。

表 10-7　投入产出表

		产品部门			最终产品	总产出
		1	2	3		
产品部门	1	4	11	15	20	50
	2	8	23	29	40	100
	3	17	33	50	50	150
增加值		21	33	56		
总投入		50	100	150		

2. 部门×部门表的推导

在部门工艺假定的条件下,部门×部门表的推导的基本思路如下(见图 10-3):计算企业部门 i 生产的单位产品及服务消耗各企业部门产品和服务为多少,将所消耗各产品部门的产品和服务中再分解出属于 j 企业部门,各产品部门属于 j 企业部门之和就是企业部门 i 单位产出对企业部门 j 的消耗。

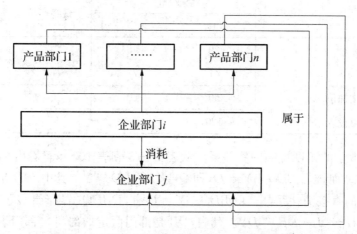

图 10-3　部门工艺假定下的部门×部门表的推导

我们在部门工艺假定下推导企业部门×企业部门的消耗系数 E,e_{ij} 为第 j 企业部门单位产出对第 i 企业部门产品和服务消耗,由企业部门投入表可推出,第 j 企业部门的单位产出中消耗了第一产品部门的产品和服务为 U_{1j}/G_j,消耗了第二产品部门的产品和服务为 U_{2j}/G_j,$\cdots$,消耗了第 n 产品部门的产品和服务为 U_{mj}/G_j,其中 G_j 为第 j 企业部门的总产出。

由于部门工艺的假定,因此第一产品部门的产品和服务 U_{1j}/G_j,等于第 i 企业部门生产或提供的 U_{1j}/Q_j 乘以第 i 企业部门生产或提供第一产品或服务占第一产品或服务总量的比重,而由企业的产出表可知,第 i 企业部门生产或提供第一产品或服务占第一产品或服务总量的比重为 V_{i1}/Q_i,这样第一企业部门的产品和服务 U_{1j}/G_j 消耗第 i 产品部门的产品和服务为 $U_{1j}/G_j \times V_{i1}/Q_i$。

运用相同的方法，第 k 企业部门的产品和服务为 U_{kj}/G_j，消耗第 i 产品部门的产品和服务为 $U_{kj}/G_j \times V_{ik}/Q_i$。因此第 j 企业部门单位产出对第 i 企业部门消耗 $e_{ij}=U_{1j}/G_j \times V_{i1}/Q_i + \cdots + U_{mj}/G_j \times V_{im}/Q_m$（各产品部门属于第 i 企业部门之和）。

$$E=DB$$

$$E=\begin{pmatrix} 50/50 & 0/100 & 70/150 \\ 0/50 & 100/100 & 80/150 \end{pmatrix} \times \begin{pmatrix} 10/120 & 20/180 \\ 20/120 & 40/180 \\ 40/120 & 60/180 \end{pmatrix}$$

$$=\begin{pmatrix} 0.238\,889 & 0.266\,667 \\ 0.344\,444 & 0.400\,000 \end{pmatrix}$$

由

$$中间投入 = E\hat{G}$$

可得表 10-8 中的数据。

表 10-8　企业部门投入产出表

		企业部门		最终产品	总产出
		1	2		
企业部门	1	29	48	43	120
	2	41	72	67	180
增加值		50	60		
总投入		120	180		

下面从数学的角度说明一些关系。从表 10-3 和表 10-4 可看出：$BG+Y=Q$ 及 $DQ=G$，从而推出 $BDG+Y=Q$，即 $Q=(I-BD)^{-1}Y$。其中，BD 是部门假定的产品×产品的直接消耗系数。由 $BDG+Y=Q$ 有，$DBDQ+DY=DQ$，因此 $DBG+DY=G$，即 $G=(I-DB)^{-1}DY$。其中，DB 是部门假定的部门×部门表的直接消耗系数。

10.5.3　产品工艺假定推导

产品工艺假定就是同一种产品，不管在哪个部门生产，都具有相同的投入构成。

1. 产品×产品表的推导

在产品工艺假定的条件下，推导产品×产品表直接消耗的基本思路如下（见图 10-4）：

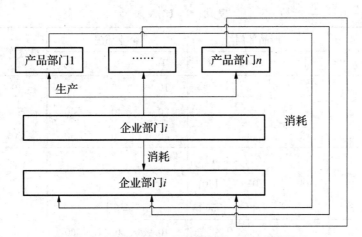

图 10 - 4　产品工艺假定下的产品×产品表的推导

　　产品工艺假定的推导产品×产品表的方法与部门工艺假定推导产品×产品表的方法基本一致。产品工艺假定的推导是从部门的 U 表出发，U_{ij}/G_j 为第 j 企业部门单位产出对第 i 产品部门产品和服务的消耗，由 V 表可推出，第 j 企业部门的单位产出含有第一产品部门的产品和服务为 V_{1j}/G_j，含有第二产品部门的产品和服务为 V_{2j}/G_j，…，含有第 n 产品部门的产品或服务为 V_{nj}/G_j，其中 G_j 为第 j 部门的总产出。

　　由于产品工艺的假定，同一种产品不管在哪个部门生产，都具有相同的投入构成，因此，它的结构也正是 A，从而第一产品部门的产品或服务为 V_{1j}/G_j 所消耗第 i 产品部门的产品或服务为 V_{1j}/G_j×第一种产品对第 i 产品部门的单位消耗，而由投入产出部门的消耗系数矩阵 A 可知第一产品部门对第 i 产品部门的单位消耗为 a_{1i}，这样第一产品部门的产品和服务为 V_{1j}/G_j 所消耗第 i 产品部门的产品或服务为 V_{1j}/G_j×a_{1i}。

　　运用相同的方法，第 k 产品部门的产品和服务为 V_{kj}/G_j 所消耗第 i 产品部门的产品或服务为 V_{kj}/G_j×a_{ki}。因此，第 j 部门单位产出对第 i 部门产品消耗 $U_{ij}/G_j = V_{1j}/G_j$×$a_{1i} + \cdots + V_{nj}/G_j$×$a_{ni}$（各部门对 i 产品部门的消耗之和）。

　　由 $U_{ij}/G_j = V_{j1}/G_j$×$a_{1i} + \cdots + V_{jn}/G_j$×$a_{ni}$ 推出 $B = AV^TG^{-1} = AC$，如果产品部门和企业部门个数相同，并且产品比例系数可逆，则：

$$A = BC^{-1}$$

　　这是在产品工艺的假定条件下推导出产品×产品表的直接消耗系数的公式。表 10 - 9、表 10 - 10 用具体数据说明其计算过程。

表 10 - 9　U - V 表

		产品部门			企业部门			最终产品	总产出
		1	2	3	1	2	3		
产品部门	1				10	20	30	40	100
	2				20	40	40	50	150
	3				40	60	50	50	200
企业部门	1	100	0	10					110
	2	0	20	140					160
	3	0	130	50					180
增加值					40	40	60		
总投入		100	150	200	110	160	180		

表 10 - 10　系数矩阵

		产品部门			企业部门			总产出
		1	2	3	1	2	3	
产品部门	1				10/110	20/160	30/180	
	2				20/110	40/160	40/180	
	3				40/110	60/160	50/180	
企业部门	1	100/110	0/110	10/110				1
	2	0/160	20/160	140/160				1
	3	0/180	130/180	50/180				1
总投入					110/110	160/160	180/180	

由表 10 - 9 可知：

$$B = \begin{pmatrix} 10/110 & 20/160 & 30/180 \\ 20/110 & 40/160 & 40/180 \\ 40/110 & 60/160 & 50/180 \end{pmatrix}$$

$$C = \begin{pmatrix} 100/110 & 0/160 & 0/180 \\ 0/110 & 20/160 & 130/180 \\ 10/110 & 140/160 & 50/180 \end{pmatrix}$$

由

$$A = BC^{-1}$$

可得：

$$A = \begin{pmatrix} 10/110 & 20/160 & 30/180 \\ 20/110 & 40/160 & 40/180 \\ 40/110 & 60/160 & 50/180 \end{pmatrix} \times \begin{pmatrix} 100/110 & 0/160 & 0/180 \\ 0/110 & 20/160 & 130/180 \\ 10/110 & 140/160 & 50/180 \end{pmatrix}^{-1}$$

$$= \begin{pmatrix} 0.088\,372 & 0.186\,047 & 0.116\,279 \\ 0.174\,419 & 0.209\,302 & 0.255\,814 \\ 0.360\,465 & 0.232\,558 & 0.395\,349 \end{pmatrix}$$

由

$$中间投入 = A\hat{Q}$$

可得表 10‐11 中的数据。

表 10‐11　产品部门投入产出表

		产品部门			最终产品	总产出
		1	2	3		
产品 部门	1	9	28	23	40	100
	2	18	31	51	50	150
	3	36	35	79	50	200
增加值		37	56	47		
总投入		100	150	200		

2. 部门×部门表的推导

在产品工艺假定的条件下部门×部门表直接消耗的推导的思路框图如下(见图 10‐5):

产品工艺假定推导部门×部门表的方法与部门工艺假定推导部门×部门表的方法基本一致。产品工艺假定的推导是从部门的 U 表出发,U_{ij}/G_j 为第 j 企业部门单位产出对第 i 产品部门产品和服务的消耗,由企业部门的消耗系数矩阵可知,第 j 企业部门的单位产出消耗第一企业部门的产品和服务为 e_{1j},消耗第二企业部门的产品和服务为 e_{2j},…,消耗第 n 企业部门的产品和服务为 e_{nj}。

由于产品工艺的假定,因此第一企业部门的产品和服务为 e_1,等于第 i 产品部门的产品或服务 e_{1j} 乘以第 i 产品部门的产品或服务占第一企业部门生产或提供的第 i 产品部门的产品服务比重。而由 V 表可知,第 i 产品部门的产品或服务占第一企业部门生产或提供的第 i 产品部门的产品服务比重为 V_{i1}/G_i,因此第一企业部门的产品和服务 e_1 属于第 i 产品部门的产品或服务 $e_{1j} \times V_{i1}/G_i$。

运用相同的方法,第 k 企业部门的产品和服务 e_k 属于第 i 产品部门的产品或服务 $e_{kj} \times V_{ik}/G_i$,从而第 j 部门单位产出对第 i 部门产品消耗 $U_{ij}/G_j = e_{1j} \times V_{i1}/G_i + \cdots + e_{nj} \times V_{in}/G_i$(各部门属于产品部门 i 的产品或服务之和)。

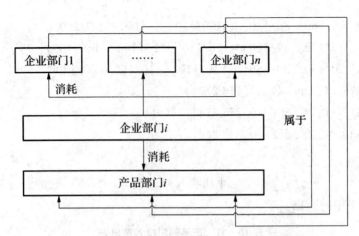

图 10 - 5 产品工艺假定下的部门×部门表的推导

由 $U_{ij}/G_j = e_{1j} \times V_{i1}/G_i + \cdots + e_{nj} \times V_{in}/G_i$ 推出 $B = V^T G^{-1} E = CE$，如果产品部门和企业部门个数相同，并且产品比例系数可逆，则 $E = C^{-1}B$，这样在产品工艺的假定条件下推导出部门×部门表的直接消耗系数的公式为：

$$E = C^{-1}B$$

对于上一例有：

$$E = C^{-1}B = \begin{pmatrix} 100/110 & 0/160 & 0/180 \\ 0/110 & 20/160 & 130/180 \\ 10/110 & 140/160 & 50/180 \end{pmatrix}^{-1} \times \begin{pmatrix} 10/110 & 20/160 & 30/180 \\ 20/110 & 40/160 & 40/180 \\ 40/110 & 60/160 & 50/180 \end{pmatrix}$$

$$= \begin{pmatrix} 0.100\,000 & 0.137\,500 & 0.183\,333 \\ 0.344\,186 & 0.322\,093 & 0.212\,403 \\ 0.192\,178 & 0.290\,407 & 0.270\,930 \end{pmatrix}$$

由

$$\text{中间投入} = E\hat{G}$$

可得表 10 - 12 中的数据。

表 10 - 12 企业部门投入产出表

		企业部门			最终产品	总产出
		1	2	3		
企业部门	1	11	22	33	44	110
	2	38	52	38	32	160
	3	21	46	49	64	180
增加值		40	40	60		
总投入		110	160	180		

现从数学的角度说明一些关系：

从表 10-3 和表 10-4 可看出：$BG+Y=Q$ 及 $CG=Q$，从而 $BC^{-1}Q+Y=Q$，即 $Q=(I-BC^{-1})^{-1}Y$。

其中，BC^{-1} 是产品假定的产品×产品表的直接消耗系数。由 $C^{-1}BC^{-1}Q+C^{-1}Y=C^{-1}Q$，有 $C^{-1}BG+C^{-1}Y=G$。因此 $C^{-1}BG+C^{-1}Y=G$，即 $G=(I-C^{-1}B)^{-1}C^{-1}Y$。其中，$C^{-1}B$ 是产品假定的部门×部门表的直接消耗系数，$C^{-1}Y$ 为部门的最终产品。

实验 10.1　修改直接消耗系数的 RAS 方法

一、实验目的
掌握修改直接消耗系数的 RAS 方法。

二、实验内容
(1) 运用 RAS 法计算出 R 和 S。
(2) 预测计划期投入系数的变动。

三、实验时间
2 学时。

四、实验软件
Excel 软件。

五、实验要求
解释投入系数的变动。

六、实验步骤
已知某地区 2017 年 19 部门消耗系数，并结合前文实验中某地区计划期 19 部门总产出、中间使用行和及列和，用 RAS 法推算计划期消耗系数。计划期中间使用行和及列和是用 2017 年消耗系数计算的，所以用 2017 年消耗系数和计划期总产出计算的中间流量矩阵的行和及列和还是计划期的，所以对计划期总产出要进行适当修改。

1. 调出工作文件
(1) 开机进入 Excel。
(2) 用"编辑—复制；编辑—选择性粘贴—数值"方法将前文中 19 部门投入产出表中的投入产出表及直接消耗系数拷贝到一个新文件(自己取名即可)。

2. 用 RAS 法修改消耗系数
A_0 为基期的消耗系数或要调整的消耗系数，给出一中间投入行向量(计划期中间使用列和)及中间使用列向量(计划期中间使用行和)，找两个对角矩阵，分别记为 $R=diag(r_1,r_2,\cdots,r_n)$，$S=diag(s_1,s_2,\cdots,s_n)$。使得 $A_1=RA_0S$，其中 A_1 的行和与所给中间使用列向量一致,列和与所给中间投入行向量一致。

下面用某地区 2017 年 19 部门的投入产出表及计划期 19 部门修改的总产出、中间投入及中间使用的实际数据说明 R 和 S 的求法及其具体操作过程。

(1) 首先从基年 2017 年直接消耗系数矩阵 A_0 出发,参考前文实验给定计划期 19 部门总产出、中间使用的行和及列和。中间使用的行和及列和不变,总产出修改为零头都去掉,采用四舍五入法保留 2 位有效数字,见实验表 10-1-1。

实验表 10-1-1　流量矩阵的行和中间使用、列和中间投入及总产出

部门	1	2	3	4	5	6	7
中间使用	48 503 053.54	91 349 696.54	28 260 071.61	91 825 160.69	77 316 261.83	272 284 695.64	52 728 349.33
中间投入	20 199 811.10	16 115 508.36	47 347 163.88	125 251 766.63	92 982 024.50	215 780 339.05	58 773 684.51
总产出	51 000 000.00	38 000 000.00	64 000 000.00	180 000 000.00	120 000 000.00	280 000 000.00	78 000 000.00

部门	8	9	10	11	12	13	14
中间使用	254 432 962.22	198 390 625.17	49 057 322.01	326 167 629.00	37 324 144.88	122 806 876.36	2 637 650.78
中间投入	184 313 123.34	300 046 166.11	73 569 379.07	365 482 093.81	65 886 796.03	78 278 671.03	83 194 674.38
总产出	220 000 000.00	370 000 000.00	93 000 000.00	440 000 000.00	96 000 000.00	110 000 000.00	110 000 000.00

部门	15	16	17	18	19		
中间使用	50 808 035.54	54 755 234.40	58 059 600.52	24 716 527.65	84 382 375.25		
中间投入	34 100 942.53	46 532 460.75	29 205 001.65	12 538 466.57	76 208 199.65		
总产出	64 000 000.00	120 000 000.00	75 000 000.00	66 000 000.00	170 000 000.00		

(2) 运用 RAS 法进行迭代。

第一步是把根据基期直接消耗和计划期修改的总产出计算的中间流量矩阵保持列的结构不变,使其行和与计划期中间使用列向量相同,即是把第一行放大 0.992 7 倍,第二行放大 1.002 9 倍,第三行为原来的 0.987 3 倍……以此类推,$s_1 = (b/a_1)$。

记:

$$x_1 = \hat{r}_1 x_0$$

这样 x_1 修正的流量矩阵行和与计划期中间使用列向量一致,列和还与中间投入行向量不一致。

我们从 x_1 出发保持行的结构不变,使其列和与计划期中间投入行向量一致,也是按照 s_1 进行列的放大或缩小,$s_1 = (c/d_1)$,记 $x_2 = x_1 \hat{s}_1 = \hat{r}_1 x_0 \hat{s}_1$,这样列和与中间投入行向量一致,完成一个周期缩放。但是行和与中间使用列向量又不一致,我们不断重复第一周期的做法,直到流量耗矩阵满足矩阵行和与计划期中间使用合计一致,列和与计划期中间投入合计一致,也就是行及列的缩放倍数均为 1。

如果再做一个周期的话,结果也和上次一样,这样就得到了修改后的消耗系数矩阵,并计算出 R 和 S,其中 $R = \hat{r}_n \cdots \hat{r}_2 \hat{r}_1$,$S = \hat{s}_1 \hat{s}_2 \cdots \hat{s}_n$。实际计算,保留 4 位小数列和 8 个周期行和 13 个周期就一致了。R 和 S 矩阵对角线上的系数见实验表 $10-1-2$。

实验表 $10-1-2$　R 和 S 矩阵对角线上的系数

部　门	1	2	3	4	5	6	7	8	9	10
R 系数	0.999 9	0.999 9	0.999 9	0.999 9	0.999 9	0.999 9	0.999 9	0.999 9	0.999 9	0.999 9
S 系数	0.992 8	0.990 5	0.993 2	1.004 1	1.004 4	0.988 2	0.999 3	1.018 1	1.008 1	1.005 0
部　门	11	12	13	14	15	16	17	18	19	
R 系数	0.999 9	0.999 9	0.999 9	0.999 9	0.999 9	0.999 9	0.999 9	0.999 9	0.999 9	
S 系数	0.989 2	1.005 1	1.023 7	0.993 4	1.005 4	0.966 4	1.003 0	0.993 5	1.000 9	

（3）根据 R 和 S 预测计划期投入系数的变动。

（4）保存并退出 Excel。

实验 10.2　投入产出的 UV 表方法

一、实验目的
掌握编制投入产出表的数学方法。

二、实验内容
（1）在部门工艺假定下推导投入产出系数。

（2）在产品工艺假定下推导投入产出系数。

三、实验时间
2 学时。

四、实验软件
Excel 软件。

五、实验要求
分别在部门工艺假定下和产品工艺假定下编制产品×产品投入产出表和部门×部门投入产出表。

六、实验步骤

1. 输入工作文件

（1）开机进入 Excel。

（2）输入 U 表和 V 表（见实验表 $10-2-1$）。

实验表 10-2-1 U-V表

		产品部门			企业部门			最终产品	总产出
		1	2	3	1	2	3		
产品部门	1				40	40	20	50	150
	2				20	60	20	150	250
	3				20	20	100	60	200
企业部门	1	150	50	0					200
	2	0	180	20					200
	3	0	20	180					200
增加值					120	80	60		
总投入		150	250	200	200	200	200		

2. 编制产品×产品投入产出表和部门×部门投入产出表

(1) 计算部门工业假定下和产品工业假定下的直接消耗系数(见实验表 10-2-2)。

实验表 10-2-2 B、C、D 的计算结果

			B 投入系数矩阵			C 部门的产品比例系数矩阵			D 产品的部门比例系数矩阵		
名称											
计算公式			$B=UG^{-1}$			$C=V^TG^{-1}$			$D=VQ^{-1}$		
			部门			部门			部门		
			1	2	3	1	2	3	1	2	3
计算结果	产品	1	0.2	0.2	0.1	0.75	0	0	1	0.2	0
		2	0.1	0.3	0.1	0.25	0.9	0.1	0	0.72	0.1
		3	0.1	0.1	0.5	0	0.1	0.9	0	0.08	0.9

在部门工艺假定条件下,产品×产品部门的消耗系数和中间投入如下:

$$A=BD=\begin{pmatrix}0.2 & 0.192 & 0.11\\0.1 & 0.244 & 0.12\\0.1 & 0.132 & 0.46\end{pmatrix}$$

$$中间投入=A\hat{Q}=\begin{pmatrix}30 & 48 & 22\\15 & 61 & 24\\15 & 33 & 92\end{pmatrix}$$

在部门工艺假定下,企业部门×企业部门的消耗系数和中间投入如下:

$$E=DB=\begin{pmatrix} 0.22 & 0.26 & 0.12 \\ 0.082 & 0.226 & 0.122 \\ 0.098 & 0.114 & 0.458 \end{pmatrix}$$

$$中间投入=E\hat{G}=\begin{pmatrix} 44 & 52 & 24 \\ 16.4 & 45.2 & 24.4 \\ 19.6 & 22.8 & 91.6 \end{pmatrix}$$

在产品工艺假定条件下,产品×产品部门的消耗系数和中间投入如下:

$$A=BC^{-1}=\begin{pmatrix} 0.196 & 0.213 & 0.088 \\ 0.025 & 0.325 & 0.075 \\ 0.117 & 0.050 & 0.550 \end{pmatrix}$$

$$中间投入=A\hat{Q}=\begin{pmatrix} 29.38 & 53.13 & 17.50 \\ 3.75 & 81.25 & 15.00 \\ 17.50 & 12.50 & 110.00 \end{pmatrix}$$

在产品工艺假定下,企业部门×企业部门的消耗系数和中间投入如下:

$$E=C^{-1}B=\begin{pmatrix} 0.267 & 0.267 & 0.133 \\ 0.025 & 0.250 & 0.013 \\ 0.108 & 0.083 & 0.554 \end{pmatrix}$$

$$中间投入=E\hat{G}=\begin{pmatrix} 53.3 & 53.3 & 26.7 \\ 5.0 & 50.0 & 2.5 \\ 21.7 & 16.7 & 110.8 \end{pmatrix}$$

(2) 编制产品×产品投入产出表和部门×部门投入产出表。

在部门工艺假定下,产品×产品投入产出表和部门×部门投入产出表见实验表 10-2-3 和实验表 10-2-4。

实验表 10-2-3 部门工艺假定下的产品×产品投入产出表

		产品部门			最终产品	总产出
		1	2	3		
产品部门	1	30	48	22	50	150
	2	15	61	24	150	250
	3	15	33	92	60	200
增加值		90	108	62		
总投入		150	250	200		

实验表 10 - 2 - 4　部门工艺假定下的部门×部门投入产出表

		企业部门			最终产品	总产出
		1	2	3		
企业部门	1	44	52	24	80	200
	2	16.4	45.2	24.4	114	200
	3	19.6	22.8	91.6	66	200
增加值		120	80	60		
总投入		200	200	200		

在产品工艺假定下,产品×产品投入产出表和部门×部门投入产出表见实验表10-2-5和实验表10-2-6。

实验表 10 - 2 - 5　产品工艺假定下的产品×产品投入产出表

		产品部门			最终产品	总产出
		1	2	3		
产品部门	1	29.38	53.13	17.50	50	150
	2	3.75	81.25	15.00	150	250
	3	17.50	12.50	110.00	60	200
增加值		99.38	103.13	57.5		
总投入		150	250	200		

实验表 10 - 2 - 6　产品工艺假定下的部门×部门投入产出表

		企业部门			最终产品	总产出
		1	2	3		
企业部门	1	53.3	53.3	26.7	66.7	200
	2	5.0	50.0	2.5	142.5	200
	3	21.7	16.7	110.8	50.8	200
增加值		120	80	60		
总投入		200	200	200		

(3) 保存并退出 Excel。

第四部分

投入产出分析的展望

第 11 章　部分国家和国际组织投入产出数据

在介绍投入产出编表方法的基础上,我们对部分国家和国际组织的投入产出表及其编制情况进行简要介绍。通过这些介绍,增加对这些国家和国际组织投入产出数据的了解,以便能够很好地利用这些数据资料,开展所需要的分析。在各国和国际组织数据中,我们选择了美国、日本、欧盟以及 OECD 的投入产出数据进行介绍。这些国家和国际组织不仅是当今世界最重要的经济体,也同我国具有比较密切的经济联系。最后部分我们对中国投入产出研究的历史以及表的编制情况做简要介绍。

11.1　美国的投入产出数据

美国的国民核算体系也称为国民收入与生产账户(NIPAs),实际上只是包括国内生产核算和收入分配与使用核算,由美国商务部经济分析局(BEA)来进行,而金融交易和非金融投资的核算工作则由美国联邦储备系统来开展。BEA 的 NIPAs 数据分为四个部分:国内、国际、区域与产业。投入产出数据是 BEA 产业账户的核心。我们参考 BEA 所公布的编制方法与数据说明对美国投入产出数据做简要介绍。

11.1.1　美国投入产出表编制的历史

美国的投入产出核算是 BEA 国民收入与生产账户(NIPAs)的一个组成部分,对于 GDP 的估计具有重要作用,同时投入产出账户本身对经济过程和经济联系提供了详细的统计数据,被称为美国经济核算的"不可或缺的和基本的要素"。美国投入产出账户的核心由制造表和使用表、直接需求系数,以及由制造与使用表推导而得到的完全需求系数表构成。其中的完全系数表又分为商品×商品完全需求系数表、产业×商品完全需求系数表,以及产业×产业完全需求系数表三种形式。其中,直接需求系数表是不同产业对商品的直接投入需求,产业×商品完全需求系数则是单位商品的最终需求对不同产业的直接与间接消耗。比较而言,产业×商品完全需求系数反映了最终产品对不同产业产出的需求,要比商品×产业完全需求系数具有更强的经济意义。

美国制造表的结构是行表示产业,列表示商品,与 SNA 供给表的格式不同。美国制造与使用表一个重要的特色是提供了两组表,分别称为"标准"的制造与使用表和"补充"的制造与使用表。两者的区别主要是对于次要产品的再定义处理。补充的制造与使用表是经过再定义处理后的表,而标准的制造与使用表则是再定义之前的表。这种区分与美国投入产出账户对于次要产品的处理方式密切相关。通过再定义把标准表转换为补充表,通常再利用产业技术假定由补充的制造与使用表推导而得到对称的投入产出表。

在 2006 年 BEA 公布的《投入产出核算概念与方法》这份报告中,对美国投入产出研究的历史进行了回顾。从中我们可以看到美国投入产出表如何被用于解决各种实际的经济问题,也可以看到美国投入产出在 20 世纪 50 年代受政治影响导致研究工作停止,以及短暂中断后研究的继续。

从这份报告材料中我们知道,美国最早从事投入产出表编制工作的政府机构是美国劳工统计局(BLS)。1941 年,BLS 聘请列昂惕夫为顾问,于 1944 年公布了第一张美国官方投入产出表。美国劳工统计局以这张 1939 年年度 95 个部门的投入产出表为基础,研究战后达到充分就业所需要的各种条件。在美国劳工统计局之后,美国空军开始利用投入产出分析框架来研究它们的运作和资源配置。美国劳工统计局 1947 年度表的编制得到了美国空军和国家安全资源委员会的资助,并于 1952 年公布,甚至被用于朝鲜战争中的分析与计划。到了 20 世纪 50 年代,政治形势的变化给投入产出研究带来了重大影响。美国的政治家与经济学家们注意到苏联利用投入产出工具来编制经济计划,美国政府开始限制对投入产出编表进行资助,进而到 1954 年彻底停止了美国的投入产出项目。“具有讽刺意味的是,在美国批评投入产出分析存在社会主义危险倾向的同时,中国也放弃了投入产出分析,认为这是一个西方资本主义的分析工具。”

在美国放弃投入产出的同时,世界其他国家仍在继续进行投入产出的分析和运用,特别是英国。正是在英国的推动与发展之下,联合国建立了一个包括投入产出在内的国民核算框架,就是现在的 SNA。联合国第一个 SNA 版本就是 1953 年的旧 SNA。鉴于这种形势的变化,美国政府又恢复了对投入产出研究的兴趣。1959 年,预算局,也就是现在的管理与预算办公室,建立了一个国民核算评估委员会(NARC)来对美国的国民核算工作进行评估。NARC 提出以投入产出账户作为规范的基础,来提高国民核算数据的准确性。同时建议由商业经济办公室,也就是现在商务部的经济分析局(BEA)来具体编制投入产出表。BEA 利用 1958 年经济普查数据编制了 BEA 的第一张投入产出表,包括 85 个产业、6 个最终需求项。BEA 的 1958 年表与之前的投入产出表相比,不同之处在于它的概念框架与美国核算体系 NIPAs 保持了一致。自此以后,BEA 按照经济普查的年度,也就是五年编制一次。

在这以后,美国投入产出核算框架的内容逐步丰富与细化。主要进展有:在 1967 年基准表中,BEA 第一次增加了分产业的就业及相关数据和职工报酬数据。1963 年和 1967 年表中,引入资本流量表,扩展了投入产出交易矩阵。此后,大部分基础表中同时编制了资本流量表。1972 年,BEA 提出对“基准”投入产出表进行年度更新,也就是在“基准”投入产出表之外,同时编制年度投入产出表,第一张公布的年度投入产出表为 1966 年表。这样就形成了美国投入产出数据中基准表与年度表两个系列。1979 年公布的 1972 年“基准”投入产出表首次采用了制造与使用表的框架。在对次要产品的处理上,采用了再定义的方法,也就是将次要产品及相应的投入从生产它们的产业扣除,并归属到以该产品为主产品的产业。再定义方法适用于次要产出的投入与它所在的产业差异很大,并且要分离的投入与接受它们的产业投入结构一致的情形。1972—1992年,制造与使用表都是经过再定义的表。但从1997年开始,在再定义的表之外,同时提供了未经再定义的表,并称之为标准的制造与使用表,同时把再定义之后的表称为补充的制造与使用表。其原因主要是为了与分产业的GDP核算数据及NIPAs保持一致,以及与更多其他类型数据保持一致。

11.1.2 分类

BEA的产业分类体系目前采用的是1997年发布的北美产业分类体系(NAICS)。投入产出核算作为BEA核算体系的一个组成部分,同样采用这一分类标准。

NAICS是美国、加拿大和墨西哥签署《北美自由贸易协定》后建立起来的。之前采用的是1937年建立的标准产业分类(SIC)。1992年,美国成立了一个由BEA任主席、成员来自普查局、BLS等单位的经济分类政策委员会(ECPC)来专门负责制定一个新的产业分类体系。在BEA看来,SIC体系主要存在两个问题:一是SIC过度关注制造业,而现代经济中服务业的作用已经超过了制造业;二是制造业发展过程中技术不断变化,出现了一些新的产业,而SIC对此反映不足。NAICS提供了对服务业的更细的分类,并改进了对高技术产业的分类。此外,NAICS与SIC的概念基础也存在差异。NAICS采取的是以供给为基础的方法,根据生产方法来组织基层单位,而SIC采取的则是以市场为基础的方法,基于所生产的产品来对经济活动进行分类。因此,NAICS在产业所需投入上提供了更加同质的数据。

NAICS代码由六位数字组成。前两位数为部门,第三位数表示子部门,第四位数为产业组,第五位数为NAICS产业,第六位数表示国别的产业,它们在北美自由贸易区三国之间不可比。

2012年版NAICS的20个主要部门和两位数代码如表11-1所示。

表11-1 NAICS中的部门

代 码	产 业
11	农业、林业、渔业、狩猎业(Agriculture, forestry, fishing and hunting)
21	采矿业(Mining, quarrying, and oil and gas extraction)
22	公用事业(Utilities)
23	建筑业(Construction)
31~33	制造业(Manufacturing)
42	批发(Wholesale trade)
44~45	零售(Retail trade)
48~49	交通仓储(Transportation and warehousing)
51	信息(Information)
52	金融保险(Finance and insurance)

续　表

代　码	产　业
53	房地产与租赁(Real estate，rental and leasing)
54	专业、科学与技术服务(Professional，scientific，and technical services)
55	公司与企业经营(Management of companies and enterprise)
56	行政管理与支持及废物管理与整治服务(Administrative and support and waste management and remediation services)
61	教育(Educational services)
62	保健与社会工作(Health care and social assistance)
71	艺术、娱乐与休闲(Arts，entertainment，and recreation)
72	住宿餐饮(Accommodation and food services)
81	公共管理外的其他服务(Other services，except public administration)
92	公共管理(Public administration)

　　投入产出表中的产业代码与 NAICS 代码密切对应,但是也存在差异,主要是投入产出分类中包括特殊产业和政府产业。这在 NAICS 中是没有的(见表 11 - 2)。此外,由于数据的限制,投入产出的产业中有三个是按活动而不是按基层单位来定义的,分别是农业、建筑业和房地产。

表 11 - 2　美国经济分析局投入产出分类中的政府产业与特殊产业

代　码	产业名称
政府产业(GOVERNMENT INDUSTRIES)	
S001	联邦政府企业(Federal government enterprises)
491000	邮政(Postal service)
S00101	联邦电力(Federal electric utilities)
S00102	其他联邦政府企业(Other federal government enterprise)
S002	州和地方政府企业(State and local government enterprise)
S00201	州和地方政府客运(State and local government passenger transit)
S00202	州和地方政府电力(State and local government electric utilities)
S00203	其他州和地方政府企业(Other state and local government enterprise)
S005	一般政府产业(General government industry)
S00500	一般政府产业(General government industry)
特殊产业(SPECIALINDUSTRIES)	
S003	非可比进口(Non-comparable imports)
S00300	非可比进口(Non-comparable imports)

代　码	产业名称
S004	废品、使用过与二手物品(Scrap, used and secondhand goods)
S00401	废品(Scrap)
S00402	使用过与二手物品(Used and secondhand goods)
S006	最终需求的国外调整(Rest of the world adjustment to final uses)
S00600	最终需求的国外调整(Rest of the world adjustment to final uses)
S007	存货价值调整(Inventory valuation adjustment)
S00700	存货价值调整(Inventory valuation adjustment)

根据基层单位主要生产活动,依据 NAICS 分类为不同的产业。产业就是由具有类似生产过程的一组基层单位构成。但是,由于基层单位往往不止生产一种产品,由此构成的产业也会同时包括主产品与次要产品。

美国统计体系没有一个专门的商品分类体系。北美自由贸易区国家正在讨论建立一个与 NAICS 相对应的北美产品分类体系。目前,投入产出的商品分类采用以所调查产品为主产品的产业代码。以 NAICS 六位数代码为商品分类体系的基础,附加两位数,代表经济普查中的产品线,从而构成商品代码。进一步,按商品代码把所有商品的产出分别汇总,而不管在生产它们的产业中该产品是主产品还是次要产品。少数情况下还要辅之以分类上的调整。

11.1.3　次要产品的处理

美国 BEA 投入产出编表中的数据来源于各种美国现有统计体系下的统计调查数据。例如,基准表数据的一个主要来源是美国普查局每五年进行一次的普查。由于普查数据以及来自不同统计来源的调查数据与投入产出所要求的数据之间存在差异,特别是普查数据往往不是纯部门分类,因此在编表过程中对各种来源统计数据分类口径的调整成为一个重要阶段。在具体编表中,美国经济分析局把次要产品分为三种情况,针对这三种情况进行分类处理。第一种是需重新分类的次要产品,第二种是需要再定义的次要产品,第三种是其他次要产品。再定义之前的标准制造与使用表经过再定义成为补充的制造与使用表。

对于个别产品,在经济普查中作为主产品,但美国经济分析局根据投入产出核算的需要,调整为次要产品。这种情形就被称为再分类。例如,报纸广告在普查中是作为报纸业的主产品来看待的,但是在投入产出中,报纸广告不同于报纸,前者主要用于最终使用目的,而后者则主要是企业的中间投入。这时,就把报纸广告重新分类为报纸产业的一个次要产品。再分类不影响产业的定义,因为不管是主产品还是次要产品都是同一产业的产出。但是会影响商品产出。再分类会对标准表与补充表同时带来影响。

再定义则主要针对投入。当次要产品的投入结构与该产业主产品的投入结构存在较大差异时,就需要把次要产品的产出再定义到以该次要产品为主产品的产业中去。

在产出再定义的同时,相应的投入也要被转移,做相应的再配置的调整。投入产出核算中,标准表的产出是再定义之前的 NAICS 产业产出,而再定义之后的产业产出,通常称为"投入产出的产业产出"。

例如,产业 A 同时生产商品 A 与 B。产业 B 只生产商品 B。在 BEA 制造表中,再定义就是要在行之间转移次要产品。表 11-3 和表 11-4 分别给出了再定义前的制造表和再定义后的制造表。

表 11-3 再定义前的制造表

	产品 A	产品 B	产业产出
产业 A	90	10	100
产业 B		100	100
产品产出	90	110	

表 11-4 再定义后的制造表

	产品 A	产品 B	产业产出
产业 A	90		90
产业 B		110	110
产品产出	90	110	

与再分类不同的是,再定义之后产业的产出变化了,而产品的产出则没有改变。在使用表中,产出则是要在列之间移动。与此同时,随着产出的移动,投入也要做相应的转移。对投入的调整可以采用两种假定,即产品技术假定和产业技术假定。美国经济分析局认为产品技术假定更为现实,但是具体可能根据实际情况做不同的考量。经过再定义之后的补充投入产出表更符合同质性假定,却偏离了与 NAICS 之间的密切联系,离一致性原则更远了。

最后一类其他次要产品指的是与主产品投入结构类似的次要产品。正因为其与主产品投入结构类似,符合运用产业技术假定的情形,因此,对于来自调查数据的这类情形,无须进行分类上的调整。

11.1.4 制造与使用表的结构

以美国经济分析局 2002 年基准表为例,它提供了三个分类级别的制造与使用表,分别是部门级、简要级和详细级。其中部门级的产业部门为 15 个,简要级的产业部门为 133 个,详细级则包括 417 个 NACIS 产业加上 9 个政府产业(见表 11-5)。产品部门在产业部门之外,还要加上废品、使用过与二手物品。

表 11-5 美国经济分析局 2002 年基准表部门级产业分类

代 码	产 业
1	农业、林业、渔业与狩猎(Agriculture, forestry, fishing and hunting)
2	采掘业(Mining)
3	公用事业(Utilities)
4	建筑业(Construction)
5	制造业(Manufacturing)
6	批发贸易(Wholesale trade)
7	零售贸易(Retail trade)
8	交通仓储(Transportation and warehousing)
9	信息(Information)
10	金融、保险、房地产与租赁(Finance, insurance, real estate and rental and leasing)
11	专业、科学与技术服务(Professional, scientific, and technical services)
12	教育、保健与社会工作(Educational services, health care and social assistance)
13	艺术、娱乐、住宿、餐饮(Arts, entertainment, and recreation, accommodation and food services)
14	政府外的其他服务(Other services, except government)
15	政府(Government)

美国经济分析局 2002 年基准表中包括再定义之前的标准制造表与使用表、再定义之后的补充制造表与使用表、直接需求系数,以及商品×商品完全需求系数、产业×商品完全需求系数、产业×产业完全需求系数三类完全需求系数表。此外还包括进口矩阵、对个人消费支出(PCE)和设备软件的私人固定投资的连接表等附属表。

使用表的基本结构见表 11-6。

表 11-6 使用表的基本结构

	产 业	最终使用						产品产出
产品	中间投入(中间使用)	PCE	PFI	存货	出口	进口	政府	
总增加值	雇员报酬							
	生产税与进口税减补贴							
	总营业盈余							
产业产出								

使用表的最终使用部分对应于支出法 GDP,包括个人消费支出 PCE、私人固定投资 PFI、私人存货变化、出口、进口和政府。大部分最终使用的交易项是正的,但进口、二手物品和废弃物品的销售等少数项目为负。个人消费支出中通常包括为住户服务的非营利机构的支出。PFI 则包括私人企业、非营利机构和住户的常住与非常住投资。政府消费支出和总投资主要由一般政府的经常账户支出以及一般政府和政府企业的总投资构成。

投入产出核算与 NIPAs 的货物与服务的对外贸易数据来自 BEA 的国际交易账户(ITAs),但是由于口径的不同,需要做一些调整。它与 NIPAs 和投入产出账户的主要区别在于非货币黄金贸易和贸易国界界定上的差异。扣除 ITAs 的黄金进出口,并增加对于国内生产中使用黄金的净出口估计,这样做的目的是在对非货币黄金的调整中扣除用于投资的黄金购买,它不属于 GDP。另外,ITAs 的地理范围比 NIPAs 和投入产出账户要广,也需要做出调整。

此外,NIPAs 与投入产出账户在货物与服务进出口上也存在差异。尽管净值一样,但是总值不同。主要存在两个方面的差异:一是投入产出账户把再进口与再出口排除在外,二是把美国政府机构的一些海外活动排除在外。再进口是国内生产出口到别的国家加工或装配,再回到美国用于进一步加工或销售,投入产出账户排除它的目的是避免夸大国内产品供给量。再出口则是一个相反的过程。实际上,我国 2007 年投入产出表中也存在类似的问题,为了扣除来料加工产品出口中非中国生产的部分,只计算其中的加工装配费用,在出口数据中扣除来料加工装配出口,再加上加工装配费。美国政府机构的海外活动,如美国陆军工兵部队为外国政府进行的建筑活动,或者是提供的产品服务,实际上是一种出口,而建筑或生产中的投入则是一种进口,由于这些海外活动并未对美国本国产生任何影响,因此加以扣除。美国经济分析局投入产出核算中通过这些调整使得总的进口与出口反映实际输入和输出国内用于美国生产的货物与服务。但是,NIPAs 关注的是最终消费,因而不需要这种调整。所以,投入产出的总出口与进口要小于 NIPAs,但净值相等。

在使用表中的商品出口与国内产品一样,采用生产者价格,出口商品在国内的交通和贸易费用则被包括在使用表的交通与贸易费用那一行。这种处理方式与国内产品的处理完全相同。对于进口的商品,采用国内海关价值,它等于国外海关价值,加上从国外海关到本国海关的运费和保险,以及在本国海关缴纳的关税。但是,总进口则采用国外海关价值。正是因为单个商品包括关税、运费和保险,而总进口不包括这些项目,因此在使用表中,在对单个进口商品价值加总以得到总进口的过程中,需要对单个商品中所包含的关税、运输费与保险费进行扣除。其中关税作为批发贸易进行扣除,而运费与保险则作为进口中所包含的运费进行扣除。因为进口本身是负数,这种扣除则相反,为正数(见表 11 - 7)。

表 11-7 美国经济分析局使用表中的进口与出口

产 品	中间使用	出口	进 口			
			合计(A),B+C+D	国外海关价值(B)	关税(C)	运费(D)
A		48	-33	-30	-1	-2
B		94	-169	-150	-3	-16
C		76	-103	-100	-1	-2
运费:进口中包含的运费			20			20
运费:ITA运费进口			-13	-13		
运费:出口成本		4				
批发业:关税			5		5	
批发业:出口费用		8				
合 计		220	-293	-293	0	0

例如,根据表 11-7 中的数据,单个进口商品国外海关价值的合计为 -280 (=-30-150-100),而国内海关价值为 -305(=-33-169-103),来自 ITA 数据的运费进口为 -13。那么按国外海关价值计算,总的进口为 -293,但是按国内海关价值计算则为 -318(=-305-13)。因此在使用表进口这一列,在以国内海关价值计算的单个商品价值之外,要加上关税 5 个单位,以及运费 20 个单位,作为对进口的扣除。其中关税作为批发贸易,而运费则同运费的进口合计在一起。也就是说,在 BEA 使用表的运费进口中,包含了实际的运费进口以及价格调整项的运费部分。

BEA 使用表中还包括有关进出口的两个调整行:一是非可比进口,也就是非竞争性进口,二是对最终使用的国外调整项。非可比进口由三类服务组成:第一类是在海外生产和消费的服务,如美国航空公司在国外机场的支出。第二类是独一无二服务的进口,如对专利、版权的支付等。第三类是无法识别类型的服务进口。

这些进口直接分配给使用它们的产业和最终使用项目。在下面的例子中,非可比进口总额为 33,按照其使用目的,中间使用为 5 个单位和 2 个单位,而个人消费支出为 23 个单位,政府支出为 3 个单位。设置对最终使用的国外调整项的目的是协调投入产出使用表与进出口来源数据 ITAs 之间的一致性。具体是对个人消费支出和总出口之间,以及联邦政府非国防购买和进出口之间进行调整。例如,ITAs 记录的国外旅游者的旅游价值是美国的一项出口,而外国旅游者在美国所消费的产品与服务则包括在 PCE 数据中。因此,在下面的例子中就需要从 PCE 数据中进行扣减,并加到出口中。非可比进口与对最终使用的国外调整项这两个调整行,所有调整项目的最终结果在行向上是平衡的(见表 11-8)。

表 11-8　美国经济分析局使用表中的非可比进口与最终使用的国外调整项

产品/产业	A	B	PCE	出　口	进　口	政　府	合　计
A							
B							
非可比进口	5	2	23		−33	3	0
国外调整项			−46	50	−1	−3	0
增加值							
合　计							

此外还有两种类型的最终使用交易需要特殊处理，即二手物品和废弃品。二手物品不是当期活动的成果，围绕它的交易带来的是一个部门正的交易项，同时对应另一个部门负的交易项。废弃品本身也不是经济的产出，但是同样会成为一种供给。它们也以与二手物品类似的方式进行处理。

BEA 使用表的增加值部分则对应于 NIPAs 中的国内总支出（GDI），包括雇员报酬、产品税与进口税减补贴和总营业盈余。对此大家可参考美国 BEA 的说明，这里不再做更多的说明。

11.2　日本投入产出表介绍

11.2.1　日本全国投入产出表的编制历史

在日本政府层面，编制投入产出表的尝试始于通产省、经济企划厅和农林省对 1951 年表的试编。值得注意的是，这三个部门独立地从各自的视角出发编制投入产出表。通产省的投入产出表相对较为庞大，包含 200 个部门；经济企划厅所编制的是一张仅包含 9 个部门的投入产出表；农林省则根据自己的需要，在它们的投入产出表中对农林部门做了细分。与这些具有实验性的投入产出表相比，从 1955 年表起，投入产出表的编制工作走向了制度化。1955 年投入产出表的编制工作由当时的总理府统计局、经济企划厅、农林省、通产省和建设省共同负责。从编制 1955 年投入产出表至今，负责这一工作的部门因日本行政机构及其分工的调整有所变化，以最新的 2011 年投入产出表为例，它是由以总务省为首的 10 个省厅共同完成的。截至 2017 年，如果不考虑具有实验性质的 1951 年表，日本政府每五年编制一次投入产出表，共编制了 12 张全国表。日本投入产出表的编制工作一般始于目标表年度，历时五年，如 2011 年投入产出表的编制准备工作始于 2010 年，2014 年公布初步结果，最终结果于 2015 年公布（总务省，2017）。

11.2.2　全国表的构成

日本投入产出表由主要的流量表和附属的商业利润表、国内货物运价表、进口表、废金属·副产品产生及使用表、实物表、雇佣表、雇佣矩阵、固定资本矩阵、产业×商品生产矩阵(V表)和企业内运输矩阵构成。从1955年编制投入产出表开始至今,日本一直沿用先直接编制商品×商品流量表,再编制产业×商品生产矩阵(V表)的模式(总务省,2009)。而商品×产业使用表(U表)是由上述两表推算而得。流量表的编制过程共分为五步。

步骤1:设定部门分类。以日本2005年投入产出表为例,基本部门分类表共分520个行部门和407个列部门。行部门不仅包含国内商品,甚至包含外国商品,如小麦(进口)和大豆(进口)。在基本部门分类表之外,还有190个部门、108个部门和34个部门等合并之后的流量表。

步骤2:使用经济普查和生产动态统计调查等数据推算各部门的国内生产总值。

步骤3:使用生产费调查和特别调查等数据推算每个部门的投入品构成。

步骤4:使用产品供给调查等数据推算行部门的产品去向。

步骤5:调整投入额和产出额。

流量表分为生产者价格表和消费者价格表,附属的商业利润表和国内货物运价表被用于连接生产者价格表和消费者价格表。如果不考虑单列的进口部门[如小麦(进口)],流量表在本质上是一个竞争型投入产出表。而进口表以部门×部门矩阵的形式将进口商品从国产商品中单列出来,从而形成了一个非竞争型投入产出表。

日本投入产出表流量表中对废金属·副产品的处理方式沿袭负值计入法的原则。假设部门A以副产品的形式生产产品B。部门B以主产品的形式生产产品B。部门A所生产的副产品B被以负值的形式记在行部门B和列部门A的交叉点上。而这个副产品的分配被以正值的形式记在行部门B和购买这部分产品的部门的交叉点上。2000年表在继续沿袭负值计入法的基础上增加了再生资源回收加工部门。对副产品产生的计入方法依然遵守负值计入法。

如表11-9所示,部门A所生产的20单位副产品B以负值的方式计入行部门B和列部门A的交叉点上。然而,副产品的分配不再以正值的形式记在行部门B和购买这部分产品的部门的交叉点上,而是以再生资源回收加工部门作为中介计入。这20单位的副产品首先被记成B部门对再生资源回收加工部门的投入,然后从再生资源回收加工部门分配至购买它的部门C。值得注意的是,再生资源回收加工部门也是产生价值的部门,它不仅购买这20单位的副产品,还购买5单位C部门的产品作为处理的投入,并且会产生5单位的附加价值。因此,从再生资源回收加工部门到C部门的投入是20+10,这个10表示的是回收处理的费用和附加价值。然而,这种计入方法的缺陷在于,由于一律通过再生资源回收加工部门作为中介,不同来源副产品的分配信息被丢失了。因此,从2005年表开始,对副产品的处理又回到了传统的负值计入方式。如表11-10所示,20单位副产品的分配被直接计入部门B对部门C的投入。再生资源回收加工部门的作用在于记录其回收处理的费用和附加价值的分配。由于在最终发布的流量表中,表11-9和表11-10括号中的信息不会被显示,表11-11所示的废金属·副产品产生及使用表则被用来记录这一信息。

表 11-9　2000 年生产者价格流量表对副产品的处理方式

	A	B	C	再生资源	最终需求	进口	总产出
A	2	10			20	−5	27
B	−10 (−20)	20	10	20 【20】	5		45
C	30	5		5	5		45
再生资源			30 【20】				30
附加价值	5	10	5	5			
总投入	27	45	45	30			

说明：( )中的值表示副产品的产生量。【 】中的值表示副产品的去向(被再生资源加工之前的价值)。再生资源表示再生资源回收加工部门。

表 11-10　2005 年生产者价格流量表对副产品的处理方式

	A	B	C	再生资源	最终需求	进口	总产出
A	2	10			20	−5	27
B	−10 (−20)	20	30 【20】		5		45
C	30	5		5	5		45
再生资源			10				10
附加价值	5	10	5				
总投入	27	45	50	10			

说明：( )中的值表示副产品的产生量。【 】中的值表示副产品的去向(被再生资源加工之前的价值)。

表 11-11　2005 年废金属·副产品产生及使用表对副产品的处理方式

副产品所属的主部门	副产品生产部门	产生量	分配去向	分配数量
B	A	−20	C	20

在价值表之外,日本投入产出表还包含了一张实物表。日本投入产出表实物表是以价值表为基础,通过掌握进口品和国产品平均价格而导出的。这一实物表并不包含价值表中所涵盖的所有行部门,产品单位不易把握的服务业部门和由多种类型商品组合而成的部门(如其他某某类部门)均不在编制之列。在劳动统计方面,日本投入产出表所附带的雇佣表和雇佣矩阵记录了分部门劳动力雇佣数据。两者的不同之处在于劳动力的分类方式,也就是说,雇佣表将劳动力按从业人员类型分类,如按雇员、个体从业人员和家庭从业人员等分类,而雇佣矩阵将劳动力按职业种类分类,如按科研人员、技术人员和医疗保健人员等分类。

与其他国家的投入产出表一样,日本投入产出表的最终需求部门中包含固定资本形成。在基本部门分类的流量表中,它被分为两个列部门:国内总固定资本形成(公有)和国内总固定资本形成(民间)。它们被用来记录耐用年限超过一年、单价超过10万日元的建筑物和机械设备等可以被再生产的资本品的流量。在流量表中,人们仅仅能读出固定资本的来源部门,而不能读出固定资本的去向。例如,我们可以从国内总固定资本形成列部门中了解到作为固定资本的机械产品来源于机械生产和制造部门,但是不知道这些产品被哪个部门购买而作为它这个部门的固定资产,而日本投入产出表中的固定资本矩阵则给出所有固定资本流量的来源部门和去向部门。固定资本矩阵中的第 ij 个元素表示的是从部门 i 到部门 j 的固定资本投入量。在2005年表中,与流量表中国内总固定资本形成(公有)和国内总固定资本形成(民间)两个列部门对应的是公有和民间两个固定资本矩阵。固定资本矩阵的编制使动态模型的计算成为可能。

前面我们提到,日本投入产出表流量表的编制采用直接编制商品×商品表的模式。虽然联合国在1968年SNA体系中推荐使用先编制供给使用表,再间接推算商品×商品表的模式,但和中国投入产出表一样,日本仍然采用直接编制商品×商品表的模式。在商品×商品表的基础上,作为附属表,日本也编制了V表。因此,经过换算,我们也可以通过商品×商品表和V表间接推算U表。

在每五年编制一张投入产出表的基础上,从1965年开始,日本在过去编制的投入产出表的基础上,通过协调不同年份表的部门分类和处理不同年份物价指数的差异,编制部门分类相同的以时间序列方式排列的接续投入产出表(总务省,2011)。截至2017年,最新的接续投入产出表是2000-2005-2011接续投入产出表。日本的2000-2005-2011接续投入产出表分为名义表和实际表。在名义表的编制过程中,编制者不改变原表的价格,原则上以2011表的部门分类为基准调整2005年表和2000年表的部门分类。个别特困难的情况下,也会按2005年表或2000年表的部门分类调整2011年表的部门分类。实际表对价格的处理方式则不同于名义表。在部门整合的基础上,编制者使用价格指数,以2011年价格为基准,调整2005年表及2000年表的数值。

11.2.3 区域投入产出表

除了中央政府对全国表的编制,日本各个地方政府和研究机构还编制了不同类型的区域投入产出表。其中值得一提的是由东京都政府统计局编制的东京都投入产出表。以2005年东京都投入产出表为例,它是一张非竞争性区域间投入产出表。它将日本经济分为东京和其他地区两个区域,不仅记录了东京和其他地区两个部分的区域内投入,还记录了两个部分的区域间投入产出关系。东京部分共有597个行部门和482个列部门。其他地区部分共有586个行部门和471个列部门。考虑到大量设置于东京的公司总部,东京都投入产出表的最大特点在于设置了总部部门。以农业为例,在东京都投入产出表中不仅有一般意义上的农业部门,还设有农业部门(总部)。它们被用来计量设在本区域内的总部的经济活动。在各个政府统计机关之外,值得一提的是日本贸易振兴机构——亚洲经济研究所,它编制了一系列国家间和区域间投入产出表,其中最著名的是亚洲区域间投入产出表,共有 1985 年、1990 年、1995 年、2000 年四个版本。

以 2000 年表为例,它包含印度尼西亚、马来西亚、菲律宾、新加坡、泰国、中国、中国台湾、韩国、日本和美国等十个国家或地区。每个国家或地区共分 76 个部门。此外,它还编制了 2000 年中国和日本多区域间投入产出表。2000 年中国和日本多区域间投入产出表也是采用非竞争性区域间投入产出表的模式,共包含 7 个中国区域和 8 个日本区域。这 7 个中国区域分别为东北、华北、华东、华南、华中、西北和西南,而 8 个日本区域分别为北海道、东北、关东、中部、近畿、四国、九州、冲绳,每个区域均被划分为 10 个部门。

11.3　欧盟的投入产出数据

欧盟的统计工作是由位于卢森堡的欧盟统计事务处承担的。Eurostat 的历史由来已久,其最早成立于 1953 年,以满足当时作为欧共体前身的煤炭钢铁共同体的统计工作需要。1958 年,欧共体成立,Eurostat 成为欧共体负责数据统计工作的一个专门机构。直到今天,Eurostat 致力于不断完善欧盟统计制度,并通过与欧盟各国统计机构的协调,为欧盟提供统计数据。

11.3.1　欧盟投入产出核算框架

欧盟的核算框架为欧盟国民与区域核算体系(ESA)。ESA 的第一个版本发布于 1970 年,简称 ESA1970。1978 年有一次小的修订,目前采用的是 ESA2010。ESA 保持了与 SNA 的一致性,在 SNA 的概念框架下,与欧盟的现实条件相协调,并满足欧盟的数据需求。ESA 已成为欧盟及其成员国社会经济统计的中心框架。ESA 在内容上主要包括两类表或账户:一类是机构部门账户,另一类就是投入产出账户与产业账户。此外,还包括人口与就业等方面的数据。

ESA 中投入产出核算的核心数据包括两个部分:供给使用表与对称的投入产出表。具体涉及三张表,即供给表、使用表和对称的投入产出表。供给表和使用表集中反映了产业的经济活动和产品的供给与使用。在分类上,供给表和使用表针对产业的经济活动采用的产业分类为欧盟经济活动分类 NACE;针对产品供给与使用的产品分类则是欧盟根据活动的产品分类 CPA。

欧盟的 NACE 与 CPA 是欧盟核算整个分类体系中的重要组成部分。欧盟的分类体系与联合国 SNA 分类体系保持了比较好的一致性。NACE 来自 ISIC,两者在基本概念与框架上是一致的,在大类上保持了一致,而且 NACE 分类更细。欧盟内以及欧盟与国家间主要分类体系之间的关系可以用图 11-1 表示。图中分类体系的英文缩写含义如下:

CN：Combined Nomenclature European Classification of Goods

HS：Harmonized Commodity Description and Coding System of the World Customs Organization

SITC：Standard International Trade Classification of the United Nations

ISIC：International Standard Industrial Classification of all Economic Activities of the United Nations

CPC：Central Product Classification of the United Nations

CPA：European Classification of Products by Activity

NACE：European Classification of Economic Activities

PRODCOM：European System of Production Statistics for Mining and Manufacturing

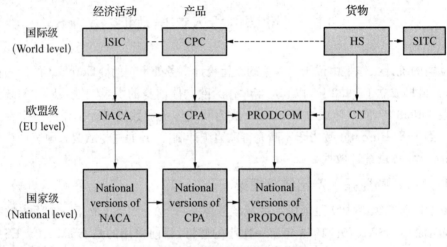

图 11 - 1　欧盟与国际分类体系

需要说明的是，在欧盟的分类体系中，国际分类包括三个类别：参照分类、派生分类和关联分类。参照分类就像一个参照的标准，为国际所公认。图 11 - 1 中实线表示两者是公认的参照分类关系，且具有一致的分类结构；虚线箭头表示的同样是参照分类关系，但两者的关系需要通过转换表建立联系；没有箭头的虚线则表示没有参照分类关系，且需要通过转换表联系。

与 ISIC 分类一样，NACE 第一级为门类（sections），按字母编号，第二级为类（divisions），由两位数代码表示，第三级为大组（groups），由三位数代码表示，第四级为组（classes），由四位数代码表示。如果需要，会在大组与组的代码中加上数字 9，来表示未分类的其他项（"others" and/or "n. e. c."）。例如，大组 group 08. 9 表示"未另分类的矿业与采掘业（Mining and quarrying n. e. c. ）"，组 class 08. 99 表示"其他未另分类的矿业与采掘业（Other mining and quarrying n. e. c. ）"（见表 11 - 12）。

表 11 - 12　欧盟 NACE 产业分类结构

门类 (Sections)	产 业	类 (Divisions)
A	农业、林业、渔业和狩猎(Agriculture, forestry, fishing and hunting)	01~03
B	采掘业(Mining and quarrying)	05~09
C	制造业(Manufacturing)	10~33
D	电力、燃气、蒸汽和空调(Electricity, gas, steam and air conditioning supply)	35
E	供排水、清洁(Water supply; sewerage, waste management and remediation activities)	36~39
F	建筑业(Construction)	41~43
G	批发零售贸易、汽车修理(Wholesale and retail trade; repair of motor vehicles and motorcycles)	45~47
H	交通仓储(Transportation and storage)	49~53
I	住宿餐饮(Accommodation and food services activities)	55~56
J	信息与通信(Information and communication)	58~63
K	金融保险(Financial and insurance activities)	64~66
L	房地产(Real estate activities)	68
M	专业、科学与技术(Professional, scientific and technical activities)	69~75
N	行政管理与支持服务(Administrative and support service activities)	77~82
O	公共管理、国防(Public administration and defense; compulsory social security)	84
P	教育(Education)	85
Q	保健与社会工作(Human health and social work activities)	86~88
R	艺术娱乐(Arts, entertainment and recreation)	90~93
S	其他服务(Other service activities)	94~96
T	雇佣、自产自用的制造活动(Activities of households as employers; undifferentiated goods-and-producing activities of households for own use)	97~98
U	海外组织与机构的活动(Activities of extraterritorial organizations and bodies)	99

　　自 1970 年推出 NACE 的第一个版本以来,经过了多次修订。其中 1990 年推出的修订版第一版与标准产业分类 ISIC 的修订版第三版相对应。

　　CPA 是在联合国 CPC 的基础上,针对欧盟而设计的产品分类标准。CPA 在 1993 年提出,1996 年与 2002 年进行了更新,目前的最新版是随着 NACE 修订版第二版的提出而新修改的 CPA2008 版。

　　CPA 的第一级为字母代码表示的 21 个部门(Sections),第二级为两位数代码表示的 88 个类(Divisions),第三级为三位数代码表示的 261 个大组(Groups),第四级为四位数代码表示的 575 个级(Classes),第五级为五位数代码表示的 1 342 个小类

(Categories)，第六级为六位数代码表示的 3 142 个子类(Subcategories)。

CPA 作为一种产品分类，其每一个产品将对应于 NACE 的产业分类中相应的产业的活动，因此 CPA 与 NACE 之间存在密切的联系。CPA2008 与 NACE 修订版第二版具有类似的分类结构，并采用 NACE 修订版第二版的代码体系，两者的前四位数也是相同的。

在采用的价格上，欧盟的供给表采用基本价格，但是提供了向购买者价格的转换。使用表则采用购买者价格。欧盟的供给表和使用表一方面可用于 GDP 核算，并进一步与机构部门账户建立联系；另一方面可以把使用表转换为基本价格，依据供给表与使用表推导对称的投入产出表。在具体的推导方法上，对于产品×产品表，可以采用产品技术假定(被称为模型 A)与产业技术假定(被称为模型 B)；对于产业×产业表，可以采用固定产业销售结构假定(被称为模型 C)与固定产品销售结构假定(被称为模型 D)。欧盟编表方法中认为基于产品的假定要更好，也就是说，产品技术假定要优于产业技术假定，而固定产品销售结构假定要优于固定产业销售结构假定。

欧盟的 Eurostat 数据库中提供了欧盟成员国的投入产出数据，从 2002 年起，这些成员国的投入产出数据是成员国强制性所必须提供的。包括年度供给使用表，以及五年间隔的对称的投入产出表，而且要求把进口与本国生产分开。从 2011 年起，开始公开发布欧盟整体的年度基本价格供给与使用表，以及年度产品×产品的对称的投入产出表。目前在 Eurostat 的网站中公布的投入产出数据包括欧元区 17 国(EA17)和欧盟 27 国(EU27)整体投入产出数据，27 个成员国的投入产出数据，以及候选国马其顿、土耳其和挪威的数据。

11.3.2　供给使用表的结构

在 ESA 的供给表中，区分了国内生产与进口，并提供基本价格供给表向购买者价格的转换。为此，供给表中包括三个方面的内容：生产矩阵、进口矩阵和价格调整矩阵。供给表列向为产业分类，行向为产品分类。因此，行向合计为产品的产出，而列向合计为产业的产出(见表 11 - 13)。

从供给表的行向上看，生产矩阵行向合计得到基本价格的国内产品产出。加上到岸价(CIF)进口，得到基本价格总供给。实际上，在前面章节基本概念的介绍中，我们知道核算中进口品的到岸价相当于国内产品的基本价格。为了得到购买者价格总供给，需要附加价格调整项。主要包括贸易加价与运输加价，以及产品税减补贴。在欧盟的供给表中，一国的进口被细分为从欧盟内的进口和从欧盟外的进口。同时，在供给表的最下面附加了三行，把欧盟的供给表的各产业产出进一步细分为市场产出、自给性产出和其他非市场产出。

使用表列向表示各个产业的投入结构，行向表示不同产品的使用去向。欧盟的使用表主要由四个部分构成：购买者价格中间消耗矩阵、购买者价格最终需求矩阵、基本价格增加值矩阵，以及针对进出口的调整项矩阵(见表 11 - 14)。

表 11-13　基本价格供给表

产品(CPA)	产业产出(NACE)							进口			基本价格总供给	价格调整		购买者价格总供给
	农业	工业	建筑业	贸易、住宿、运输服务	金融、房地产、商务	其他服务业	基本价格国内产出合计	欧盟内CIF进口	欧盟外CIF进口	CIF进口		贸易与运输费用	产品税减补贴	
序号	1	2	3	4	5	6	7	8	9	10	11	12	13	14
1 农产品														
2 工业品														
3 建筑活动			生产矩阵				国内产出合计		进口矩阵	进口	基本价格总供给	价格调整矩阵		购买者价格总供给
4 贸易、住宿、运输服务														
5 金融、房地产、商务														
6 其他服务业														
7 合计			基本价格产业产出					CIF进口				合计		
8 对进口的CIF/FOB调整														
9 居民海外直接购买														
10 合计			基本价格产业产出					FOB进口				合计		
11 市场产出														
12 自己用产出														
13 其他非市场产出														

表 11-14　购买者价格使用表

序号	产品(CPA)	产业投入(NACE)							最终使用									购买者价格总使用
		农业	工业	建筑业	贸易、住宿、运输服务	个人服务业	其他服务业	合计	住户最终消费支出	非营利机构最终消费支出	政府最终消费支出	固定资本形成总额	贵重物品净获得	存货变化	欧盟内FOB出口	欧盟外FOB出口	合计	
		1	2	3	4	5	6	7	8	9	10	11	12	13	14	15	16	17
1	农产品																	
2	工业品																	
3	建筑活动			购买者价格中间消耗							购买者价格最终需求							购买者价格总供给
4	贸易、住宿、运输服务																	
5	金融、房地产、商务																	
6	其他服务业																	
7	合　计																	
8	进口 CIF/FOB 调整										调整项							
9	居民海外直接购买																	
10	非居民国内购买																	
11	合　计																	
12	雇员报酬																	
13	其他产品税净额			基本价格增加值														
14	固定资本消耗																	
15	净营业盈余																	
16	基本价格增加值																	
17	基本价格产出																	

使用表中所有产品都采用购买者价格,行向的合计就等于所有产品购买者价格的
总使用。最终使用部分包括消费、资本形成和出口。其中,消费又进一步细分为住户、
为住户服务的非营利机构和政府的消费,资本形成则进一步细分为固定资本形成、贵重
物品与存货变化,出口则被分为对欧盟外与对欧盟内的出口。在列向上,增加值部分列
出了各项初始投入,主要包括雇员报酬、其他产品税净额、固定资本消耗和净营业盈余。
其中其他产品税净额是指除某些特定产品税(如增值税、汽油税、烟酒税)之外的其他产
品税与补贴。列向上,各产业的购买者价格中间投入加上基本价格总增加值等于各产
业的基本价格总产出。此外,围绕使用表还可以进一步扩展和细化。例如,增加产业生
产中的各种存量投入数据,增加投资矩阵,以及按目的细分的住户最终消费支出和细分
的政府最终消费支出,等等。

11.3.3 价格调整与平衡关系

在对 CIF/FOB 的价格调整方面,欧盟的供给表与使用表在行向上都设置了 CIF/
FOB 的调整项,与联合国推荐的处理方式存在不同。由于进口总价值量一般按离岸价
计算,而来自外贸统计的分产品的进口则采用到岸价计算,因此,通过增加对于进口的
到岸价/离岸价调整项,实现进口总量与进口分量价格的一致。同时,进出口产品中的
到岸价格已经包含了运输与贸易费用,因此通过 CIF/FOB 调整以避免重复计算。对
于欧盟的 ESA1995 框架,同 SNA1993 框架在 CIF/FOB 调整项的设置上所存在的不
同,Eurostat 的《供给使用与投入产出表手册》提供了一个数值例子来说明两者的差异。

在这个例子中,假设产品的 FOB 出口为 200 单位,CIF 进口为 250 单位。出口的
运输与保险费在本国之内的部分,由常住单位提供的为 3 个单位,由非常住单位提供的
为 1 个单位;本国之外的部分,由常住单位提供的为 6 个单位,由非常住单位提供的为
9 个单位。进口的运输与保险费在本国之内的部分,由常住单位提供的为 4 个单位,由
非常住单位提供的为 2 个单位;在出口国到本国之内的部分,由常住单位提供的为 5 个
单位,由非常住单位提供的为 8 个单位;在出口国国内的部分,由常住单位提供的为 0,
而由非常住单位提供的为 7 个单位(见表 11 - 15)。

表 11 - 15 进口价格调整的例子

	常住单位	非常住单位
贸易		
货物 FOB 出口	200	
货物 CIF 进口	250	
出口货物的运输与保险服务		
经济区域内	3	1
经济区域外	6	9
进口货物的运输与保险服务		

	常住单位	非常住单位
经济区域内	4	2
国界之间	5	8
出口国国内	0	7

在上述数据中,由非常住单位提供的有关本国出口品的海外运输9个单位,以及本国进口品在出口国内的运输保险费7个单位,既不是本国的服务产出,也与进出口产品计价无关,因此无须考虑。

SNA1993对于上述数据的处理方式是:首先,在供给表中FOB出口的200个单位中,包括3个单位的本国企业承担的国内运输,计入运输业产出,另外1个单位国外企业承担的国内运输则属于运输服务进口,这样本国基本价格产出为200－4＝196。需要注意的是,在这个例子中,《供给使用与投入产出表手册》特别说明,只是记录与进出口相关的产品与服务交易,其他交易价值量被剔除了,所以本国基本价格产出与进出口相关的仅仅是196。

此外,对于与进出口相关的其他项还包括:本国企业承担的出口所需的海外运输6个单位,以及本国企业承担的与进口相关的国内运输4个单位与海外运输5个单位,这些都计入本国运输服务的产出;外国企业承担的与进口相关的在我国的运输2个单位和海外运输8个单位则属于运输服务进口。250个单位的CIF进口直接记录为货物进口。这就是供给表对于与进出口相关的产出的记录。

在使用表中,由于把与进口无关的量剔除了,因此出口部分包括基本价格货物出口196个单位,以及服务出口(3＋1)个单位。出口以外的总使用包括CIF进口货物的250,以及货物在国内的运输服务(4＋2)个单位。这两部分使用加总起来,得到总使用的货物与服务分别为446与10个单位。

在上述供给使用表结构的基础上,SNA1993对于CIF/FOB调整的基本原则是:只调整供给表,而对使用表则不做任何扣除。在供给表调整中同时增加CIF/FOB调整列与调整行,对于调整行来说,以负数的形式把CIF进口中包含的运输费和保险费扣除,使得在进口列的合计中得到FOB进口。对于调整列来说,对运输与保险服务部门做同样的扣除,因为这部分价值已经包含在CIF进口价格中了。最后在调整行与列的交叉位置设置一个正项,使得调整行与列关系平衡。因此在上述例子中,通过设置CIF/FOB调整行,把常住单位和非常住单位提供的进口运输和保险费全部从CIF进口价值中扣除(＝－5－8),同时扣除常住单位承担的出口品的海外运费6个单位,也就是扣除常住单位提供的海外运费与非常住单位提供的进口运费与保险费,从而得到FOB进口242个单位。同时设置一个CIF/FOB调整列,对运输与保险服务行做同样的扣除,对已经包含在产品价值中的这部分服务价值予以扣除,以消除重复计算。在CIF/FOB调整行与列的交叉位置设置一个正值的调整项,以获得表的平衡(见表11-16)。

表 11－16　SNA1993 中供给与使用表的 CIF/FOB 调整

供给表

	基本价格产出	进　口	CIF/FOB 调整	总供给
货物	196	250		446
运输与保险服务	3＋6＋5＋4	1＋2＋8	－5－8－6	10
CIF/FOB 调整		－5－8－6	＋5＋8＋6	0
合　计	214	242	0	456

使用表

	除出口外的总使用	出　口	总使用
货物	250	196	446
运输与保险服务	4＋2	3＋1	10
CIF/FOB 调整			
合　计	256	200	456

ESA1995 对 CIF/FOB 的调整不同之处在于只调整净变化,同时在供给表与使用表中设置相同的调整行,而不设置调整列。

在供给表中,进口列中的运输与保险费只包括针对本国出口品、由非常住单位提供的在本国的运输与保险费(1 个单位),针对本国进口品、由非常住单位提供的在本国的运输与保险费(2 个单位),而不包括针对本国进口品、由非常住单位提供的海外运费(8 个单位)。相应地,CIF/FOB 调整行只扣除常住单位提供的海外运费,即常住单位承担的进口品海外运费 5 个单位,以及出口品的海外运费与保险费 6 个单位,并在 CIF/FOB 调整行的总供给部分增加同样的扣除项,以达到扣除项的平衡,而不设置 CIF/FOB 调整列。

在使用表的运输与保险服务出口中,除了 SNA1993 中已经包含的出口产品中由常住单位与非常住单位所提供的国内费用(3＋1)之外,还包括由常住单位提供的出口品的海外运输与保险费(6),以及进口品从出口国到进口国之间的运输与保险费(5)。因此,在 CIF/FOB 调整行中,出口部分相应剔除这两部分新增的费用,使得供给表与使用表采用了相同的调整项设置(见表 11－17)。

表 11－17　ESA1995 中的供给表与使用表 CIF/FOB 调整

供给表

	基本价格产出	进　口	总供给
货物	196	250	446
运输与保险服务	3＋6＋5＋4	1＋2	21
CIF/FOB 调整		－5－6	－11
合　计	214	242	456

使用表

	除出口外的总使用	出　口	总使用
货物	250	196	446
运输与保险服务	4＋2	3＋6＋1＋5	21
CIF/FOB 调整		－5－6	－11
合　计	256	200	456

此外,对于常住单位的海外直接购买要作为进口来处理,相应地,非常住单位对国内产品的购买则要作为出口来处理。因此,在欧盟的使用表中针对进出口的调整项实际上包括三个部分:对出口的 CIF/FOB 调整、常住单位的海外直接购买和非常住单位的国内购买。

下面以 Eurostat《供给使用与投入产出表手册》提供的具体数值例子来说明供给表与使用表的平衡关系。

在下面具体数值的供给表中,首先,从行向上看,我们看到生产矩阵的行向合计得到基本价格国内总产出,加上到岸价进口,得到基本价格总供给,再加上基本价格到购买者价格的调整项、贸易加价与运输加价,以及产品税减补贴,得到分产品的购买者价格总供给。其合计数为 470 043(见表 11 - 18)。

其次,从列向上看,生产矩阵的列向合计得到分产业的产出合计。这部分加总起来就是基本价格国内总产出,在表中这一数值为 362 790。同时,对于进口品经过从到岸价到离岸价的价格调整,以及加上常住单位在海外的直接购买,得到离岸价的进口合计。我们注意到,贸易加价与运输加价的调整实际上是从贸易与运输部门的产出中扣除进口产品的贸易费与运输费,并加到相应产品的基本价格供给中。对于贸易与运输部门来说是价值量的减少,而对于产品来说则是价值量的增加,两者合计等于 0。

在下面使用表的具体数值例子中,根据使用表的结构,最左上角为购买者价格的中间消耗矩阵,而右上角为购买者价格的最终需求矩阵。行向合计得到购买者价格的产品总使用。其合计数等于 470 043。与供给表中的购买者价格总使用相等(见表 11 - 19)。

从列向上看,购买者价格的中间消耗矩阵与左下角的基本价格增加值矩阵给出了各产业的投入结构。列项合计得到各产业的基本价格总产出。从数值表的例子中可以看出,使用表中的基本价格的各产业产出与供给表中生产矩阵列向合计得到的产业的基本价格产出是相等的。两者的合计数都等于 362 790。

上述供给表与使用表中对于 CIF/FOB 调整采用了相同的处理,都是设置一个调整行,扣除 CIF 中常住单位提供的运输与保险费。

最后,基于供给表与使用表可以进行 GDP 核算,这也是供给表与使用表的一项重要作用。基于上述数据按生产法、收入法和支出法进行的 GDP 核算,结果见表 11 - 20。

表 11 - 18　基本价格供给表

序号	产品(CPA)	产业产出(NACE)							进口			价格调整			
		农业	工业	建筑业	贸易、住宿、运输服务	金融、房地产、商务	其他服务业	基本价格国内产出合计	欧盟内CIF进口	欧盟外CIF进口	CIF进口	基本价格总供给	贸易与运输费用	产品税减补贴	购买者价格总供给
		1	2	3	4	5	6	7	8	9	10	11	12	13	14
1	农产品	6 467						6 467	1 039	874	1 913	8 380	1 903	-262	10 021
2	工业品	889	111 350	626	2 749	62	248	115 924	48 544	24 269	72 813	188 737	36 181	15 988	240 906
3	建筑活动	140	1 132	27 357	429	36	67	29 161	217	143	360	29 521		1 704	31 225
4	贸易、住宿、运输服务	150	3 375	399	79 356	447	439	84 166	2 044	1 512	3 556	87 722	-38 084	1 695	51 333
5	金融、房地产、商务	13	1 428	211	1 953	66 939	416	70 960	3 581	1 494	5 074	76 034		2 722	78 756
6	其他服务业	4	58	5	200	2	55 843	56 112	559	281	840	56 952		850	57 802
7	合计	7 663	117 343	28 598	84 687	67 486	57 013	362 790	55 984	28 572	84 556	447 346	0	22 697	470 043
8	对进口的CIF/FOB调整								-133	-30	-163	-163			-163
9	居民海外直接购买								4 997	3 160	8 157	8 157	.		8 157
10	合计	7 663	117 343	28 598	84 687	67 486	57 013	362 790	60 848	31 702	92 550	455 340	0	22 697	478 037
11	市场产出	7 315	116 859	26 748	84 093	55 010	20 461	310 486							
12	自己用产出	164	478	1 850	560	12 260	758	16 070							
13	其他非市场产出	184	6		34	216	35 794	36 234							

表 11-19 购买者价格使用表

序号	产品(CPA)	产业投入(NACE) 1 农业	2 工业	3 建筑业	4 贸易、住宿、运输服务	5 个人服务业	6 其他服务业	7 合计	最终使用 8 住户最终消费支出	9 非营利机构最终消费支出	10 政府最终消费支出	11 固定资本形成总额	12 贵重物品净获得	13 存货变化	14 欧盟内FOB出口	15 欧盟外FOB出口	16 合计	17 购买者价格总使用
1	农产品	1 703	4 104	30	482	11	95	6 425	2 561		176	108		242	397	112	3 596	10 021
2	工业品	1 678	55 018	9 212	14 043	3 701	7 730	91 382	55 434		2 111	22 231	163	792	42 232	26 561	149 524	240 906
3	建筑活动	99	542	1 992	950	3 695	1 445	8 723	1 032			20 761			429	280	22 502	31 225
4	贸易,住宿运输服务	83	4 417	401	11 129	1 321	1 493	18 844	26 586		328	67			3 285	2 223	32 489	51 333
5	金融、房地产、商务	171	7 400	1 732	10 490	21 813	4 618	46 224	22 156		195	4 254		-24	3 606	2 345	32 532	78 756
6	其他服务业	102	1 323	77	813	1 681	3 052	7 048	9 507	3 670	36 988	251	61		187	90	50 754	57 802
7	合计	3 836	72 804	13 444	37 907	32 222	18 433	178 646	117 276	3 670	39 798	47 672	224	1 010	50 136	31 611	291 307	470 043
8	进口 CIF/FOB 调整														-133	-30	-163	-163
9	居民海外直接购买									8 157					9 528	2 832	8 157	8 157
10	非居民国内购买									-12 300								
11	合计	3 836	72 804	13 444	37 907	32 222	18 433	178 646	113 073	3 670	39 798	47 672	224	1 010	59 531	34 413	299 391	
12	雇员报酬	504	25 517	8 298	26 129	14 458	32 269	107 175										
13	其他产品税净额	-906	908	345	981	883	810	3 021										
14	固定资本消耗	1 520	6 407	1 007	6 634	9 363	4 642	29 573										
15	净营业盈余	2 709	11 707	5 504	13 036	10 560	859	44 375										
16	基本价格增加值	3 827	44 539	15 154	46 780	35 264	38 580	184 144										
17	基本价格产出	7 663	117 343	28 598	84 687	67 486	57 013	362 790										

表 11 - 20　利用供给使用表核算 GDP

生产法		收入法		支出法	
基本价格产出	362 790	雇员报酬	107 175	住户最终消费支出	113 073
一中间消耗	178 646	+其他生产税净额	3 021	+非营利机构最终消费支出	3 670
		+固定资本消耗	29 573	+政府最终消费支出	39 798
		+净营业盈余	44 375	+总资本形成	47 672
		=基本价格增加值	184 144	+贵重物品获得减处置	224
=基本价格增加值	184 144	+产品税减补贴	22 697	+存货变化	1 010
+产品税减补贴	22 697			+货物与服务出口	93 943
				一货物与服务进口	92 549
=GDP 206 841		=GDP 206 841		=GDP 206 841	

11.4　OECD 投入产出数据

11.4.1　OECD 投入产出数据的由来

OECD 的投入产出数据是其结构分析数据库的一个组成部分,由 OECD 科学技术与产业理事会经济分析和统计处负责编制。OECD 的投入产出数据库最早源于 20 世纪 90 年代中期,是 OECD 产业委员会为开展一项产业结构调整的国际比较研究项目而编制的。该项目利用投入产出表来度量产品中所包含的技术扩散,并形成了《结构转变和产业绩效:7 国增长分解研究》的研究报告。

自此,经济分析和统计署在成员国统计官员与专家的配合下,持续开展了对 OECD 的投入产出数据的更新和扩展。

OECD 第一个版本的投入产出表为 1995 版,包括 10 个 OECD 国家,即澳大利亚、加拿大、丹麦、法国、德国、意大利、日本、荷兰、英国、美国。当时 OECD 要求成员国至少提供三年的数据:第一个是 1973 年第一次石油危机之前,第二个是在 20 世纪 70 年代后期,第三个是 20 世纪 80 年代尽可能最新的年度。因此,这个版本的各国投入产出表年度跨度从 1968 年到 1990 年。数据的第一次更新形成了 2002 版,包括 18 个 OECD 国家和 2 个非 OECD 国家。新增加的 8 个国家为捷克、芬兰、希腊、匈牙利、韩国、挪威、波兰、西班牙。2 个非 OECD 国家是巴西和中国。时间跨度从 1992 年到 1997 年。2006 版包括 28 个 OECD 国家,非 OECD 国家也增加到 9 个。2010 版更是增加到 44 个国家。

但是,OECD 投入产出数据很大程度上依赖自愿的资金资助,这也导致 OECD 投入产出数据的整理和更新往往都与特定的研究目的相关。除第一次我们所介绍的原因之外,第二次主要是为了测量产品中包含的二氧化碳排放,而 2006 版则主要是 OECD

的全球价值链的研究项目,以及为了把二氧化碳排放项目的研究延续到2003年。

11.4.2 分类与估价

OECD 的投入产出数据库的各国表本身并不是由 OECD 编制的,而是在各成员国投入产出表的基础上,按照尽可能一致的格式与口径调整得到的。各国编表情况差异很大,不仅分类标准存在差异,表的形式也各种各样。有些国家有投入产出表,而有些国家则只有供给使用表。因此,各国表之间的一致性始终是一个有待不断努力去解决的问题。

OECD 统一的投入产出表格式是产业×产业表。分类标准则要求按联合国国际标准产业分类(ISIC)进行分类。这样,OECD 投入产出表的产业分类就与 OECD 整个统计指标的分类体系,如 OECD 的结构分析数据库(STAN)、双边贸易数据库(BTD)及 OECD 的其他产业数据库保持了分类上的一致。OECD 采用产业×产业表,而不是通常的商品×商品表,其中一个很重要的原因就是能够更好地与 OECD 其他数据库保持相同的产业分类。

1995 版对应的产业分类为 ISIC 修订版第二版,2002 版与 2006 版对应的产业分类都是 ISIC 修订版第三版。1995 版的 OECD 投入产出数据包括 35 个产业,2002 版包括 42 个产业,而 2006 版直到 2010 版增加到 48 个产业。这 48 个产业以及与 ISIC 修订版第三版的对应关系如表 11 - 21 所示。

表 11 - 21 OECD 投入产出表的产业分类

ISIC 修订版第三版代码	投入产出产业	内　容
1+2+5	1	农、林、渔与狩猎业(Agriculture, forestry, fishing and hunting)
10+11+12	2	能源采掘(Mining and quarrying (energy))
13+14	3	非能源采掘(Mining and quarrying (non-energy))
15+16	4	食品饮料与烟草(Food products, beverages and tobacco)
17+18+19	5	纺织、皮革与鞋(Textiles, textile products, leather and footwear)
20	6	木材加工制造(Wood and products of wood and cork)
21+22	7	造纸、印刷、出版(Pulp, paper, paper products , printing and publishing)
23	8	石油冶炼与核燃料(Coke, refined petroleum products and nuclear fuel)
24ex2423	9	制药外的化学工业(Chemicals excluding pharmaceuticals)
2423	10	制药(Pharmaceuticals)
25	11	橡胶与塑料制品(Rubber and plastics products)
26	12	其他非金属矿制品(Other non-metallic mineral products)
271+2 731	13	黑色金属冶炼(Iron & steel)

ISIC 修订版 第三版 代码	投入产出 产业	内　容
272＋273	14	有色金属冶炼(Non-ferrous metals)
28	15	机械设备外的金属制品(Fabricated metal products，except machinery and equipment)
29	16	机械设备(Machinery and equipment，nee)
30	17	办公机器与计算机(Office accounting and computing machinery)
31	18	电力机器与设备(Electrical machinery and apparatus，nee)
32	19	广播电视与通信设备(Radio，television and communication equipment)
33	20	医疗与光学器材(Medical. precision and optical instruments)
34	21	汽车(Motor vehicles、trailers and semi-trailers)
351	22	造船(Building & repairing of ships and boats)
353	23	航空航天器(Aircraft and spacecraft)
352＋359	24	铁路与其他运输设备(Rail road equipment and transport equipment n. e. c)
36＋37	25	其他制造业(Manufacturing；recycling (including Furniture))
401	26	电力生产与供应(Production, collection and distribution of electricity)
402	27	管道燃气生产与供应(Manufacture of gas；distribution of gaseous fuels through mains)
403	28	蒸汽热水供应(Steam and hot water supply)
41	29	水的生产与供应(Collection, purification and distribution of water)
45	30	建筑业 (Construction)
50＋51＋52	31	批发零售(Wholesale and retail trade；repairs)
55	32	住宿餐饮(Hotels and restaurants)
60	33	公路与管道运输(Land transport；transport via pipelines)
61	34	水运 (Water transport)
62	35	航空运输(Air transport)
63	36	支持与辅助运输(Supporting & auxiliary transport activities；activities of travel agencies)
64	37	邮政电信(Post and telecommunications)
65＋66＋67	38	金融保险(Finance and insurance)
70	39	房地产(Real estate activities)
71	40	设备租赁(Renting of machinery and equipment)

ISIC 修订版 第三版 代码	投入产出 产业	内　　容
72	41	计算机服务(Computer and related activities)
73	42	研发(Research and development)
74	43	其他商务活动(Other business activities)
75	44	公共管理与国防(Public administration and defense；compulsory social security)
80	45	教育(Education)
85	46	保健与社会工作(Health and social work)
90－93	47	其他社会与个人服务(Other community, social and personal services)
95＋99	48	雇佣、海外组织与机构(Private households with employed persons & extra-territorial organizations & bodies)

OECD 投入产出表采用本国货币单位,按生产者价格或基本价格编制,在尽可能的情况下按基本价格编制。大多数欧洲国家按基本价格编制对称的投入产出表。对于部分国家仅提供的供给使用表,就需要进行表的转换,而且供给使用表中的交易价格往往是购买者价格,因此价格也需要调整。

对于间接测算的金融中介费用(FISIM),不同国家的处理方式存在差异。OECD 数据库对于 FISIM 的处理方式是:把它作为接受这一服务的产业的金融服务中间消耗,并统一按每个产业的总增加值份额来分摊。尽管 SNA 建议 FISIM 要根据所有消费者来分摊,包括最终需求,但是由于数据信息的缺乏,OECD 投入产出数据库不包括对住户和政府部门的分摊。

在到岸价/离岸价的调整方面,个别国家需要对进口估值进行特别的调整。例如,美国、法国与巴西,产品的进口按到岸价估计,但是对于常住单位所提供的保险和运输服务,就需要对这些项的进口做负数调整。在这种情况下,如果按比例扣除的方法,得到的进口使用矩阵可能会出现这些服务项的负数进口,为消除这些负值,采用从出口中扣除的方式并进行再调整。

11.4.3　表的转换与平衡关系

当成员国提供的投入产出数据为供给使用表时,就需要把它们转换为对称的产业×产业投入产出表,转换过程主要包括以下几个方面:

(1) 把购买者价格的使用表转换为基本价格的使用表。

把中间消耗和最终需求中包含的产品税与补贴分离成独立的一行。把贸易加价从中间消耗和最终需求中分离出来,放到相应的产业,如批发与零售贸易产业。在没有补充信息的情况下,最简单的处理方式是假定所有的交易按相同的产品税的税率与贸易加价的费率来扣除。

（2）把全部经济的基本价格的供给使用表分离为国内使用表和进口使用表。

对于进口使用，从全部经济交易中分离，可以直接利用比例的假定，或者利用可以得到的以前年份的进口使用结构，并以最近年份总数为控制数，利用 RAS 方法平衡，或者利用产品×产品进口表提供的信息"逆向推算"。

（3）采用产业技术假定，把基本价格的供给与国内使用表转换为对称的产业×产业表。有些国家（如韩国），只提供了商品×商品表，没有任何其他信息，这样就无法转换为产业×产业表。日本尽管提供的也是商品×商品表，但同时提供了供给表，就可以利用产品技术假定反推最先的使用表。

（4）把得到的供给使用表进行产业合并，得到统一的 48 个产业的对称的产业×产业表。

OECD 产业×产业投入产出表在结构上主要包括以下部分：

① 国内中间流掀子矩阵（domestic intermediate goods flows sub-matrix）；

② 进口中间流量子矩阵（imported intermediate goods flows sub-matrix）；

③ 最终需求子矩阵（sub-matrices of final demand vectors for expenditures on both domestic and foreign products）；

④ 增加值子矩阵（the sub-matrix of value-added sectors）。

OECD 投入产出表的基本结构见表 11 - 22。

表 11 - 22　OECD 投入产出表的基本结构

	产业(1~48)	最终使用				产　出
产业 (1~48)	中间投入 (中间使用)	住户、NPISHs 与政府 最终消费支出	固定资本 形成与 存货变化	出口	进口	
	分最终需求的销售调整(SBFD)及其他调整项(包括实物工资薪金调整、非常住单位的国内购买)					
					非可比进口 (CIF/FOB 调整项、居民海外直接购买)	
	基本价格 中间使用	基本价格最终使用				
	产品税净额					
	购买者价格中间使用	购买者价格最终使用				
	雇员报酬					
	生产税净额					
增加值	总营业盈余					
产业产出						

OECD投入产出表的增加值部分包括雇员报酬、生产税减补贴、总营业盈余,而最终使用部分则包括住户的最终消费支出(HHFC)、为住户服务的非营利机构(NPISHs)的最终消费支出、政府的最终消费支出、总固定资本形成(GFCF)、存货变化、贵重物品、出口、进口与误差项。

此外,在行向上还设置了若干调整项。例如,对最终需求中进出口的调整项,包括两项:一是非常住单位的国内购买,相当于出口;二是非可比进口,具体包括常住单位在国外的直接购买,这相当于进口,以及CIF/FOB的调整项。

通过对中间消耗与最终使用部分合计项的上述调整,得到基本价格的中间消耗与最终使用。再加上产品税减补贴,得到购买者价格的中间消耗与最终使用。购买者价格中间消耗加上基本价格的增加值,得到产业的总产出。

由此,投入产出表具有如下的基本平衡关系:

$$\frac{基本价格}{中间需求} + \frac{产品税}{(销售税、消费税、不可抵扣VAT)} - \frac{产品}{补贴} = \frac{购买者价格}{中间需求}$$

$$\frac{基本价格}{总产出} + \frac{产品税}{(不包括VAT和进口税)} - 产品补贴 = \frac{生产者价格}{总产出}$$

$$\frac{基本价格}{增加值} + \frac{购买者价格}{中间消耗} = \frac{基本价格}{总产出}$$

$$\frac{基本价格}{增加值} + \frac{产品税}{(不包括VAT和进口税)} - 产品补贴 = \frac{生产者价格}{增加值}$$

11.5 我国的投入产出表及其编制

11.5.1 我国的投入产出编表简况

我国的投入产出研究工作开展得很早。早在20世纪50年代末、60年代初,中国科学院数学研究所和经济研究所最早开始了对投入产出技术的研究。"文化大革命"开始后,投入产出研究和应用受到严重阻碍。尽管如此,在国家计委和统计局的组织下,中国科学院、国家计委计算中心等单位在1974—1976年期成功编制了包括61类主要产品的1973年实物观投入产出表。这是我国第一个投入产出表。

改革开放以后,我国投入产出研究得到了更大的发展。在投入产出表的编制方面,1982年,国家统计局和国家计委组织有关部委编制了1981年价值型投入产出表和实物型投入产出表。1981年价值型投入产出表将物质生产活动划分为26个产品部门,表的规模较小。1981年实物型投入产出表包括146种实物产品,是我国编制的第二张实物型投入产出表。国际上大部分国家的投入产出表都是价值型的,而我国是少数编制过实物型投入产出表的国家。在1981年投入产出表的基础上,国家统计局编制了1983年投入产出延长表。这段时间前后,中科院系统所在1973年投入产出表的基础上,编制了 1979 年投入产出延长表,而当时的中国社科院工业经济所则采用了生产者价格同时编制了 1979 年全国价值型投入产出表。

1987 年 3 月,国务院办公厅印发了《关于进行全国投入产出调查的通知》,决定在全国范围内进行第一次投入产出专项调查,编制 1987 年全国投入产出表,而且规定以后每五年进行一次。这标志着我国投入产出表编制工作的制度化和经常化。自此,由国家统计局逢 2、逢 7 年度编制投入产出基本表,逢 0、逢 5 年度编制投入产出延长表。

除全国投入产出表外,部门投入产出表与企业投入产出表是我国投入产出编表工作的一大特色。我国较早的部门表是化工系统的 1978 年 16 种产品的实物表,之后机械电子、船舶制造、能源、军工、农业等部门都编制了部门投入产出表。其中,中科院系统所编制的农业投入产出表颇具特色,为后来以该研究为背景提出的投入占用产出技术提供了条件。

企业表方面,鞍钢在完成了 1964 年以金属物料平衡为主线的投入产出表后还编制了 1977—1981 年份的实物表和部分年份的价值表。

在地区与地区间投入产出表的编制方面,我国第一套地区表是山西省 1979 年 88 种产品的实物表和 27 个部门的价值表。1987 年后,除个别省份因为条件不足未编表外,全国绝大多数省、市、自治区都与国家投入产出表同步编制同一年度的本地区投入产出表。此外,通过研究项目的资助和国际合作的推动,20 世纪 90 年代后期及 2000 年以后,我国还陆续编制了一些区域间投入产出表。例如,国务院发展研究中心、国家统计局等单位编制的 1987 年我国 7 地区和 1997 年我国 8 地区的地区间投入产出表;国家信息中心与日本亚洲经济研究所(IDE)合作编制的 1997 年我国 8 地区的地区间投入产出表,并推出了后续若干年份的区域间投入产出表;清华大学、国家信息研究中心、国家统计局等单位编制的我国 2002 年、2007 年 8 地区的地区间投入产出表。

此外,我国还编制了可比价序列表。例如,国家统计局与香港中文大学在 20 世纪 90 年代末编制了 1981—1995 年共六个年份的可比价投入产出序列表,国家统计局与中国人民大学在 2008 年合作编制了 1992—2005 年共四个年份的可比价投入产出序列表。

11.5.2　全社会产出表

我们重点以 2007 年投入产出表的编制情况来介绍我国编表中的一些具体规定与做法,至于延长表的编制方法及相关问题,大家可参考国家统计局编辑出版的相关编表资料。

在我国的编表中,供给表也称为全社会产出表。因为我国的投入产出表编表的主要方法不是通常的根据供给使用表来推导对称的投入产出表,而是通过直接分解法来得到产品×产品的投入产出表。直接分解法中的第一步就是要确定各产品部门的总产出。编制供给表的目的,主要是为了得到各产品部门的总产出,也就是总投入。实际上,我国已经有了供给表,在采用直接分解法编制出产品×产品的基本表之后,就可以推导出使用表。

全社会产出表从列向看,反映各产业部门生产了哪些货物与服务,既包括主产品,也包括次要产品;从行向看,反映各种货物或服务是由哪些产业部门来生产的。产业部门总产出与产品部门总产出,两者的合计是相等的。我国在具体编制全社会产出表的过程中,农业、建筑业和服务业都采用纯部门假设,也就是假定所有这些部门的产出都是主产品产出。只是对于工业进行了主产品与次要产品的区分。

以 2007 年表为例,在 2007 年投入产出部门分类中,工业共 89 个部门。其中,采矿业 3 个部门,制造业 81 个部门,电力燃气及水的生产与供应 3 个部门。部门总产出按照企业规模的不同,采用不同的处理方法。工业企业的规模按照从业人员、销售额和资产总额进行分类。从销售额来说,30 000 万元及以上的为大型企业,3 000 万～30 000 万元的为中型企业,3 000 万元以下的为小型企业。另外,全部国有及年产品销售收入在 500 万元以上的非国有工业企业,称为规模以上工业企业,而把年产品销售收入在 500 万元以下的非国有工业企业,称为规模以下工业企业。目前,工业企业中只对规模以上大中型工业区分主产品与次要产品,规模以上小型工业企业与规模以下工业企业其产出全部作为主产品,即采用纯部门假定,假定产业部门等于产品部门。

规模以上工业产出表数据利用国家统计局工业司提供的分投入产出部门数据,按投入产出部门汇总计算,得到规模以上大中型工业企业产出表。规模以上小型工业则把行业总产值视为产品部门总产出,把规模以上小型工业企业分行业总产值按投入产出部门合并,对角化直接得到规模以上小型工业产出表。

规模以下工业企业则根据规模以下工业抽样调查中企业分行业大类总产值,按规模以上小型工业分投入产出部门总产值结构,对规模以下工业企业总产值进行拆分,得到规模以下工业分投入产出部门数据,对角化得到规模以下工业产出表。

把大中型、小型与规模以下三张工业产出表合并,按照增值税率,调整为含销项税的主业总产值,得到工业各产品部门总产出。

11.5.3 中间投入与增加值的编制

中间投入构成是投入产出调查最重要的内容,也是直接分解法与间接推导方法不同编制方法的区别所在。中间投入也按购买者价格计算。

工业产品部门中间投入的推算主要包括三个步骤:首先是在投入产出调查数据的基础上,推算全口径工业成本费用构成。需要根据有关调查资料,分别推算规模以上大型、中型、小型和规模以下工业成本费用调查数据。其次是按投入产出部门对成本费用会计科目数据进行归并,得到按投入产出部门分类的中间投入构成。最后根据各部门增值税税率,把不含增值税的中间投入转换为含增值税进项税额的中间投入。

工业部门增加值部分的计算也包括三个步骤:首先,按照生产法分别计算规模以上大、中、小型工业企业和规模以下工业企业各产品部门的增加值合计,并根据成本费用构成,在扣除劳动者报酬、不含增值税的生产税净额和固定资产折旧后,得到营业盈余;其次,用工业各投入产出部门含销项税的总产出减含进项税的中间投入合计,得到含增值税的增加值,含增值税与不含增值税增加值的差额,计入生产税净额;最后,对计算出的工业增加值与年度 GDP 核算数据进行协调。调整工作主要包括三个方面:

首先,以年度 GDP 核实资料中工业企业"间接计算的金融中介服务"(FISIM)分摊前的增加值合计为总控制数,利用工业各产品部门增加值占工业增加值的比重,推算各工业产品部门新的增加值。工业各产品部门增加值构成比重则根据投入产出调查已获得的推算数据、年度 GDP 核算中增加值构成比重以及往年工业增加值构成比重来综合确定。在投入产出表中,FISIM 属于中间消耗,应该反映在银行业的行方向上,表示各部门使用的银行服务和最终使用接受的银行服务。但是从企业来说,无法从企业的成本费用调查中获得,只能是一种虚拟。因此,投入产出表中需要利用 GDP 核算的有关资料来对 FISIM 进行调整。

其次,利用 GDP 核算数调整增加值、总投入与中间投入。对已计算的各产品部门增加值率,结合 GDP 核算有关行业增加值率和往年增加值率,综合确定各产品部门增加值率,反推得到新的总投入,进而得到新的中间投入。

最后,利用先前所得到的含增值税的中间投入构成,分解得到新的中间投入构成。

农林牧渔业中间投入数据的获得是通过投入产出调查数据,计算得到各部门中间投入构成比重,然后用来自国家统计局农村司“农林牧渔中间消耗表”的中间投入总量,两者相乘,得到中间投入构成。在得到中间投入构成的基础上,以总产出减中间投入得到农林牧渔业的增加值。在增加值的构成项目中,由于我国自 2006 年起全面取消农业税和除烟叶外的农业特产税,因此,农林牧渔业生产税净额只包含烟叶税,且计入农业生产税净额中。农林牧渔业各部门固定资产折旧的计算利用农村住户抽样调查的农村居民家庭户均拥有农林牧渔业生产性固定资产进行推算,劳动者报酬则根据投入产出调查数据计算。营业盈余为增加值扣除劳动者报酬、生产税净额和固定资产折旧后的剩余项。

建筑业与服务业中间投入同样采用中间投入总量与中间投入构成比重两者相乘而得到。但是,中间投入总量是通过总产出减去利用收入法计算的增加值而得到。

11.5.4　最终使用的编制

最终使用包括最终消费支出、资本形成总额、货物与服务的进口与出口三个部分。最终消费包括居民消费和政府消费,而居民消费又包括城镇居民消费和农村居民消费。

城镇居民消费分 13 项计算,分别为食品、衣着、居住、家庭设备用品及服务、医疗保健、公共医疗、交通和通信、教育文化娱乐服务、金融中介服务、保险服务、自有住房服务虚拟消费、实物收入消费、其他商品和服务。农村居民消费所含项目与城镇居民消费大致相同。

上述项目中,居住包括住房与水电燃料等方面的支出。租赁房房租归入房地产开发经营业和物业管理业,住房装潢支出归入建筑装饰业,维修用建筑材料按所用材料性质归入非金属制品或其他相关行业。物业管理费、住房维修服务费等全部归入物业管理业。

交通包括购置交通工具及零配件,支付各种交通费、修理服务费、油料费等支出。其中家庭购买的交通工具不包括经营用交通工具。

金融中介服务包括城镇居民消费的间接计算的金融中介服务和直接付费的金融服

务。这部分间接计算的金融中介服务是指居民消费,但没有直接付费的金融中介服务虚拟支出。

自有住房服务虚拟消费是对居民自己拥有住房而虚拟计算的住房服务消费支出,以自有住房的虚拟租金计算,在无法获得虚拟租金的情况下按住房成本计算,包括住房修理维护费、虚拟折旧,城镇居民还包括住房物业管理费。

农村居民消费支出中没有实物收入消费,城镇居民的实物收入消费主要是城镇居民从工作单位和个人等处免费或低价得到的各种商品与服务,以及自产的各种农副产品。对于低价商品与服务中个人所支出的费用要加以扣除。

政府消费是政府部门为全社会提供的公共服务的消费支出,以及免费或以较低价格向住户提供的货物和服务的净支出。这两部分的计算方法不同。其中政府提供的公共服务的消费支出,用政府服务产出减去政府的经营收入来计算,而政府服务的产出则根据其经常性业务支出加上固定资产折旧来计算。免费或以较低价格提供货物与服务的净支出则按提供货物与服务的市场价值扣除收取的价值而得到。为什么政府部门产出价值中要单独加上固定资产折旧?是因为企业的折旧是实提的,其价值包含在所消费的产品价值中了,而政府部门的固定资产折旧是虚提的,不包含在公共服务的消费价值中,从平衡的角度考虑,这一部分的价值只能放在政府消费中。

资本形成总额包括固定资本形成总额和存货增加两个部分。固定资本形成总额包括有形与无形固定资本,都按获得减处置的净值计算。有形固定资本形成总额为一定时期完成的建筑工程、安装工程和设备工器具购置减处置价值,商品房销售增值,土地改良形成的固定资产,新增役、种、奶、毛、娱乐用牲畜和新增经济林木价值。无形固定资本形成总额包括矿藏勘探、计算机软件、娱乐和文学艺术品原件等获得减处置的价值。资本形成总额的部门构成按五个部分计算。

第一部分为全社会固定资产投资形成的固定资本,根据投资规模的不同,分别计算固定资产投资的详细构成,将建筑工程对应到房屋和土木工程建筑业,安装工程记入建筑安装业,设备工器具购置按其类别分别归入相应的投入产出部门,旧设备购置、旧建筑物购置、土地购置费用等投资中不与固定资本形成相对应的部门需要进行剔除。

第二部分为新产品试制形成的固定资本,根据财政收支决算资料推算新产品试制费,并进一步计算新产品试制增加的固定资产,记入研究与试验发展业。

第三部分为商品房销售增值,指的是商品房销售价值与投资完成额(即出售前的工程造价)之间的差额,记入房地产开发经营业。

第四部分为无形固定资产,在实际计算中由于资料的缺乏,只计算矿藏勘探和购买计算机软件的价值。其中矿藏勘探形成的固定资产利用财政收支决算中的地质勘探费计算,记入地质勘查业;购买计算机软件的价值利用信息产业部软件产品销售资料计算,记入软件业。

第五部分为未经正式立项的土地改良费用,由于缺乏资料,暂不计算。存货增加包括单位购入和拨入的原材料、燃料和储备物资,以及产成品、在制品和半成品等存货。以期末价值减期初价值,扣除当期价格变动的持有收益和损失。

出口与进口根据国际收支平衡表、海关进出口数据,以及其他进出口相关资料计算。在海关统计中,海关出口商品按离岸价格计算,因此在按生产者价格计算编制投入产出表时,需要将海关分类商品的出口额扣除流通费用,转换成按国内生产者价格计算的出口额。进口商品则采用的是到岸价格,相当于常住单位的基本价格,而按生产者价格的商品进口则需要在到岸价格的基础上,再加上进口商品关税和消费税或特别税。出口按三个类别统计,除经海关出口的商品外,还包括外国居民在中国境内直接购买的商品以及外国居民在中国境内或境外的服务消费。相应地,进口也按三个类别统计,即经海关进口的商品、中国居民在中国境外直接购买的商品,以及中国居民在境内、境外向外国居民购买的服务。

11.5.5　价格调整

通过投入产出调查计算得到的投入与产出数据都是按购买者价格计算的。由按购买者价格计算编制的投入产出表转换为按生产者价格计算编制的投入产出表,就需要进行价格调整。价格调整的核心是商业流通费用与运输费用,统称为流通费用。商业流通费用包括批发业流通费用和零售业流通费用,而运输费用则分为铁路、公路、水上、航空、管道运输等的运输费用。通过编制与投入产出表中间使用和最终使用行列结构相同的流通费用矩阵,然后从按购买者价格计算编制的投入产出表中扣除流通费用矩阵,就得到按生产者价格计算编制的投入产出表。

商品的流通费用需要区分为两类:一类是生产者在出售商品时自行支付的流通费用,这部分流通费用属于中间投入,包括在生产成本中;另一类是购买者负担的外购流通费用。生产者自行支付的流通费用明确由生产者所属产品部门消耗的,价格调整时需要从购买者价格中扣除外购流通费用。实际上,建筑业与服务业部门产品的生产者与消费者直接交易,不存在流通费用,因此生产者价格与购买者价格是相同的。这样,在流通费用矩阵中,行方向只有农业和工业部门有数据,而建筑业和服务业部门全为零。

从购买者价格中剔除流通费用,第一步需要确定所要扣除的外购流通费用的总控制数。全社会支付的各类流通费用总额可以用各个流通部门的总产出和进口之和表示。从中扣除中间使用与最终使用中生产者自行支付的流通费用,就得到各流通部门外购总流通费用。以这部分外购总流通费用作为流通费用矩阵中所有数据合计的控制数。流通费用的扣除具体是通过计算各部门流通费率来实现的。流通费率就是单位购买者价格货物中包含的流通费用,包括商业流通费率和运输流通费率。批发与零售业的流通费率即为单位商品销售收入中的毛利额,运输流通费率即为商品购买者对外支付的运输费占购进商品总额的比率。根据投入产出调查数据计算商业流通费率和运输流通费率。

各部门的流通费用通过各部门包含流通费用的产出乘以相应的流通费率求得。但是有些产出数据中是不含流通费用的,如农村居民的自给性消费,在计算流通费时所用的产出数据中应该把这些产出流量予以扣除。某一给定部门的总流通费用是该部门各种流通费用的合计,以不同部门流通费计算不同部门占总流通费的一个比率,把外购总流通费用控制数分到各部门。这样,对于每一种类的流通费用,就有一列各部门控制数,如对于两类流通费,即贸易费与运输费,就得到如下的两列各部门控制数列向量:

$$\begin{bmatrix} z_{11} & z_{12} \\ \vdots & \vdots \\ z_{n1} & z_{n2} \end{bmatrix}。$$

对于上述控制数,可以采用多种方法,最终确保实现两个方面的平衡:一是各产品部门外购的流通费用合计不变,也就是上述向量的行向平衡;二是所有部门外购的某一流通部门的流通费用合计等于该流通部门的外购总流通费用控制数,也就是上述向量的列向平衡。

最后,将得到的各部门对某一流通部门的外购流通费用作为控制数,采用平均流通费率假设,分别根据以购买者价格计算编制的投入产出表中该部门所在行中含流通费的各中间使用和最终使用项之间的比例分配外购流通费用。也就是把上述向量中的某一列表示的某类各部门流通费用控制数在各生产部门间进行分摊,这样就从向量中的一列扩展为关于该流通费用的流通费用矩阵。以购买者价格计算编制的投入产出表,减去所有流通费用的流通费用矩阵之后,就得到以生产者价格计算编制的投入产出表。

第 12 章　总结与展望

12.1　投入产出分析总结

投入产出分析不仅是单纯指一组数据或是一种方法,而是一套融入国民经济核算体系的结构数据+若干学派的基础理论+基于结构数据的一系列方法的综合。

投入产出分析包含一组融入国民经济核算体系的数据,即投入产出表。投入产出表对国民经济以不同产品的生产进行部门划分,以行向表示部门产出的分配和流向,以列向表示部门生产的投入结构,综合反映特定时期各部门之间的生产联系和平衡比例关系。投入产出分析包含一系列基于结构数据的方法,这个方法体系既包含线性分析方法,也包含非线性分析方法。传统的投入产出分析方法多以建立线性方程为基础,如列昂惕夫数量模型、Ghosh 模型等。近年来,基于投入产出数据拓展的分析方法不断创新,出现了不少非线性分析方法,如融合了主流宏观理论视角的生产网络模型。不同的模型有不同的基本假设以及由基本假设决定的应用场景,这些基本假设和应用场景决定了模型的应用边界,每一种投入产出分析方法都有各自的应用边界。

概括来看,投入产出分析包含三个基本要素:数据、理论和方法,这三个要素整合在一起即成为完整的投入产出分析体系。

12.1.1　投入产出分析的主要优势

(1) 投入产出表拥有基于国民经济核算框架的中间投入数据。从生产投入过程来看,投入产出表将投入区分为中间投入和初始投入。中间投入和初始投入的区分标准在于:中间投入的价值被完全转移到新的产品中;而初始投入则被看作新创造的价值,因而也称之为增加值。从产品的需求来看,投入产出表还区分了中间产品和最终产品。二者的区分标准在于:看考察期内是否再回到生产过程中去。如果在本期生产出来并再次进入生产过程,则称为中间产品;如果本期内不再进入生产环节,则称为最终产品。投入产出表从一般均衡的思维方式出发,以不同产品的生产进行部门分类,通过区分中间投入和初始投入、中间产品和最终产品来刻画经济中各产业和各部门的生产联系,最终通过行向加总和列项加总,实现各个部门以及整个经济的均衡。

投入产出表中间投入数据的优势主要体现在以下三个方面:

一是,使用中间投入数据是多部门结构模型的重要标志。在模型的投入结构中区分中间投入和初始投入,或者在需求结构中区分中间产品和最终产品,体现了投入产出的多部门一般均衡思维模式,这样才是真正的多部门结构模型。

二是,使用中间投入数据可以开展部门间关联的研究。中间投入数据反映的是各产业部门之间的生产联系,因此可以使用中间投入数据研究产业关联问题,如特定产业的冲击传导路径研究、产业链测度研究等。此外,通过扩展能源、环境投入产出表,将产业部门与能源部门和环境部门结合起来,可以探索生产活动和经济结构对能源和环境的影响。

三是,使用中间投入数据可以开展区域间关联的研究。一个区域的经济活动往往都与其他区域有直接或间接的联系,因此,可通过扩展区域间投入产出表来描述区域间的生产和投入关联,进而探索一个地区某个部门的冲击对其他地区的部门产生的影响。

(2)投入产出分析拥有严谨且开放的数据框架。在严谨方面:投入产出分析的每一步,包括表的编制、系数的计算、数学模型的建立等都是在经济理论指导的框架下完成的。此外,投入产出表的编制工作是国民经济核算工作的一部分,国民经济核算体系中严密的编制规则为投入产出表提供了严谨的数据框架。在开放方面:投入产出分析可以通过加入各种不受单位限制的数据来拓展投入产出表,形成拓展的投入产出表或混合的投入产出表。

在投入产出表的基础上加入表示环境压力的指标,如污染物排放数据,从而拓展形成环境投入产出表,用于分析生产活动对环境排放的影响等问题。在投入产出表的基础上加入各部门的就业指标数据,如就业人数或工作时间,从而拓展形成就业投入产出表,以此分析经济冲击和结构调整对不同部门的就业的影响。投入产出表的拓展可用混合单位的数据来描述经济系统的物质流动,如在价值型投入产出表的基础上加入表示能源消耗的实物单位数据(如石油的单位为吨),从而拓展形成混合型投入产出表,以此来研究经济结构和能源结构的权衡问题。得益于严谨且开放的数据框架,投入产出分析正在被广泛运用和创新,学者们对投入产出表和投入产出模型的拓展是对原有投入产出体系的重要补充。

(3)投入产出表的数据分析体系和一般均衡的逻辑是严格匹配的。投入产出法是基于新古典学派的一般均衡理论,对各种错综复杂的经济活动之间在数量上的相互依赖关系进行经验研究。一般均衡论中各种经济活动可表现为数量关系,它们之间相互影响、相互作用,并在一定条件下实现均衡。

投入产出分析通过数量关系考察纵横交错的相互关系,通过多部门模型来解释最初的冲击如何经过生产网络联系传达至其他部门,这是对一般均衡理论简化的一种结果,也是一般均衡理论的具体延伸。投入产出表通过区分中间投入和初始投入、区分中间产品和最终产品来表现生产活动中的各种联系,投入产出模型通过整体技术和数量结构平衡来揭示经济体系的循环结构,二者都从不同角度实现市场出清,因此,投入产出表和投入产出模型在逻辑上是自洽的。

(4)投入产出分析方法及模型拥有比较清晰的参数来源。在模拟模型时,通常要对模型中涉及的参数进行估计,这些模型中的参数大多都没有固定和统一的测算方法,需要作者根据研究经验对参数的估算方式进行选择。投入产出模型中的参数测算与其他参数的测算思路大有不同,投入产出表的数据来源于国民经济核算和各类专项调查数据,其参数估计方法也包含在国民经济核算的规则体系中,拥有严谨的估算程序。

因此,与根据历史经验相对主观地选择参数估计方法相比,投入产出模型的参数来源更为严谨和透明。

12.1.2　投入产出研究存在的问题

(1) 投入产出分析在经济增长研究和经济波动研究中都存在一定的局限性。产生这种误区的原因主要有两个:一是认为投入产出方法中对投入品替代性过强的假设限制了其研究边界,使其难以用于分析非线性的经济增长问题。二是认为由于数据的不连续性和模型的求解约束,投入产出方法难以用于分析多部门的经济波动问题。

关于第一个原因,由于线性模型需要投入品之间不可替代的假设条件,这使得其应用于长期经济增长问题时会求得不符合实际情况的解。若将投入产出的多部门框架导入非线性模型,则限于当时技术而无法求解。现在,随着一些新的求解思路的开发,如通过局部线性思维求解非线性问题,原来的技术性问题得到解决,使得采用投入产出方法分析多部门非线性的经济增长问题成为可能。

关于第二个原因,即数据局限方面,近年来,投入产出分析的数据正从广度和深度上逐渐扩展,数据的时效性和连续性都得到了提升,更能体现经济波动的现实情况。现在,投入产出分析在技术方面和数据方面的限制逐步得到了改善,投入产出方法也逐渐被广泛用于研究经济增长和经济波动问题。例如,通过时间序列投入产出表研究产业政策对经济增长的长期影响;通过投入产出网络关联刻画国民经济循环模式;通过投入产出模型探讨冲击对经济结构变动的影响等。

(2) 投入产出数据的收集、整理、核算过程复杂,存在投入产出数据相对滞后且不连续的问题。目前针对这一问题,我国的官方统计部门和学术界正在做大量的努力工作。首先,负责编制投入产出表的官方部门——国家统计局国民经济核算司正从加快数据更新速度和提高投入产出表编制频率两方面努力。除了编制逢 2 和逢 7 的基准表外,核算司还尝试编制逢 0 和逢 5 的投入产出延长表,并且根据最新的经济普查数据和调查资料编制其他年份的投入产出表,这些都是为解决投入产出数据老、更新频率低等问题所做的有效尝试。其次,学术界分别从更新数据和完善时间序列数据两方面努力。一方面,针对投入产出数据老的问题,学术界开始自发编制新近年度的投入产出表;另一方面,针对投入产出数据更新频率低的问题,学术界开始编制时间序列的投入产出表。

过去,由于投入产出数据时间跨度较大,投入产出分析通常用于追溯历史的经济增长问题,难以用于研究短期的经济波动问题。随着官方统计部门和学术界的共同努力,投入产出数据更新频率加快、数据时效性更高,投入产出分析也能够逐渐被应用到经济波动问题的分析中。

(3) 投入产出表部门分类纵向可比性和应用适配性之间存在难以协调的问题。一方面,投入产出的编表规则要求投入产出表要具有历史可比性,这就需要投入产出表的部门分类需要长期保持稳定性;另一方面,为了充分反映社会经济发展出现的新变化,需要对投入产出表的部门分类进行细化和补充。然而,要保持投入产出表部门分类的稳定和延续,就难以使投入产出表的部门及时反映新情况。

为了解决这一问题,学术界在官方的投入产出表部门分类的基础上对其进行了多方面的拓展。例如,随着一些新兴产业逐渐发展成熟,为了使投入产出核算充分反映我国国民经济运行的实际情况,需要将这些新兴产业部门纳入投入产出核算中,学者们分别从不同角度尝试对一些新兴产业进行核算,编制了分享经济投入产出表、数字贸易投入产出表。此外,一些学者还对原有的部门进行更细致的拆分,对其中的细化部门进行核算,编制了物流业投入产出表、高技术产业投入产出表、旅游及相关产业投入产出表等,这些都是根据经济发展新形势做出的创新和拓展。

12.2　投入产出研究前景

一些学者之所以会对投入产出研究产生分歧,主要是认为投入产出分析在数据和方法两方面存在局限性。投入产出数据的更新和方法的拓展将有利于克服这些缺陷,并且将拓宽投入产出的研究边界,从而推动投入产出分析更深地融入主流经济学的研究。

12.2.1　数据方面的拓展

第一,大数据的拓展。快速发展的大数据有力地支撑了投入产出表的编制,为提高投入产出数据的公布频率提供了技术基础。可以综合国民经济核算体系、工业企业数据、税务数据、资金流动数据、交易数据以及海关大数据等建立自动或半自动的投入产出表生成机制,提高投入产出数据的更新频率。讨论经济波动问题是当前经济学研究的热点,通过大数据自动地生成一些相对精度较低但是仍然在误差范围内的高频投入产出数据,在高频率、高时效性的数据支撑下,投入产出研究融入超短期经济波动问题研究也指日可待。

第二,混合表的拓展。混合表是投入产出研究中较早提出的一种拓展数据的方法,主要是将微观数据与宏观数据结合在同一张表中进行分析,从局部提高数据的精度和准确度,因此,混合表的拓展也是提升投入产出表数据准确度的一个重要方向。例如,在价值型投入产出表基础上,结合能源平衡数据可以编制价值—实物混合型投入产出表,以此探究部门间的能源消耗和排放情况;将与住户和劳动相关的微观数据引入投入产出表形成社会核算矩阵,以此探究收入分配、税收和福利分配等社会性问题。

第三,历史数据的拓展。通过对历史投入产出数据的梳理,可以从经济史的角度评估历史上的一些重大经济变革的政策效果,进而为当前的经济改革提供经验借鉴,这也是投入产出研究的一个很重要的方向。

第四,数据样本点的拓展。投入产出表一直以丰富的数据点和中间投入信息为优势,为了进一步强化投入产出表的数据优势,还需要从以下两方面拓展数据样本点:一是扩大数据样本,使其足够支撑中间投入信息和参数估计;二是适度公开投入产出表背后的数据样本,加强投入产出研究的稳健性和可靠性,同时提升投入产出分析的自信度和可信度。

12.2.2　方法方面的拓展

第一,实现非线性模型的局部线性化。一方面,将投入产出表的中间投入概念纳入模型中,强调中间投入的重要作用。主流宏观理论的生产函数往往舍弃了中间投入,为了在生产过程中刻画中间投入的关键性作用,一些学者开始尝试将中间投入引入非线性生产函数中。另一方面,构造生产网络模型,强调生产活动的循环和相互关联特征。通过投入产出生产网络将各部门、各生产流程联系在一起,构建生产网络模型,以此探究宏观波动的微观来源和跨部门传导机制。进一步地,通过要素和中间投入的替代弹性系数校准进行反事实分析,从而对冲击和波动的影响程度进行模拟。由此可见,将投入产出方法和思想引入非线性模型,进而将投入产出分析融入主流经济分析中,这不失为拓展投入产出研究边界的有效途径。

第二,继续挖掘传统投入产出方法的潜力。传统的投入产出方法,如列昂惕夫数量模型、结构分解分析方法(SDA)等,依然具有强大的生命力。使用这些方法进行研究的关键是要找准这些模型的应用背景,结合其假设和存在条件,将其运用在合适的问题和背景下。例如,列昂惕夫模型是一个需求拉动模型,因此,不能用于分析长期的经济增长问题,可以用来研究一些短期内的经济波动问题。SDA 方法可以通过不同时点的投入产出表比较静态分析,探究宏观经济变量的变化来源,如总产出、增加值、贸易等。此外,利用 SDA 方法还可研究能源结构变动和碳排放变动等问题。

第三,继续挖掘传统理论的潜力。投入产出分析自 20 世纪 30 年代兴起后逐渐形成了大量的理论模型。除了挖掘投入产出分析本身的理论潜力外,还可注重投入产出方法与其他经济学科传统理论的结合运用。例如,在政治经济学研究中,投入产出成为其重要的经验研究方法。政治经济学通过投入产出方法主要用于与价值、工资等相关的理论探讨、与利润率相关的经济波动研究以及技术进步测度等。

第四,继续深入在优势领域的研究。投入产出分析在经济结构问题、贸易问题和环境和能源问题等领域的研究是目前投入产出研究的重点和强项,在拓展投入产出研究边界的同时,还需要继续在这些优势领域将投入产出分析发扬光大。运用投入产出模型研究环境和能源等问题再次掀起了投入产出分析的研究热潮。通过投入产出可以研究与消费活动相关的各生产过程的排放足迹、计算国家之间商品贸易背后的污染转移、分析特定行业的经济活动对整体排放的影响等。

第五,开发适合投入产出分析的因果识别测度工具。逻辑分析方法主要分演绎法和归纳法,投入产出有比较成熟的理论体系支撑,因此投入产出分析主要是基于演绎法。但由于投入产出数据具有鲜明的结构性特征,投入产出在归纳法方面具有天然的缺陷。为了提升投入产出方法在计量分析中的稳健性和严谨性,需要开发适合投入产出分析的因果识别测度工具。

12.2.3 应用方面的拓展

第一，在供给侧结构性改革中发挥作用。投入产出分析体系是一套融入国民经济核算体系的结构数据、若干学派的基础理论和基于结构数据的一系列方法的综合体，投入产出的结构化特征和优势将为我国的供给侧结构性改革的相关分析发挥作用。投入产出分析在供给侧结构性改革方面的应用主要关注两方面问题：

（1）分析要素市场扭曲对我国经济结构和经济效率的影响。通过将劳动、资本等要素融入投入产出多部门模型中可以分析要素在部门间的流动对生产结构以及整体经济的影响；将中间投入数据与宏观经济模型相结合，在一般均衡条件下可以分析经济冲击（如税收、突发事件）在产业内部、产业间以及宏观经济中发挥的作用，从而为供给侧结构性改革的政策制定提供理论依据。

（2）探索我国优化经济结构的方向。从产业结构看，通过投入产出可以分析我国不同部门间的生产关联，从中识别出经济中的关键产业和重点领域，进而为打破产业升级的技术瓶颈提供方向。从区域结构看，通过区域间投入产出表可以分析城市间、省份间的经济联系和依存程度，评估区域的经济发展潜力。例如，可以编制东、中、西部地区之间的投入产出表，捕捉地区间联系密切的行业和部门，据此制定相应的促进区域协调发展的策略。

第二，在构建新发展格局中发挥作用。通过世界投入产出表分析我国的贸易平衡问题，通过我国的投入产出表分析国内经济部门之间的关联，从而为解决我国长期存在的内外失衡问题提供政策指导。投入产出分析在构建新发展格局方面应重点关注两方面问题：

（1）分析技术创新对我国社会福利的影响。国内循环立足于技术创新以提升经济发展质量，一方面，通过投入产出可以分析技术创新在不同部门间的扩散效应，为技术创新的路径选择提供依据；另一方面，通过投入产出数据与社会经济数据结合可以分析不同部门吸收就业的潜力和收入分配格局等问题。例如，通过投入产出表和我国分行业就业人数、分行业平均工资相结合可以分析增加值分布与就业分布和工资分布之间的关系，从而为我国的就业政策和社会保障政策提供理论支撑。

（2）分析我国的贸易平衡问题。投入产出模型可以用于全球价值链核算和产业链测度，分析我国在全球价值链中的经济效益、产业位置和参与度等问题，进而为我国提高全球竞争力和合作水平提供理论指导。

展望未来，投入产出分析依旧有光明美好的发展前景。当然，无论是数据的更新还是方法的创新，投入产出研究边界的拓展都要以认识和理解投入产出分析的基本性质为基础，只有先掌握投入产出背后的理论基础和核算体系，拓展研究边界才会成为可能。

参考文献

[1] Hummel, D J. Is hii, and K. Yi. The Nature and Growth of Vertical Specialization in World Trade[J]. Journal of International Economics, Vol. 54, No. 1, 2001.

[2] Nakajima, A., Izumi, H. Economic Development and Unequal Exchange among Nations, Analysis of the USA, Japanese and South Korean Economies for 1960—1985 Using Total Labor inputs[J]. The Kyoto University Economic Review, Vol. 65, No. 1, 1995.

[3] Rose, A. Z., Casler S. Input-Output Structural Decomposition Analysis, A Critical Appraisal[J]. Ecunumic Systems Research, No. 8, 1996.

[4] Solow, R. M. A Skeptical Note on the Constancy of Re lat iv e Shares[J]. American Economic Review, Vol. 48, No. 4, 1958.

[5] Stone, R. The Social Accounts from a Consumer's Point of View[J]. Review of Income and Wealth. Vol. 12, 1966.

[6] 陈正伟. 投入产出分析技术[M]. 成都:西南财经大学出版社,2013.

[7] 陈锡康,杨翠红. 投入产出技术[M]. 北京:科学出版社,2011.

[8] 董承章,王守祯. 投入产出学[M]. 北京:中国统计出版社,2012.

[9] 弗朗斯瓦·魁奈. 魁奈《经济表》及著作选[M]. 晏智杰,译. 北京:华夏出版社,2006.

[10] 胡秋阳. 中国的经济发展和产业结构——投入产出分析的视角[M]. 北京:经济科学出版社,2007.

[11] 胡秋阳. 投入产出分析理论、应用和操作[M]. 北京:清华大学出版社,2019.

[12] 胡秋阳. 投入产出式资金流量表和资金关联模型[J]. 数量经济技术经济研究,2010 (3)

[13] 胡秋阳. 产业分工与劳动报酬份额[J]. 经济研究,2016(2).

[14] 李强,薛天栋. 中国经济发展部门分析——兼新编可比价投入产出序列表[M]. 北京:中国统计出版社,1998.

[15] 莱昂·瓦尔拉斯. 纯粹经济学要义[M]. 蔡受百,译. 北京:商务印书馆,2013.

[16] 廖明球. 投入产出及其扩展分析[M]. 北京:首都经济贸易大学出版社,2009.

[17] 刘起运,陈璋,苏汝劼. 投入产出分析[M]. 北京:中国人民大学出版社,2011.

[18] 任泽平,潘文卿,刘起运. 原油价格波动对中国物价的影响——基于投入产出价格模型[J]. 统计研究,2007(11).

［19］孙启明，王浩宇.基于复杂网络的京沪冀产业关联对比［J］.经济管理，2016(4).

［20］泰斯·滕亚.投入产出分析经济学［M］.胡金友，译.北京：经济管理出版社，2016.

［21］马克思.资本论［M］.第三卷.中共中央编译局，译.北京：人民出版社，2004.

［22］华西里·列昂惕夫.投入产出经济学［M］.崔书香，潘省初，谢鸿光，译.北京：中国统计出版社，1990.

［23］夏明，张红霞.投入产出分析：理论、方法与数据［M］.北京：中国人民大学出版社，2013.

［24］向蓉美.投入产出法［M］.成都：西南财经大学出版社，2013.

［25］袁建文.投入产出分析实验教程［M］.上海：格致出版社，2011.

［26］新饭田宏.投入产出分析入门［M］.林贤，郁济，舒畅.译.北京：中国统计出版社，1990.

［27］林晨，尤晶.投入产出研究的优点、边界与前景［J］.经济学动态，2023(06).